CHARLES Ier

Roi de Roumanie.

Par

PAUL LINDENBERG

Préface de Georges de Dubor

Avec 70 Illustrations

Deuxième Édition

PARIS

LIBRAIRIE H. LE SOUDIER

174 BOULEVARD SAINT GERMAIN, 175

1913

CHARLES Ier

Roi de Roumanie.

Par

PAUL LINDENBERG

Préface de Georges de Dubor

Avec 70 Illustrations

Deuxième Édition

PARIS

LIBRAIRIE H. LE SOUDIER

174, BOULEVARD SAINT GERMAIN, 175

1913

Préface.

Au milieu des peuples slaves, germains et bulgares de l'Europe orientale, brille une noble nation d'origine latine, parlant une langue latine et qui, par cela même, doit nous être particulièrement sympathique: la nation roumaine.

Par quel prodige ce peuple a-t-il pu garder intactes sa langue et sa nationalité, au milieu des invasions du moyen-âge et des conquêtes musulmanes? C'est là un fait presque inexplicable, mais qui montre l'énergie indomptable des populations qui forment aujourd'hui la Roumanie.

Ce peuple, heureux maintenant, après de longues périodes de souffrance — la justice immanente n'est donc pas un vain mot — a eu la bonne fortune d'avoir, pour le guider dans son réveil et asseoir sa nationalité naissante un souverain d'une haute intelligence et d'un jugement sûr et, en même temps, d'une grande noblesse de caractère. Et ce souverain — j'ai nommé le roi Charles Ier de Roumanie — a concentré toute son énergie, toute son activité, dans une seul idée et une unique passion: faire une Roumanie grande et prospère.

Il a été aidé dans cette tâche par une femme animée des plus nobles sentiments et douée d'une intelligence qui n'a d'égale que son cœur: la reine Elisabeth.

Sans doute, le roi Charles de Roumanie est d'origine allemande, mais il porte aussi dans ses veines du sang français. Sa grand mère paternelle était la princesse

Antónia Maria, nièce du roi Murat, le brillant roi de Naples, et sa mère était la fille de cette délicieuse Stéphanie de Beauharnais, mariée au grand-duc de Bade et que Napoléon Ier enveloppait d'une si tendre affection. Et, certes, il est bien permis de croire que ce charme attirant qui fait de Charles Ier de Roumanie un souverain adoré de son peuple, lui vient, en ligne droite, de ces deux grandes françaises.

Cette nation amie de la France, qui aime et cultive notre littérature, ce souverain si sympathique et si honoré, cette reine si noble et si digne, qui passe sa vie à faire du bien, quand elle ne cultive pas les lettres, ont trouvé un historien digne d'eux en la personne de M. Paul Lindenberg, un des littérateurs et des historiens les plus distingués de l'Allemagne contemporaine.

Mais si M. Paul Lindenberg est allemand par sa naissance, il nous a prouvé maintes fois qu'il aime et apprécie la France et les Français et que tout en restant le serviteur de sa patrie d'origine, son cœur conserve un attachement fidèle à ce Paris qu'il a habité et aimé. Depuis quelque temps, M. Lindenberg semble porter, de préférence, ses investigations sur l'Europe orientale, champ d'études aussi vaste qu'intéressant.

En présentant au public français l'ouvrage de M. Paul Lindenberg sur L e R o i C h a r l e s Ier d e R o u m a n i e , je n'ai pas à en faire ressortir le puissant intérêt qui s'y attache — le lecteur s'en rendra compte luimême — mais ce que j'admire en cet ouvrage c'est l'art et l'émotion avec les quels l'écrivain a su traduire, en maintes circonstances, les hauts faits du règne de Charles Ier de Roumanie; c'est aussi la vie intense qu'il a su mettre dans maints chapitres et qui en font un drame vivant et palpitant de l'histoire contemporaine.

Georges de Dubor.

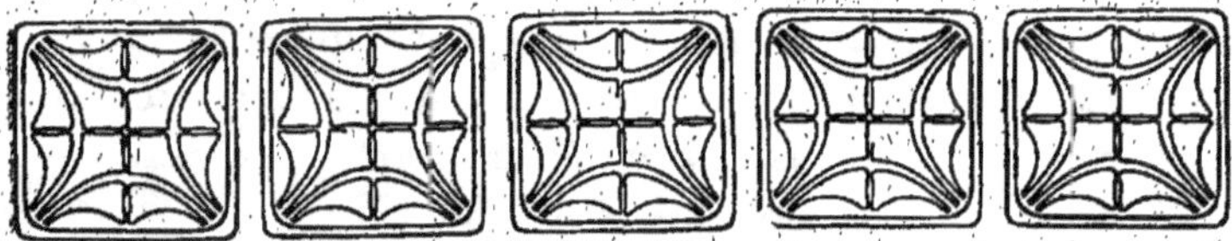

I.

Origines et années de Jeunesse.

L'histoire du monde nous offre des événements parfois bien singuliers dans son cours imprévu! C'est sur le haut Danube, dans l'antique et paisible cité de Sigmaringen, que naquit le roi Charles de Roumanie, dont la destinée ne semblait pas, au début, devoir être celle d'une tête couronnée, et qui cependant devait fonder sur un sol étranger, sur les rives inférieures de ce même Danube, un royaume solide, fort et marchant vers le progrès.

Le cours du Danube avait déjà servi autrefois de chemin à un des ancêtres du roi Charles, à Frédéric VI, comte de Zollern et burgrave de Nuremberg, accouru avec ses guerriers à l'armure resplendissante, portant le signe de la Rédemption, pour soutenir le roi Sigismond de Hongrie dans sa lutte contre le sultan Bajazet Ier. Aux chevaliers de l'Occident, se joignit une puissante armée roumaine sous les ordres du prince Mircea, et les étendards des Hohenzollern, unis aux bannières roumaines, flottèrent ensemble en amont du Danube devant Nicopolis, où fut livrée, le 27 septembre 1396, une bataille désastreuse pour l'armée chrétienne, qui y fut presque entièrement anéantie par les Turcs. Cette victoire mit ces derniers en possession des régions riveraines du Danube qu'ils conservèrent jusqu'en 1878. Le comte de Zollern, Frédéric, protégea au risque de sa vie la fuite du roi Sigismond, qui, sous une

1

grêle de traits, franchit le Danube dans une barque et témoigna sa reconnaissance à son sauveur en lui conférant la suzeraineté de la Marche de Brandebourg, berceau de la Prusse et du futur empire d'Allemagne.

Environ 500 ans après cette importante journée de septembre, le prince Charles de Roumanie, de cette même race illustre des Hohenzollern, faisait son entrée triomphale

Le château de Sigmaringen.

à Nicopolis. Sur les remparts de la vieille cité flottait maintenant le drapeau roumain, emblême de l'indépendance absolue du nouvel Etat, dont les fils glorieux venaient de reconquérir la liberté sur les champs de bataille, arrosés de leur sang.

A la première bataille de Nicopolis que nous venons de mentionner, s'était également trouvée la fleur de la chevalerie française conduite par le maréchal de Boucicaut, le jeune comte de Nevers, Jean sans Peur, fils du duc de Bourgogne, le Connétable d'Eu et d'autres encore. Les chefs français avaient revendiqué pour eux l'honneur de placer leurs troupes en première ligne et de supporter le premier choc, contrairement à ce qui avait été décidé dans le conseil de guerre, où Mircea et ses guerriers avaient été désignés pour cette tâche.

Dans leur ardeur irréfléchie, les chevaliers français, sans attendre l'ordre d'attaquer, se précipitèrent avec un élan furieux sur les premiers rangs de la cavalerie ennemie qui se montrèrent à leurs yeux. Le choc fut si impétueux que les Turcs se retirèrent dans un désordre inexprimable. Aveuglés par ce premier succès, les Français, selon leur habitude en pareil cas, mirent pied à terre, arrachèrent les palissades élevées par l'ennemi et attaquèrent les Janissaires avec une telle vigueur que ceux-ci prirent la fuite, entraînant avec eux une partie de la cavalerie turque à laquelle ils se heurtèrent en chemin.

Mais au lieu de revenir sur leurs pas pour remonter à cheval, les chevaliers français poursuivirent leur course triomphante, sans rien voir ni rien entendre. Le sultan profita de cette fatale témérité et se jeta sur eux avec toute sa réserve; les chevaliers français furent facilement entourés et le sultan les fit massacrer sans pitié. Les plus illustres rejetons de la noblesse française jonchaient le champ de bataille de leurs cadavres; le comte de Nevers, le Connétable d'Eu et le maréchal de Boucicaut tombèrent aux mains du vainqueur. Ce début malheureux décida du sort de toute la campagne.

Le Congrès de Paris de 1856 rendait les deux principautés (Moldavie et Valachie, la Roumanie actuelle) à la vie politique, et donnait au peuple roumain l'occasion d'émettre, en 1857, une série de voeux, si clairement et si sagement conçus, que l'Europe les prit en considération. Sur ces voeux se basèrent les principales dispositions de la Convention de Paris du 19 août 1858. Dans les premiers jours de 1859, le libre suffrage de la nation mit à la tête des „Principautés-Unies de Moldavie et de Valachie" un seul et même prince. Ce fut le premier acte d'indépendance du peuple roumain et il reçut la consécration de l'Europe.[1])

La Princesse Antoinette de Hohenzollern-Sigmaringen, née Princesse Murat. Grand'mère du Prince Charles.
(D'après un tableau de Hartmann 1840.)

Dix années après la signature du Congrès de Paris, le prince Charles de Hohenzollern fut élu prince de Roumanie et

[1]) Démètre A Sturdza. Charles Ier, Roi de Roumanie. Chronique, Actes, Documents. Bucharest 1899.

accepta ce titre, grâce aux instances pressantes de l'empereur Napoléon III qui avait toujours témoigné à son jeune parent les plus vives sympathies. En effet, la

La Grande-Duchesse Stéphanie de Bade, née Princesse Beauharnais.
Grand' mère du Prince Charles.
(D'après un tableau de Lauchert.)

grand'mère paternelle du roi Charles était la princesse Antonia Maria, fille du frère de Joachim Murat, le brillant et intrépide roi de Naples, et sa mère était la princesse Joséphine, fille du grand-duc Charles de Bade et de la grande-duchesse Stéphanie de Beauharnais, fille adoptive de Napoléon Ier, femme d'un esprit et d'une beauté

Le Prince Antoine de Hohenzollern.
Père du Prince Charles.

remarquables. Son souvenir est actuellement encore dans le duché de Bade l'objet d'un culte empreint d'une pieuse vénération. Le visage aux traits fortement marqués du roi Charles, la courbure de son nez, sa taille moyenne, sa démarche vive, son abord agréable et distingué, son désir de se rendre aimable à tous, ce sont là autant de marques caractéristiques de l'origine française du roi.

Un legs testamentaire lui a conservé de nombreux souvenirs provenant des illustres membres de la famille de la princesse Antonia Maria et de la grande-duchesse Stéphanie, entre autres le précieux service de table en or, décoré

La Princesse Joséphine de Hohenzollern.
Mère du Prince Charles.

de l'aigle impérial, dont Napoléon Ier fit présent à sa fille adoptive à l'occasion de son mariage.

Le roi Charles, né à Sigmaringen le 20 avril 1839, était le second fils du prince héritier d'alors Charles-Antoine de Hohenzollern; son frère aîné était le prince Léopold, et ses deux plus jeunes frères, les princes Antoine et Frédéric; puis deux sœurs, les princesses Stéphanie et

Marie, dont la dernière, seule survivante, devint Comtesse de Flandre et fut la mère du roi des Belges actuel, Albert Ier. La princesse réside habituellement à Bruxelles, et comme son frère, elle honore de son amitié et de sa protection tout ce qui touche aux beaux-arts et aux sciences.

Le prince et la princesse héritiers de Sigmaringen trouvèrent tout leur bonheur dans leurs enfants. Le prince héritier Charles-Antoine comprit à merveille l'esprit de notre époque et sut tenir compte de ses tendances; c'était un prince dans la meilleure acception du mot, fidèle, conscient de sa haute mission, et dont les pensées, les sentiments, la conduite et les actes n'eurent jamais d'autre idéal que la grande patrie à laquelle il rendit les plus éminents services. Il était secondé en ceci avec un dévouement sans bornes par sa femme, la princesse héritière Joséphine, animée des mêmes nobles sentiments. Douce et tendre, toujours indulgente, lorsqu'un de ses enfants avait commis quelque faute; d'une piété profonde, mais sans bigoterie, elle prêchait d'exemple par sa modestie personnelle et recueillait l'affection et l'estime générales. Soumise sans contrainte à son époux, elle lui témoignait le dévouement qui fait le charme et la gloire de la femme, tandis que le prince, de son côté, avait pour elle une sollicitude bienveillante, presque paternelle. La princesse exhalait un parfum si doux de grâce féminine, une si aimable timidité rehaussait l'éclat de sa personne, que jusque dans ses plus vieilles années, elle conserva un charme spécial qui lui attacha tous les coeurs.

Telle était la famille où le prince Charles passa les premières années de son enfance et où il puisa des exemples fortifiants pour toute sa vie.

Le prince Charles était un enfant délicat; sa jeune vivacité était tempérée par un esprit réfléchi, qui se manifesta de très bonne heure. De taille svelte, un visage de petite fille, les cheveux noirs légèrement ondulés, il n'en jouissait pas moins d'une vigoureuse santé, prenant une part active aux jeux de ses frères et soeurs, soit à Sigmaringen, soit dans les résidences d'été, aux châteaux d'Inzighofen et de Krauchenwies. Ces différents séjours étaient variés par des visites aux grand-mères, soit à la

Le Prince Charles, le Prince Léopold, la Princesse Stéphanie et le Prince Antoine de Hohenzollern.
(D'après le tableau de Sébastien Cornu.)

princesse Stéphanie, qui à Umkirch, près de Fribourg en Brisgau, exerçait l'hospitalité la plus aimable, soit à la princesse Antonia Maria, grand' mère paternelle, au château de Weinbourg, propriété de l'aïeule, située en Suisse, près du lieu où le Rhin entre dans le lac de Constance. C'est là, près des flots azurés de la mer souabe, que l'âme sensible de l'enfant s'ouvrit sans doute aux beautés de la nature, apparues là dans toute leur splendeur, au milieu de ce paysage tranquille, sur ce sol historique où le regard embrasse des plaines fertiles, avec pour horizon les cîmes neigeuses des Alpes.

Dès l'âge le plus tendre, l'enfant manifesta un sens très vif pour les beautés de la nature, qu'il aimait à contempler de son esprit rêveur, et qui laissèrent dans cette jeune imagination des impressions très fortes. La première éducation du jeune prince — ainsi que celle de son frère et de sa soeur aînée, le prince Léopold et la princesse Stéphanie, et de son autre frère Antoine, de deux années plus jeune — fut confiée à une gouvernante française, Mademoiselle Picard, qui sut conquérir la confiance absolue des enfants, en même temps que le Conseiller ecclésiastique Emele initiait les jeunes princes aux notions élémentaires des sciences.

La tourmente de 1848 vint battre de ses flots tumultueux la principauté de Hohenzollern, et le prince Charles Antoine, profondément affecté par les changements politiques survenus, céda, le 21 août 1848, le gouvernement à son fils Charles Antoine, qui au printemps de cette même année, en qualité de représentant du prince régnant, avait déjà octroyé aux habitants de la principauté d'importantes concessions, et avait accompli de son propre chef nombre de réformes politiques libérales. Malgré cela, le mouvement révolutionnaire, parti de France, vint s'attaquer au pays de Hohenzollern; des jours surgirent, pleins de graves vicissitudes, et le prince Charles écrivit alors à son père „qu'il était bien difficile d'être prince“.

Le prince Charles Antoine, dont la perspicacité politique avait reconnu l'inefficacité des traditions qui faisaient de l'Allemagne un ensemble d'états de Pygmées, traditions absolument en opposition avec le bouleversement général de ces derniers temps, convaincu d'ailleurs que la reconstitution de l'Allemagne ne pouvait venir que de la Prusse seule, exécuta le 7 décembre 1849 un projet depuis long-temps conçu et mûrement réfléchi. Par une convention d'Etat, il céda à la Couronne de Prusse son droit de sou-verainet sur la principauté de Hohenzollern et délia ses troupes du serment qu'elles lui avaient prêté; le jeune

Le Prince Charles âgé de 6 ans.

prince Charles, en uniforme des cadets de Hohenzollern, assista avec son frère aîné à cet événement important.

La cession solennelle des principautés eut lieu le 22 mars de l'année suivante, et, à cette occasion, le grand-maître des Cérémonies, Baron von Stillfried-Rattonitz, représentant du roi de Prusse, déclara que la volonté expresse du prince de Hohenzollern avait seule pu décider le roi à accepter la conclusion de la convention d'Etat.

Il ajouta qu'en prenant possession de la principauté au nom de la Prusse, et en la réunissant au grand royaume de l'Allemagne du Nord, le roi désirait également montrer au monde quelle estime particulière il professait pour les alliés de sa race. Aussi Sa Majesté ne voulait-elle pas se contenter de prendre sous sa haute protection la personne et les biens du prince de Hohenzollern, mais son intention était encore de lui assurer dès maintenant et pour toujours la place la plus honorable dans l'Etat prussien. Le baron von Stillfried-Rattonitz remit alors au prince de Hohenzollern une lettre personnelle du roi lui décernant le titre d'Altesse, lui garantissant le rang d'un prince souverain de la Confédération germanique et lui assurant les privilèges d'un prince issu de la famille royale de Prusse ainsi que le droit de conférer à l'avenir l'ordre de la maison de Hohenzollern.

C'est alors que commencèrent pour le prince Charles et pour son plus jeune frère les années d'études proprement dites; les jeunes princes se rendirent avec leur précepteur à Dresde, que leur père avait choisi lui-même à cause de sa situation sanitaire et comme offrant les meilleurs moyens d'éducation et d'enseignement. Pour se soustraire aux plaisirs de la cour, les deux princes voilèrent leur véritable nom sous le pseudonyme de barons de Strassberg; cependant ils entretinrent plus tard des relations étroites avec la cour saxonne à laquelle ils étaient apparentés, et se lièrent également d'amitié avec d'autres jeunes gens de leur âge. Leur précepteur avait compris tout le sérieux de sa mission et se montrait très exigeant pour ses élèves. Il était d'ailleurs pénétré de l'esprit démocratique qui soufflait alors partout, et il inculqua aux deux jeunes gens l'obligation de travailler beaucoup, pour se faire pardonner leur naissance princière. Ce précepte fut pris tout particulièrement à coeur par le prince Charles et il sut se l'approprier avec l'intelligence d'un penseur.

Ses études à Dresde terminées, le prince Charles exprima le désir de passer à Münster l'examen d'enseigne porte-épée, examen dont il aurait pu se passer, vu son titre de membre de la famille de Hohenzollern. Le prince Charles Antoine, ravi de cette manifestation du caractère consciencieux de son fils, fit prier la Commission d'examen de ne pas avoir égard à la naissance du jeune candidat, mais de le traiter et de l'examiner absolument comme les autres. L'examen dura quatre jours, et le prince fut reçu avec la mention „Bien".

Ce trait indiquait déjà chez le prince Charles l'indépendance de son caractère et sa tendance, mêlée d'une certaine ambition, de devoir tout à lui-même, et non aux privilèges de sa naissance. Le fait d'être issu d'une race de princes illustres lui a certes causé toujours un sentiment de légitime fierté, mais précisément pour cette raison, il tenait à se créer par sa propre énergie, par son savoir et par ses capacités, une place que d'autres princes considèrent comme leur revenant de droit. Cela nous explique plus d'un détail de la tournure d'esprit du jeune prince, de même que le développement ultérieur des idées du souverain et du roi, qui toujours se montra très exigeant pour lui-même et répétait souvent avec une simplicité toute militaire: „Un homme ne doit jamais laisser faire par un autre ce qu'il peut faire lui-même."

En récompense du succès de son examen, et de la période fatigante de travail qui l'avait précédé, le prince Charles Antoine envoya son fils en Suisse et dans la Haute-Italie. Le prince, accompagné de son gouverneur, se livra à de longues excursions dans les montagnes, et apprit à connaître les magnificences des paysages alpestres, les charmes délicieux des lacs italiens, et les richesses sans nombre, vestiges mémorables d'un glorieux passé, des sanctuaires de l'art italien, à Venise, à Milan et à Gênes, toutes choses qui excitèrent son juvénile enthousiasme..

Le 1ᵉʳ janvier 1857, le prince Charles fut nommé
second lieutenant à la suite du régiment d'artillerie de la
garde, arme qu'il avait sollicitée comme la plus intéressante; mais tout d'abord, il ne fit pas son service dans
la troupe, parce qu'il dut se rendre à la forteresse de Juliers
(Jülich) pour s'y familiariser avec le service pratique, le
maniement des pièces; et dans un exercice de tir au canon,
en présence du prince son père, le jeune officier se tira
d'affaire avec honneur. C'était en même temps un gym-
naste habile et un cavalier accompli.

Depuis son entrée dans l'armée, le prince avait pour
gouverneur militaire le capitaine von Hagens, officier
conscient de son devoir, très distingué, et qui, animé de
la plus cordiale affection pour son jeune élève, lui servit
plutôt d'ami et de conseiller, remplissant ainsi les désirs
exprimés par le prince Charles Antoine au sujet de la
formation de l'esprit et du caractère de son fils, désirs
consignés dans une lettre écrite à l'occasion du départ de
celui-ci pour Berlin. On y lit ces mots: „Maintenir et
fortifier le sentiment religieux, mais sans ostentation ni
manifestations extérieures. Les devoirs religieux devront
toujours être rigoureusement accomplis, mais sans que la
lettre morte vienne jamais prédominer sur l'esprit intérieur.
— Insister sans cesse sur la juste conception du point
d'honneur et des devoirs de l'état militaire, en faisant
abstraction de tous les préjugés vides de sens; représenter
à mon fils sa naissance et la dignité princière héréditaire
de façon qu'il y trouve son seul appui dans sa conduite
comme officier et homme du monde; c'est le meilleur
moyen d'obtenir une tenue toujours convenable et modeste,
et d'entretenir la vraie camaraderie. Le contre-poids
nécessaire à ces qualités consiste en une mâle énergie,
dans la fidélité à ses convictions et le maintien de sa propre
individualité.“ Le prince désirait en outre que son fils,
encore trop jeune et trop inexpérimenté pour concevoir

des opinions politiques propres, demeurât préservé d'idées exclusives et de parti: „Il devra conserver toujours le sentiment bien net de la justice et du droit sous toutes leurs formes; par conséquent, aucun préjugé d'origine ne pourra jamais trouver accès chez lui. Les convictions fermes de son esprit et ses tendances devront être que la Prusse est appelée à étendre sa grandeur et sa puissance en Allemagne sur une base nationale, selon la politique traditionnelle de sa dynastie. Le nom de „Hohenzollern" est un nom glorieux, qu'il devra sans cesse porter avec la réserve et la modestie qui conviennent à sa grandeur".

Ce sont là des paroles d'une inestimable valeur; elles nous montrent l'esprit de famille de ces princes, et la nature des exemples reçus par le jeune Charles de la part de ses illustres parents. Mais à quoi bon tous les préceptes et toutes les règles, s'ils ne trouvent pas un terrain fertile, un fond honnête et droit, une volonté énergique, comme c'est ici le cas? Chez le prince Charles, la pureté des sentiments s'alliait à celle de la foi, et celle-ci ne s'attacha jamais à la lettre, mais au fond même d'une conviction religieuse profondément ancrée. La droiture des pensées s'harmonisait avec une conception et un accomplissement symétriques des devoirs que la vie impose à chacun, du plus puissant jusqu'au plus humble. A cela s'ajoutaient l'absence totale de préjugés et l'intelligence exacte des faiblesses et des erreurs humaines. Jamais le prince ne s'écarta de ces principes, auxquels il demeura toujours fidèle envers lui-même et envers les autres, sans s'abandonner un seul instant aux entraînements de la passion, faisant dominer énergiquement sa volonté. De très bonne heure, les deux aiguilles qui marquèrent le cadran de sa vie s'appelèrent: „Devoir et Patrie"; elles lui tracèrent la voie à suivre et furent les guides assurés de toute sa conduite.

A Berlin, le prince Charles fréquenta d'abord l'Ecole

d'Artillerie et du Génie, et suivit en outre les leçons de professeurs distingués dans les mathématiques, les sciences militaires, la fortification, la chimie et la physique, le français, le lever des plans et le tracé des constructions, tandis que le capitaine von Hagens l'initiait aux règles de la tactique.

Le Prince Charles comme Leutenant d'Artillerie (1857).

Bien que le prince Charles Antoine eût souhaité que l'instruction militaire de son fils ne fût pas troublée par les distractions de la grande ville, il fut cependant impossible d'éviter les obligations créées par la parenté étroite avec la cour royale de Prusse. Chaque dimanche, le prince prenait part au dîner de famille du couple royal, et jouissait surtout de l'affection particulière du prince Guillaume, le futur successeur au trône, et de la princesse Augusta, sa femme, qui tous deux accueillirent leur jeune neveu avec les plus aimables attentions. Au mois d'août, le prince prit part, aux côtés de son père, aux manoeuvres de la 41e division et aux expériences de tir exécutées à Schweidnitz, où il fit la connaissance du général de Moltke; ce profond connaisseur des hommes devina exactement le caractère intime du jeune prince de Hohenzollern et exprima son jugement en ces termes prophétiques: „Le jeune prince de Hohenzollern jouera un rôle dans la vie et fera parler de lui!"

Au mois de novembre 1858, le prince Charles Antoine vint résider à Berlin, à la grande joie de son fils. Le prince régent Guillaume, qui représentait le roi son frère, alors malade, avait appelé le prince Charles Antoine à la présidence du Conseil des Ministres, car il s'agissait d'un changement radical du système en conformité des besoins d'une époque nouvelle, et le prince régent voulait confier la direction responsable des affaires du gouvernement à des hommes nouveaux, eux aussi, et exempts de tout préjugé. Le prince Charles Antoine sut réunir autour de lui des hommes d'une honnêteté et d'une probité rares, animés de l'esprit de fidélité envers la Constitution, et aux idées politiques pleines de modération, personnages „formant un contraste frappant avec le système adopté précédemment." Leur appel au pouvoir fut approuvé par la grande majorité de la nation. „Il eût été impossible", écrit le duc Ernest de Saxe-Cobourg-Gotha dans ses Mémoires, „de trouver pour le nouveau Ministère un nom plus honorable, plus patriotique, et représentant mieux la véritable capacité, que celui du prince de Hohenzollern; aucun ne pouvait offrir de meilleures espérances ni de plus sûres garanties pour le développement heureux de la Prusse et de toute l'Allemagne."

Le prince Charles se trouvait chaque jour en compagnie de son père, et ce fut pour lui le point de départ tout naturel d'une période d'études politiques intéressantes, qui devait un jour porter ses fruits. Comme son père, le prince se montrait nettement hostile aux idées réactionnaires. Ses tendances l'entraînaient plutôt vers le libéralisme, et il fréquentait certaines maisons que leurs opinions libérales rendaient suspectes au monde de la cour. Cela lui valut à maintes reprises quelques reproches, notamment de la part du prince Charles de Prusse, qui lui exprima un jour son étonnement de ce qu'il eût dansé en uniforme de la garde dans la maison d'un Ministre connu pour ses idées libérales. A quoi le jeune Charles, prompt à la riposte, répondit qu'il n'y avait point été comme officier de la garde, mais simplement comme prince de Hohenzollern.

Les études militaires du prince, poursuivies avec un zèle sérieux, furent interrompues au mois de mai 1859, lors de la guerre franco-autrichienne en Italie, par la mobilisation de [l'armée prussienne, et le prince eut alors occasion de se convaincre de plus près de l'importance des études militaires, car il prit le commandement d'une batterie à l'effectif de guerre.

Les nuages amoncelés se dissipèrent, et le service de garnison reprit son cours habituel.

En 1861, deux voyages d'une certaine durée apprirent au prince à connaître les hommes et les choses des pays situés au-delà de la frontière allemande. Pendant l'été de 1861, il accompagna son frère, le prince héritier Léopold, aux cérémonies de son mariage avec l'Infante Antoinette, à Lisbonne, et au mois de novembre de la même année, sur l'invitation de l'empereur Napoléon III, il se rendit dans le Sud de la France, où il consacra une attention toute spéciale à l'organisation militaire de la France. Il passa les fêtes de Noël avec ses parents et ses frères et soeurs à Hyères, que le prince Charles Antoine, souffrant, avait choisi comme séjour d'hiver, et au commencement de janvier 1862, le prince Charles s'embarquait à Marseille pour l'Algérie.

II.

En Algérie.

———

Un monde nouveau allait s'offrir au prince sur le sol africain et, devant ses yeux, allaient défiler des tableaux aux couleurs étranges, d'un intérêt sans cesse plus captivant. A Alger, où il séjourna pendant un temps assez long, le prince Charles, chaleureusement recommandé auprès des autorités par l'empereur Napoléon III, visita en compagnie du premier lieutenant von Schrötter les établissements militaires et assista aux exercices de la garnison. Le maréchal Pélissier, duc de Malakoff, Gouverneur-Général de l'Algérie, se trouvait alors absent, et le prince Charles n'eut occasion de faire sa connaissance qu'à la fin de son voyage. On ne lira pas sans intérêt le récit de la réception des visiteurs, d'après le journal de l'aide-de-camp du prince, plus tard Général-lieutenant v. Schrötter:

„La réception nous fit l'impression d'une visite à un monarque, car le prince dut passer par toute la filière des aides-de-camp jusqu'à ce que finalement le premier de ceux-ci l'introduisit chez le duc de Malakoff. L'aide-de-camp annonça le prince, lui ouvrit les portes, mais n'entra pas avec nous dans le cabinet. Le duc de Malakoff était en tenue civile, qu'il porte d'ailleurs presque toujours; c'est un petit homme un peu corpulent, et fort trapu. Son teint est assez foncé, ce qui contraste étrangement avec sa chevelure d'une blancheur de neige qu'il porte en brosse, courte et droite. Le contraste est rendu plus frappant encore par deux grands yeux sombres qui brillent sous d'épais sourcils noirs, et par la moustache également noire et toujours soigneusement teinte. L'extérieur du duc répond entièrement à sa façon d'être originale, sur laquelle courent à Alger des anecdotes à faire frémir.

„A l'entrée du prince dans son cabinet, le duc vint à sa rencontre, le salua, lui prit la main et le considéra longuement en silence de ses grands yeux, comme s'il eût voulu en graver les traits profondément dans sa mémoire. Alors seulement le duc nous pria de nous asseoir et entretint la conversation avec beaucoup d'élégance et d'amabilité, ce qui ne manqua pas de nous surprendre après les récits entendus. Puis il nous présenta, le prince et moi, à la duchesse de Malakoff. C'est une jolie femme, d'aspect imposant, mais un peu forte. Elle est Espagnole de naissance et parente de l'impératrice, circonstance qui n'est pas étrangère peut-être au mariage tardif du duc, qui date d'un an et demi seulement. La vie intime de la famille du duc était justement troublée à ce moment-là par une maladie de la nourrice de leur enfant, de sorte que la duchesse était obligée elle-même de passer les nuits hors du palais du gouvernement, la nourrice et l'enfant habitant dans une maison voisine, circonstance assez singulière. Pour cette raison d'ailleurs, les réceptions de la duchesse, fixées généralement à chaque lundi, avaient été suspendues, et l'annonce en avait été publiée dans les journaux, selon l'usage établi en France.

„Cependant, on ne manqua pas de fêter la présence du prince par un grand dîner auquel assistèrent toutes les autorités civiles et militaires avec leurs femmes et une société très nombreuse. Le dîner fut très animé. Après le repas, les messieurs se rendirent à la galerie surmontant la cour intérieure du palais, pour y fumer, tandis que les dames retournaient au salon. Ce sans-gêne était pour nous quelque chose d'absolument nouveau, mais il nous montrait en même temps un des côtés originaux de notre hôte. C'est lui-même qui offrait les cigares à ses invités; ces cigares étaient d'une grosseur respectable et entourés d'une bande dorée; au milieu, la lettre M, initiale du nom du duc."

Lors du premier séjour du prince Charles à Alger, le maréchal Pélissier était remplacé dans le gouvernement général par le général de Martimprey, qui s'était acquis une grande réputation militaire comme chef d'état-major général en Crimée et en Italie. C'était un homme aimable, d'un caractère sérieux, dont le zèle et les capacités étaient universellement vantés, et qui jouissait de la plus grande considération. Une autre personnalité intéressante était celle du commandant de la division d'Alger, le général Youssouf. Soi-disant Italien de naissance, il passa sa jeunesse à la cour du Bey de Tunis, où il fut plus tard nommé Mamelouk. Lors de l'invasion fançaise, il s'enfuit de Tunis et sollicita son admission dans les rangs de l'armée française, où il fut admis et affecté au corps indigène des spahis. Les services rendus par Youssouf à la France pendant les longues et pénibles guerres d'Afrique, jusqu'à la soumission définitive du pays, appartiennent à l'histoire de la conquête et l'ont conduit encore jeune au grade de général de division et au titre de „grand cordon" de la Légion d'honneur. Plein de feu, d'une bravoure à toute épreuve, énergique et hardi, il fut aidé dans ses entreprises par la connaissance du pays, de ses habitants et de ses moeurs, acquise dès sa plus tendre jeunesse. Admis au début dans l'armée sous un nom indigène, il aime encore aujourd'hui à être considéré comme tel. Il possède à „Mustapha supérieur" au milieu d'un admirable jardin, une magnifique villa du style mauresque le plus élégant, où il vit à la mode arabe. Le général Youssouf est petit, mais agile et son œil noir et brillant trahit la vivacité méridionale, son visage respire la noblesse et il a conservé pour le port de la barbe la prérogative des indigènes, car il la porte entière, tandis que le militaire français ne peut se permettre que la moustache et la barbiche. Ses manières ont pris la grâce et l'élégance françaises, et il se distingue par une affabilité et une générosité qui lui font souvent oublier la véritable valeur de l'argent.

Le prince et son compagnon éprouvèrent les impressions les plus favorables des troupes de la garnison d'Alger et de celles de l'intérieur, tant pour les contingents indigènes que pour les troupes françaises proprement dites. Le journal dont nous avons déja parlé, s'exprime ainsi sur le compte des tirailleurs algériens:

„Cette troupe fait dans son ensemble une impression vraiment belle, la tenue est très pittoresque et élégante. Les hommes, élancés et de belle taille, apprennent très vite à soigner leur personne et leurs effets, ainsi que cela se pratique partout dans l'armée française. Une chose d'un effet singulier est la différence de la couleur de la peau, car on voit parmi ces tirailleurs toutes les teintes, rencontrées habituellement en Algérie, le visage blanc de l'Européen, la face brune du Kabyle, et le teint bronzé, olivâtre de l'habitant du désert, sans oublier le noir spécial à la race de Cham, avec toutes les nuances intermédiaires. Quant aux qualités guerrières de cette troupe, elles réunissent la discipline française avec le naturel sauvage des tribus indigènes. La guerre d'Italie a suffisament prouvé quel effet ces régiments produisent sur des soldats européens et quel effroi inspirent à ceux-ci l'aspect et la manière de combattre des tirailleurs. En Afrique même, ils sont d'un emploi précieux et ils se montrent envers leurs compatriotes, courageux, vaillants, cruels aussi l'occasion. Le gouvernement français sait si bien pouvoir se reposer sur leur fidélité, que le fort Napoléon, dont l'importance est considérable, est occupé de préférence par des tirailleurs.‟

Sur la légion étrangère, le journal s'exprime ainsi:
„La légion étrangère est une troupe excellente de l'aveu
de tous; elle renferme beaucoup d'Allemands et montre
une endurance remarquable, qui, jointe à l'élan français,
donne de grands résultats. C'est à cette troupe, ainsi
qu'aux zouaves, que la France est redevable de la soumission de l'Algérie."

Nous trouvons dans ce journal une description des
zouaves: „La troupe est exclusivement composée de
Français. Les hommes portent un uniforme turc: veste
et gilet bleu foncé, bordés de rouge, larges pantalons
rouges, la chaussure française, le fez et le turban, le cou
entièrement dégagé. Leur armement consiste en un fusil
assez court à baïonnette. Ils portent toute la barbe. Ceci
donne aux zouaves un aspect très martial et la conscience
de leur valeur. Celle-ci se traduit sur la physionomie
débordante de gaieté de ces hommes aux traits bronzés,
beaucoup plus que chez les autres soldats français; elle
tèmoigne qu'avec ces gens-là un chef habile peut tout
risquer."

Lors de son premier séjour en Algérie, le prince Charles
entreprit un grand voyage dans l'intérieur du pays, en
partant de Philippeville où il se rendit par le bateau à
vapeur. Le temps se montra justement propice à cette
traversée; aux jours ensoleillés succédaient les nuits au
silence solennel, illuminées par la lueur resplendissante des
étoiles dont l'éclat est beaucoup plus puissant qu'en Europe,
de même que le ciel est aussi d'un bleu plus foncé. A
Philippeville et dans les autres stations militaires qu'il
visita, le prince apprit à mieux connaître les détails de
l'organisation militaire, et pénétra plus profondément dans
le fonctionnement du service et dans la vie pleine de
privations de l'armée coloniale française. Le gouvernement
français n'avait rien négligé pour rendre aussi agréable et
aussi profitable que possible à son hôte princier le séjour

sur le sol africain; les fatigues ne manquèrent pas, il est vrai, mais elles furent supportées avec gaieté, et même le prince Charles éprouvait une véritable satisfaction à se voir affranchi des obligations du grand monde et de l'étiquette des cours, dont il n'avait jamais été et ne fut jamais grand ami. Il se sentait envahi d'une joie profonde à l'idée de pouvoir se donner entièrement à la jouissance absolue des beautés secrètes de la nature, où il découvrait à chaque pas des merveilles inconnues.

On atteignit avec la diligence Constantine, le vieux Ciret, l'ancienne capitale des Numides, qui s'étend sur un haut plateau abrupt, rocailleux et pittoresque, encore tout plein des souvenirs de l'époque romaine. Sous la conduite du général de division Desvaux, le prince visita le terrain sur lequel se déroulèrent les sanglants combats entre les Français envahisseurs et les Arabes défendant leur ville. On est rappelé au souvenir de l'ancien Bey par le palais habité maintenant par le Commandant français, palais avec ses jardins pleins de parterres de fleurs multicolores, d'orangers et de palmiers, sous lesquels courent de gracieuses gazelles, et où les fontaines répandent leur fraîcheur bienfaisante en un joyeux clapotis. Les colonnades qui entourent ce paradis comptent plus de 200 colonnes, toutes d'une blancheur éblouissante, et quand le soir, elles sont illuminées par les pâles rayons de la lune, qui couvrent également d'un manteau d'argent les salles et les cours, on éprouve une impression profonde de fantastique et de féerie.

Trois jours après on partait pour Batna. Le lendemain apporta une grande surprise, car une neige épaisse était tombée pendant la nuit, de gros flocons enveloppaient la diligence, à l'avant de laquelle le prince et sa suite avaient pris place. Le pays était monotone et le froid si vif qu'à l'arrêt dans un caravansérail isolé, on ressentit à cœur joie la chaleur bienfaisante du feu de la cheminée. Ce ne fut qu'a la tombée de la nuit qu'on atteignit Batna; de longs glaçons pendaient aux maisons, néanmoins les rues étaient pleines de militaires: on venait de relever la garnison. Une journée d'excursion à cheval fut consacrée à l'ancienne ville romaine de Lambessa, dont l'emplacement est encore couvert de nombreuses ruines, témoignage de l'influence prépondérante prise là par la colonisation romaine.

Sous la conduite d'une escorte de spahis, on partit ensuite pour Biskra. On eut bientôt fait de laisser l'hiver derrière soi pour rentrer dans l'été, car la plupart du temps, on allait au galop, à moins d'en être empêché par de larges crevasses semées çà et là sur le chemin, obstacles que franchissaient cependant sans peine les chevaux habitués aux ascensions les plus périlleuses. Il n'y avait trace d'aucune habitation humaine; on rencontrait pourtant de nombreuses ruines, témoignage de lieux jadis florissants, perdus dans le souvenir de l'antiquité. On salua avec une joie sincère la magnifique forêt de palmiers d'El-Kantara qui apparut soudain comme par enchantement à un tournant du chemin aux yeux des voyageurs déjà fatigués et éblouis par cette longue chevauchée à travers une contrée monotone, jaunâtre et brûlée par le soleil. L'ensemble du paysage avec ses palmiers innombrables qui étalaient leur cîmes toujours vertes sur le fond bleu du ciel, le joyeux murmures des sources jaillissantes, l'oasis entourée de son mur muni de meurtrières et de tours carrées aux couleurs argileuses, les maisonnettes blanches se détachant sur la verdure épaisse, le tout inondé des rayons pourpres du soleil couchant, donnaient l'impression d'un délicieux conte de fée. Cette impression s'agrandit encore par de nombreux groupes d'Arabes enveloppés de burnous blancs, d'où se détachèrent trois cheiks à la stature imposante, venant humblement au-devant du prince pour le prier d'accepter leur hospitalité.

Malheureusement le séjour fut court; on se remit en route dès le lendemain matin; on recommença à battre le terrain montagneux et désert qui montrait à de nombreux endroits un ton argenté éblouissant, car le sol est mélangé de grandes masses de sel. Dans un caravansérail, on fit la rencontre d'une caravane de chameaux et d'une escorte de chasseurs d'Afrique. Tous deux produisirent un effet saisissant; puis, avant d'atteindre la montagne, se montra tout à coup un mirage sous la forme d'une grande cascade aux flots écumants, qui disparut aussi vite qu'elle était apparue. A Biskra, qui marque la limite septentrionale du grand désert, le prince trouva encore l'accueil le plus cordial. Là, s'étendait également une merveilleuse forêt de palmiers, piqués çà et là de maisonnettes blanches et de quelques minarets fort gracieux. La vie et les moeurs des habitants des sept villages composant cet oasis avaient un caractère primitif plein d'originalité.

A Biskra, on fit en hâte les préparatifs d'une équipée de plusieurs jours à travers le désert du Sahara. Dix mulets portaient les tentes et les vivres, et une escorte de spahis veillait à la sécurité de la troupe. Il n'y avait ni chemin ni sentier pour parcourir l'immense mer de sable; la plupart du temps, on allait à pied, car il fallait épargner les chevaux. On fit la première halte sous les palmiers de l'oasis de Mdonkal, où le chef avec ses fils et d'autre notables du pays souhaitèrent la bienvenue au prince. On passa la nuit sous les tentes qui faillirent être emportées par une grande tempête. Le hurlement sourd des hyènes se mêlait aux cris des chacals et à l'aboiement des chiens. On se remit en route avant le lever du soleil, car on avait devant soi une étape de 18 heures. On arpenta de nouveau de vastes espaces couverts de sel qui donnaient l'illusion frappante de champs de neige fraîchement tombée. La chaleur était très forte, et l'air chaud produisait des illusions d'optique bizarres: à une certaine distance, les maigres arbrisseaux émergeant çà et là du sol semblaient des arbres énormes formant d'épaisses forêts, et les chameaux qui se promenaient au loin semblaient des monstres gigantesques. On passa la nuit et le jour suivants dans l'oasis de Bou Saada, puis on repartit, non sans que les cheiks et les kaïds eussent encore une fois exprimé au prince la joie d'avoir eu sa visite, qu'ils regardaient comme un présage de bonheur, car maintenant ils allaient avoir certainement une pluie abondante et une bonne récolte.

La nuit suivante, on campa dans le désert, le cheik du village voisin avait mis toute sa maison sur pied pour saluer le prince et lui avait préparé une superbe tente arabe, près de laquelle s'élevaient encore six autres tentes plus simples pour le reste de l'escorte. Les femmes du cheik s'occupèrent de la cuisine, exclusivement indigène, cela va sans dire, et le soir le petit camp fut entouré d'un abattis d'arbrisseaux secs, minces et touffus, pour empêcher une visite des chacals et des hyènes. A la lueur des foyers, les groupes de spahis et les Arabes habillés de blanc offraient un tableau pittoresque. Le dernier jour apporta encore une surprise imprévue: un simoun surprit les voyageurs et les contraignit à quitter leurs chevaux pour se protéger, au moyen de couvertures et de voiles spéciaux contre ce tourbillon de sable qui approchait avec violence. On ne put continuer le voyage qu'au bout de quelques heures, car on eut encore une surprise inattendue. A travers les arbustes, agités par le vent, apparut une troupe de cavaliers arabes aux manteaux flottants et aux armes étincelantes, qui s'approchèrent en un galop furieux, pour rendre honneur au prince dans une fantasia, accompagnée, comme toujours, de cris féroces et de crépitements de coups de fusils.

Après un arrêt de quelques jours à Alger, on visita Oran, et là commença le voyage de retour, par Gibraltar et l'Espagne. A la cour de Madrid, le prince fut reçu avec tous les honneurs dus à son rang. De là, on partit pour Paris, où le prince reçut le plus aimable accueil. Il fit plusieurs visites, notamment à des parents. La famille impériale lui témoigna une faveur spéciale, et le prince Charles, avec sa franchise, son attitude tranquille et modeste, s'attira la confiance de l'empereur, confiance partagée d'ailleurs sincèrement. La cour brillante et la somptueuse capitale des rives de la Seine exercèrent sur le prince une grande influence. Son jeune coeur fut pris par une jolie parente dont l'image le suivit dans le patrie allemande.

Peut-être, était-ce cet aimant qui l'attira à Paris en décembre 1863, après un hiver passé à l'Université de Bonn, où il suivit quelques cours particuliers de littérature française et d'histoire. A Paris, le prince fit partie du petit cercle de Compiègne, où le couple impérial recevait seulement les amis les plus intimes, et où il se révélait tout autre que dans les salons dorés des Tuileries. Dans ce cercle restreint, à côté de noms illustres, de nouvelle noblesse, il est vrai, pour la plupart, se trouvaient représentés la littérature, la science, l'art et la presse. C'est là que le prince fit connaissance des hommes de science et d'esprit qui faisaient de ces causeries intimes une source de jouissance parfaite. Le jour, on entendait souvent résonner le son du cor: on partait alors pour la chasse, les messieurs dans de superbes costumes du dix-huitième siècle, l'impératrice avec les dames de sa suite, en tenue d'amazone d'un goût parfait, et coiffées de chapeaux tricornes ornés de plumes.

III

Retour au Pays.

De retour à Berlin, le prince reprit ses fonctions de lieutenant au deuxième régiment des dragons de la garde, auquel il appartenait depuis l'automne de l'année précédente. Ses pensées le ramenaient souvent à la capitale de la France; il était tout rempli du cher souvenir de sa très gracieuse parente, rencontrée si souvent à Compiègne. Mais il dut renoncer à ses espérances, car de nombreux empêchements, présentés par la Cour de France pour la plupart, s'opposaient à une alliance.

Les évènements de 1864 amenèrent alors une diversion importante. Les dragons de la garde ne furent pas mobilisés; mais le prince ne voulut plus rester à Berlin, dès que les troupes prussiennes eurent occupé le Schleswig-Holstein, où les menaçait le feu de l'ennemi; il supplia son père de demander au roi l'autorisation de se rendre sur le théâtre de la guerre. Le roi Guillaume, comprenant les sentiments intimes du prince, exauça le voeu de son jeune parent, le congédiant par ces mots: ,,Prends garde et ne sois pas trop téméraire, pense à tes parents et à quelqu'un d'autre encore . . . !"

Le prince Charles fut promu officier d'ordonnance du Kronprinz Frédéric Guillaume, plus tard l'empereur Frédéric. Il n'aurait pu avoir de bonheur plus grand. Depuis longtemps il était plein d'une sainte vénération pour son

parent qui la lui rendait bien; de cette sympathie réciproque, naquit pendant la campagne une amitié forte et
loyale, qui devait persister plus tard dans la joie et dans
la peine, et qui ne se termina que par la mort de l'empereur
Frédéric.

Le Prince Charles comme Lieutenant de Dragons (1863).

Le Kronprinz qui était attaché à l'état-major du
Feld-maréchal, comte de Wrangel, n'avait reçu aucun
commandement militaire et cela pour des raisons particulières à la situation politique. Pourtant la tâche qu'on
lui avait attribuée n'en était pas moins difficile et pleine

de responsabilité. Comme soldat, il devait surveiller attentivement les opérations militaires, comme diplomate il sut,
grâce à son aimable personnalité, aplanir beaucoup de

Le Prince Charles comme Officier d'ordonnance à
Schleswig-Holstein (1864).

difficultés et arranger maints différends. Le prince Charles
supporta avec le Kronprinz toutes les fatigues de la campagne, augmentées par la rigueur du froid, les marches et
les contremarches; comme son compagnon aîné, le prince

marchait avec les troupes à travers la neige, la glace et la boue, passant souvent la nuit dans une misérable grange ou dans une cabane de paysan abandonnée. Pendant une marche de nuit, on eut, à certains endroits, de la neige jusqu'à la ceinture. Le froid était si rude qu'on avait peine à le supporter, et toutes les deux minutes il fallait s'arrêter, le dos tourné contre le vent, pour reprendre haleine. Beaucoup se découragèrent et croyaient ne plus revoir leur pays; seul le Kronprinz et son jeune cousin Charles avançaient bravement, encourageant leurs compagnons. Enfin brilla une lumière, une lumière de salut; les deux princes prirent quartier dans une petite maison de paysan: deux petites chambres, où deux bottes de paille tinrent lieu de lits.

Le prince Charles et le Kronprinz prirent part au siège et aux combats de Fridericia, la ville la plus forte du Danemark. Le prince s'exposa à maintes reprises à un feu violent à tel point que le Feld-maréchal Wrangel lui défendit de s'aventurer si loin. Il accompagna l'infanterie de la garde à Düppel, et là le prince Charles prit également part aux sanglants assauts des redoutes de Düppel, où le drapeau prussien remporta la victoire, la première, après une longue période, non exempte de nuages. Chaque pouce de terrain s'achetait au prix de flots de sang; avec une bravoure incroyable, on vint à bout de difficultés toujours nouvelles, paraissant insurmontables. Enfin le drapeau victorieux flotta sur la dernière redoute. Vers la fin de juin, le prince assista au hardi passage de l'Alsensund, ainsi qu'à l'entrée dans le Jutland, puis en décembre les opérations se terminèrent par le retour à Berlin et l'entrée solennelle dans cette ville.

En souvenir de ces grands évènements, toujours chers au peuple, le Kronprinz fit don à son cousin d'un sabre d'honneur. Les ornements gravés sur la poignée étaient de la main d'artiste de la Kronprinzessin. Ce sabre lui fut remis

par le Kronprinz à l'occasion du baptême du prince Sigismond, son plus jeune fils, que le prince Charles avait tenu
sur les fonts baptismaux. Malheureusement le prince
Charles avait contracté pendant la campagne un mal
d'oreille qui l'obligea à faire une cure en Suisse. De retour
à Berlin, il reprit son service au 2me dragons de la garde.

On peut facilement concevoir combien la vie de
garnison lui déplut, après cette période mouvementée et
pleine de souvenirs guerriers, si importante pour la science
et la tactique militaires du prince. A ceci vinrent s'ajouter
maints autres déboires; on se racontait notamment que
son avancement était ralenti par suite de ses idées
libérales et de ses fréquentations dans les familles plutôt
bourgeoises. Mais à la vérité, la monotonie du service
à Berlin n'offrait rien au jeune Hohenzollern pour satisfaire son activité dévorante, ni aucun but capable de
couronner ses nobles efforts.

L'année 1865 s'écoula sans faits importants, puis
éclata 1866, qui devait apporter au prince Charles le plus
grand événement de sa vie, la proposition de mettre sur sa
jeune tête la couronne de Roumanie.

Avant de nous occuper de ces faits, dont les suites
devaient être si grosses de conséquences, examinons d'un
peu plus près cette terre, qui allait devenir la seconde
patrie du prince Charles.

IV.

Malheurs et espérances de la Roumanie.

Un voile d'obscurité recouvre encore en partie l'histoire des premiers temps de la Roumanie actuelle et le développement de la race roumaine. On admet généralement que la formation des tribus roumaines, établies dans les régions du Danube, eut pour point de départ la romanisation des Daces, commencée par l'empereur Trajan au deuxième siècle après J. C. et réalisée plus tard par de nombreux moyens. On suppose encore que la population autochtone se mélangea fréquemment avec les colons accourus en Roumanie. Certains historiens émettent l'opinion que les Daces, une fois romanisés, seraient restés dans le pays; par contre, d'autres savants soutiennent que lorsque les incursions des Goths commencèrent vers la fin du troisième siècle et forcèrent l'empereur Aurélien à céder la Dacie, les habitants de cette province se retirèrent en Mésie, qui est la Bulgarie actuelle. Mais dans ce dernier cas même, il faut supposer déjà que seules, les colonies militaires se dispersèrent, et que seuls, les indigènes aisés ou associés à l'administration romaine, abandonnèrent le sol natal. Car malgré l'invasion des Barbares et le trouble des guerres continuelles, ceux qui restaient conservèrent les traditions et la langue romaines, sans pouvoir éviter cependant le contact des influences étrangères, surtout slaves.

Il n'est pas inadmissible non plus de supposer qu'avant la migration des Barbares, beaucoup de colons aient cherché un refuge dans les régions inaccessibles des monts Karpathes et y aient fondé des communautés étroites, où la nationalité romaine se perpétua pendant des siècles. Nous ne possédons aucune tradition historique digne de foi sur les époques qui suivirent.

Le flot envahisseur des peuples huno-germaniques et slavo-avares, ainsi que les incursions dévastatrices des Mongols, marquent seuls les premiers débuts de la formation des futures principautés danubiennes de Roumanie, c'est-à-dire de la Valachie au commencement du 13me siècle, et de la Moldavie au milieu du 14me. C'est alors que l'on voit poindre sourdement l'idée d'un État national roumain. Les premiers princes élus, les Domi — appellation primitive des souverains du pays — furent des hommes distingués par leur situation et leur influence, soucieux de voir leurs fils leur succéder dans leurs dignités. A défaut de successeur direct et de prétendant convenable parmi les familles apparentées et alliées, on choisissait un des Boïards occupant le premier rang dans la nation par son importance et sa valeur guerrière, car le mot Boïard signifie guerrier. Mais comme les principautés étaient loin d'être assez fortement établies pour pouvoir résister aux attaques des ennemis, les gouvernants durent recourir à un appui étranger capable de leur assurer une protection efficace. C'est ainsi que Mirzea Ier, prince de Valachie, conclut en 1291 avec Bajazet, troisième sultan des Osmanlis, un traité qui garantissant \l'indépendance de sa principauté, lui donnant\le droit de gouverner d'après les lois du pays, de faire la guerre, de conclure des traités de paix et des alliances, et de disposer sans restriction de la vie de ses sujets. On trouve encore dans le traité ces mots reproduits textuellement: „Les princes chrétiens seront élus par les Métropolites et par les Boïards, et en reconnaissance de cette faveur, et aussi parce que nous avons inscrit ce pays dans la liste de ceux soumis à notre protection, il sera versé à notre trésor impérial un tribut annuel de 3000 piastres rouges." D'ailleurs le traité ne fut observé par aucune des deux parties contractantes, les Turcs se soucièrent fort peu de la protection promise, et Mirzea ne s'inquiéta pas davantage du sultan, qu'il chercha à combattre, sans succès du reste, en 1297, de concert avec le roi Sigismond de Hongrie; nous en avous parlé au premier chapitre de cet ouvrage. En 1460, la Valachie et la Turquie conclurent un nouveau traité par lequel le sultan et ses successeurs s'engageaient à protéger le pays et à le défendre contre tous ses ennemis, moyennant un tribut annuel de 10000 ducats. Il est surprenant que la Turquie n'ait pas occupé la Valachie, et ne l'ait pas déclarée territoire ottoman. Ce fut aussi le cas de la Moldavie, dont les princes signèrent au commencement du 16me siècle, avec les sultans, plusieurs conventions, où cette principauté était reconnue comme pays libre et non conquis, mais devait fournir des troupes en cas de guerre et payer annuellement 4000 ducats.

Les deux principautés ne manquèrent pas d'hommes éminents dans la guerre comme dans la paix, dont la gloire s'est brillamment perpétuée à travers les siècles, comme Etienne le Grand, qui régna de 1458 à 1504, et Michel le Brave, de 1593 à 1601; d'autres souverains s'appliquèrent à cultiver l'instruction et la langue du pays; parmi eux, il faut citer le prince Vasille Lupu, qui fit adopter au milieu du 17me siècle la langue roumaine comme langue liturgique, évènement d'une grande importance en raison des efforts tentés plus tard pour englober les principautés danubiennes dans la sphère d'influence slave. En regard de ces princes illustres, il s'en trouve malheureusement d'autres, peu soucieux de leurs devoirs et dont les compétitions au trône jetèrent la discorde et la jalousie parmi les Boïards, toujours avides du pouvoir. Il est clair que ces luttes intestines ne contribuèrent pas à la prospérité du pays. La Porte, de son côté, ne cessait d'intervenir dans les affaires intérieures et déposait les souverains selon son bon plaisir. D'autre part, la Russie, également voisine, ne se lassait jamais de jeter des regards pleins de convoitise sur la Moldavie et la Valachie, qui lui ouvraient la route directe de l'empire turc.

Les principautés, affaiblies par des luttes séculaires, devinrent ainsi le jouet des Russes et des Turcs, jusqu'au moment où ces derniers résolurent en 1716 de se rendre maîtres du gouvernement, en nommant eux-mêmes les souverains des deux pays, choisis parmi les familles phanariotes, d'une illustre origine grecque et désignés d'après le nom du quartier habité par elles à Constantinople, à la Corne d'Or et du Phare (Phanarion). De culture occidentale et fort versées dans la connaissance des langues étrangères, ces familles étaient volontiers employées par les souverains ottomans comme intermédiaires entre la Porte et l'étranger. Les Phanariotes ou Hospodars, ainsi qu'on les appelait, ne s'inquiétaient ni du peuple ni du pays; leur seule préoccupation fut de s'enrichir le plus rapidement possible et, pour y parvenir, ils ne reculèrent pas devant les moyens les plus condamnables. Une ère de rapines et d'exactions fut inaugurée, en même temps que tout réveil de la conscience nationale était systématiquement étouffé. Bien que nommés à vie, les gouverneurs envoyés par la Porte ne conservaient leur charge que pendant quelques années seulement, pour céder à de nouveaux successeurs une place chèrement achetée aux sultans et à leurs conseillers. C'est ainsi que de 1716 à 1821, la Valachie reçut 37 gouverneurs et la Moldavie 33. Mais pendant la même période de temps, il faut encore compter trois occupations par les Russes, qui disposèrent à leur guise de ces malheureuses contrées.

Un homme d'Etat roumain a caractérisé en termes

frappants le gouvernement de ces Hospodars: ,,La Roumanie, dit-il, était la mine inépuisable, d'où ils tiraient leur
influence et leur pouvoir. Leur politique avait pour base
le mensonge et la duperie, la ruse envers les amis et les
ennemis, et elle a laissé en Roumanie des traces profondes,
que le temps n'a pu entièrement effacer encore aujourd'hui.
Les Phanariotes avaient pour principes: la dureté envers
le peuple, l'indifférence pour les besoins du pays, la violation
des lois, l'horreur du travail honnête, le manque de confiance
pour tout ce qui est national, l'admiration et l'imitation
serviles de tout ce qui est étranger". L'historien Ulcini
trace un tableau analogue de la situation: ,,Le plus néfaste
et le plus désastreux de tous les évènements politiques,
évènement qui corrompit la nation jusqu'à la moelle,
ébranla ses moeurs, anéantit presque son caractère national,
ses coutumes et ses habitudes, ce fut la domination
des Phanariotes, dont plus d'un historien a dévoilé les
menées secrètes, la fourberie, la politique perfide et crimi-
nelle. Sous leur règne, on voit le fils trahir le père, le père
supplanter le fils, le trône devenu la récompense du plus
indigne. Pour ces esclaves de la Porte, les deux principautés
n'étaient autre chose que des fiefs concédés au plus offrant.
Le trône s'adjugeait à l'enchère. Aussitôt arrivé dans sa
principauté, le Phanariote n'avait plus qu'une pensée
dominante, celle de faire fortune, de s'enrichir, lui et ceux
qui attachés à ses pas comme une bande d'oiseaux rapaces,
s'étaient abattus sur ce malheureux pays. Dans la crainte
d'être détrônés, ils s'ingéniaient sans cesse à épuiser la
contrée aussi rapidement que possible, afin de payer les
dettes énormes contractées pour obtenir le pouvoir."

Après une période de profonde décadence politique et
d'effondrement économique, la domination des Phanariotes
prit fin en 1821, car pour récompenser en quelque sorte les
habitants des deux principautés de leur réserve pendant
la guerre turco-grecque, la Porte leur permit d'élire à nou-

veau des princes issus de familles du pays, mais seulement pour une durée de sept ans, à l'expiration de laquelle une nouvelle élection pouvait avoir lieu dans les deux principautés, si la Russie et la Turquie n'y mettaient pas d'opposition. Evidemment, l'ancienne mise en tutelle ne faisait ici que se couvrir d'un nouveau manteau.

Mais de nouvelles calamités fondirent sur ces régions infortunées, lorsque la guerre russo-turque eût éclaté au printemps de 1828. „Les champs sont ravagés et détruits, les villes subissent le même sort, la population est décimée par la famine, le froid et la maladie, la moitié du bétail périt par les épidémies ou est enlevé par les réquisitions." Tel est le tableau de la situation à ce moment. Et un patriote roumain fait entendre cette plainte douloureuse: „Les deux principautés de Valachie et de Moldavie ressemblent à deux navires battus par les flots d'une mer en furie, et qu'un mince rayon de lumière vient faiblement éclairer par instants à travers les nuages sombres amoncelés et menaçants."

La paix d'Andrinople, le 2 septembre 1829, donna bien aux deux principautés une certaine indépendance et le droit d'élire leurs souverains pour une période plus longue que sept ans, mais les deux pays restèrent d'abord occupés comme garantie par les Russes, jusqu'au paiement complet de l'indemnité de guerre par la Turquie, et cela dura cinq ans. Après ce temps, les Russes et les Turcs obligèrent la population à accepter les souverains désignés par les deux puissances, à savoir Michael Sturdza pour la Moldavie, et Alexandre Ghika pour la Valachie. Cette intervention arbitraire fut la cause de nouvelles querelles nationales, car les différents partis revendiquaient la couronne pour leurs représentants les plus en vue. Par suite les princes, presque tous sous l'influence russe, changèrent à plusieurs reprises, et de nouvelles querelles surgirent, dont l'administration publique tout entière eut très gravement à souffrir. De 1822 à 1849, on ne vit pas moins de sept souverains se succéder sur le trône. D'autres occupations par les Russes, par les Autrichiens et par les Turcs eurent lieu; par suite le pays eut à supporter des charges énormes et les patriotes, bannis du sol natal, passèrent à l'étranger, afin de concentrer leurs efforts en faveur de leur infortunée patrie.

L'insurrection, entretenue dans les principautés par des troubles perpétuels, fut en 1848 l'objet d'une répression sanglante de la part des troupes russes et turques, et les habitants subirent une humiliation plus sanglante encore par le traité de Balta-Liman, signé le 1er mai 1849; ce traité plaçait à côté des Hospodars un commissaire russe et un commissaire turc, chargés l'un et l'autre d'examiner tous les actes de ces soi-disant souverains et sans l'approbation desquels aucune décision ne pouvait être prise ni exécutée. Le sentiment national se révolta profondément en présence de ce nouvel abus de la force, et dès ce moment-là, les patriotes souhaitèrent la réunion des deux principautés sous un prince étranger; mais ils redoutaient que leur puissant voisin russe n'attendît l'instant favorable pour prendre définitivement possession du pays sous le nom de „Protectorat".

Car depuis longtemps déjà, la Russie avait jeté ses regards sur les principautés danubiennes, les considérant comme faisant partie du grand empire slave; de même, en 1842, lorsque le prince Bibesco fut nommé Hospodar de Valachie. A cette occasion, le chancelier russe, comte Nesselrode, écrivait au consul général Daschkow, à Bucharest: „Vous communiquerez au prince nos instructions et lui ferez part en même temps de toutes les espérances que nous fondons sur son administration". Un „Protectorat" sur les deux principautés, tel était le but de la politique russe!

La guerre de Crimée ne réalisa pas, il est vrai, les

espérances de la Russie; mais de nouveaux et terribles malheurs résultèrent de cette guerre pour les deux principautés, car leurs campagnes furent saccagées par les armées russes et turques; l'année de séjour des troupes russes engloutit 17 millions et demi de piastres, l'occupation turque, 6 millions, et cette dernière coûta à la ville de Bucharest seule une contribution en argent et en nature de 4600 ducats par jour. Le comte Wimpffen *), qui avait pris part à l'occupation de la Valachie par les Autrichiens, dépeint en ces termes l'état du pays: „Le pillage, l'incendie, la dévastation, la ruine, étaient à l'ordre du jour. Des bandes de maraudeurs russes et turcs, de trabans et de janissaires congédiés, erraient dans les bois et menaçaient la sécurité publique. Les bachibouzoucks et les Arnautes levés à Widdin et à Calafat pour les combattre ne firent qu'augmenter cette calamité, et le remède devint plus dangereux que le mal. Des attentats contre les biens des propriétaires en fuite furent soutenus ouvertement par les autorités, et même on vit naître une guérilla en règle entre les différents groupes d'incendiaires, qui abritant leur procédé criminel sous le couvert des tendances politiques, aujourd'hui russes et demain turques, tantôt se combattaient entre eux, tantôt faisaient cause commune. Sous les ordres de divers chefs, ils incendièrent des localités plus ou moins importantes, et osèrent même tenter un coup de main sur la tour Severin, sauvée de la catastrophe, grâce à l'énergique attitude des starostes autrichiens et à l'intervention des troupes turques accourues de Neu-Orsova.“

Le même état de choses, régnait en Moldavie, où les finances étaient dans un si lamentable épuisement, qu'à la fête de Pâques de 1855, les fonctionaires du Secrétariat d'Etat, privés en partie de leurs appointements arriérés, n'en

*) Alphonse, Comte Wimpffen. Souvenirs de la Valachie pendant l'occupation par les troupes autrichiennes, 1854—1856. Vienne, 1878.

obtinrent le paiment que par une démonstration violente
comparable à un attaque de brigands. ,,Toutes les branches
de l'administration étaient désorganisées, écrit l'observateur déjà cité plus haut; des lois nouvelles se succédaient
continuellement dans une précipitation fiévreuse; les titres
de noblesse et les privilèges étaient distribués à profusion
et vendus aux plus offrants par les hommes du gouvernement. Privé de tous les éléments nationaux capables de
donner au peuple une vie saine et vigoureuse, déchiré
par la rivalité des puissances étrangères et de leurs représentants, enclavé entre trois puissants voisins et ballotté
sans guide d'un côté et de l'autre, trop faible pour résister
à leur choc et toujours en danger d'être broyé par leur
contact, un pareil corps politique ne pouvait répondre aux
véritables intérêts des principautés.''

Napoléon III, lui aussi, avait reconnu l'importance
des pays roumains, beaucoup plus sous le rapport politique,
il est vrai, que comme boulevard contre la poussée pans-
laviste, ce qui explique son attitude sympathique vis-à-vis
des tendances nationales des Roumains. Depuis longtemps déjà, d'étroites relations existaient entre la France
et les principautés, où l'influence française s'était toujours
fait profondément sentir. Les princes prenaient souvent des
Français à leur service comme secrétaires, et les Boïards
confiaient à des précepteurs français l'éducation de leurs
enfants. Les livres français jouissaient d'une grande faveur:
Voltaire lu avec passion dans le dernier tiers du XVIIIe
siècle, l'Encyclopédie trouva de nombreux acheteurs; on
lisait les journaux parisiens; de jeunes Roumains fréquen-
taient l'Université de Paris.

,,Cette infiltration des idées françaises dans l'esprit
du peuple roumain ne pouvait rester confiné dans la seule
sphère intellectuelle. Elle devait avoir aussi des effets
extérieurs; car les idées du XVIIIe siècle que la connaissance du français introduisait chez les Roumains tendaient

à la transformation de l'état social. Aussi voyons-nous bientôt ces idées pousser l'esprit roumain vers une transformation de l'état de choses existant dans leur pays. Les idées françaises introduites pendant l'époque phanariote déterminèrent le premier mouvement vers l'égalité et la liberté, mouvement il est vrai tout-à-fait rudimentaire, mais qui constitue le germe d'où sortira plus tard le progrès de la société entière."*)

M. Cochelet, consul général de France pour la Moldo-Valachie, en 1834, a fait les remarques suivantes dans ses notes de voyage**), après avoir décrit la grande affluence des visiteurs roumains de marque au consulat français: „Mais ce qui m'étonna au dernier point, ce fut de les entendre s'exprimer en bon français, et parler de la France comme s'ils y avaient tous été. Je me félicitai d'être le représentant de mon pays chez un peuple où j'aurais de si fréquentes occasions de m'entretenir dans ma propre langue de tout ce qui fait battre le cœur quand on est loin de sa patrie. Pendant un séjour de trois années à Bucharest, j'éprouvai à cet égard les plus douces jouissances. Je me rapellerai toujours cette mission qui m'a laissé les souvenirs les plus agréables et de vrais amis."

A Iassy, où il trouva aussi un théâtre français, dont les représentations étaient suivies par la meilleure société, M. Cochelet éprouva des impressions semblables: „Le prince Sturdza, le souverain de la Moldavie, élevé par un Français, s'exprime parfaitement dans notre langue. Notre librairie y trouve un grand débouché. Les livres qui ont rapport à l'éducation de la jeunesse sont surtout recherchés. Il faut dire aussi que nos romans sont lus avec avidité."

---

*) A. D. Xénopol. L'influence intellectuelle française chez les Roumains. (Annales des sciences politiques, janvier 1905.)

**) M. Cochelet. Itinéraires des Principautés de Valachie et de Moldavie. Extrait d'un journal de voyage fait en 1834 et 1835.

Mentionnons également qu'en 1860, sur la demande du prince, une mission militaire française se rendit à Bucharest, et fut complétée les années suivantes par un grand nombre d'officiers français. Le but de cette mission était de réorganiser l'armée des principautés, et surtout de débarrasser l'administration militaire de graves abus, ce qui suscita des résistances opiniâtres. Néammoins, des résultats importants, quoique peu rapides, furent obtenus au point de vue militaire, et plus encore sous le rapport administratif: „La mission créait le service de la comptabilité générale, celui des fonds et ordonnances, elle enseignait à dresser un budget par nature de dépense, elle prenait la direction de ces services et les établissait si solidement que c'est encore aujourd'hui celles présentant le plus de vitalité."*)

La mission ne rentra en France qu'au commencement de l'année 1869.

Si maintenant nous revenons au récit des évènements historiques, nous voyons que le Congrès de Paris, conséquence de la guerre de Crimée en 1856, y joua un rôle considérable. Ouvert au Ministère des Affaires étrangères le 25 février 1856, le Congrès ne tarda pas à mettre à son ordre du jour le règlement politique des principautés danubiennes. Les représentants de la France suivirent ici la même ligne de conduite adoptée déjà une année auparavant au Congrès de Vienne par le baron de Bourqueney, qui s'était déclaré énergiquement pour la réunion des deux principautés; les représentants se montrèrent pleins de sollicitude pour les vœux des deux pays, dont les affaires furent traitées dans les séances du 8 au 10 mars. L'entente se fit rapidement sur la navigation du Danube et sur le contrôle international des bouches de ce fleuve; il en fut de même pour rendre les principautés indépendantes de la Russie, et leur accorder l'autonomie sous la suzeraineté

---

*) G. Le Cler. La Moldo-Valachie, ce qu'elle a été, ce qu'elle est, ce qu'elle pourrait être. Paris, 1866.

du sultan. Mais lorsqu'il s'agit de leur réunion ou de leur séparation futures, des divergences d'opinion si profondes éclatèrent que l'on ne put aboutir à une entente et que la solution fut renvoyée à plus tard. Le comte Walewski, représentant de la France, s'exprima en faveur de la réunion de la Moldavie et de la Valachie, de même que le représentant de l'Angleterre, lord Clarendon, et finalement aussi le comte Orlow, représentant de la Russie, et Cavour, plénipotentiaire italien; mais Ali-Pacha et le comte Buol, représentant de l'Autriche, protestèrent énergiquement contre le projet.

„Cette grave question, restée indécise au Congrès en raison même de son importance, allait bientôt devenir, après la clôture des conférences, la pierre d'achoppement de la politique française en Orient, et l'on n'a jamais éclairé d'une lumière suffisante les conséquences produites par la question des principautés sur notre politique extérieure. La France leur dut un bouleversement complet de son système d'alliances et un amoindrissement sensible des incalculables avantages de la guerre de Crimée . . . Le compte-rendu de la séance du Congrès du 8 mars contenait en germe les discordes qui éclatèrent quelques mois après la prise de Sébastopol, et qui réunirent dans un même camp, la France, la Sardaigne, la Prusse et la Russie, notre ennemie de la veille, tandis que dans l'autre se trouvaient l'Angleterre, l'Autriche et la Turquie, nos alliées d'hier."*)

En opposition avec lord Clarendon, lord Stratford de Redcliffe, ambassadeur d'Angleterre à Constantinople, combattit avec une énergie brutale la réunion des principautés, certain en ceci de l'assentiment du cabinet de Londres.

Comme l'on n'avait pas pu s'entendre au sujet de la réunion ou de la séparation des principautés et qu'on vou-

---

*) L. Thouvenel. Pages de l'histoire du second Empire. Paris, 1904.

lait faire dépendre la solution des résolutions prises dans les assemblées nationales de la Moldavie et de la Valachie, celles-ci — les Divans ad hoc — se réunirent en 1857 à Bucharest et à Iassy. On chercha à y régler définitivement le sort des principautés et l'on formula les désirs suivants, émanation des tendances nationales depuis longtemps contenues: Respect des droits et de la neutralité des principautés, garantis par les anciens traités conclus avec la Porte; réunion des deux principautés en un Etat constitutionnel sous un prince héréditaire, issu d'un dynastie européenne.

Tous les patriotes étaient fermement résolus à lutter pour que l'union désirée devînt un fait accompli; leurs voeux trouvèrent un écho énergique dans les mâles accents de Jean Bratianu, le patriote enflammé, qui s'écriait dans ses: „Mémoires sur la situation de la Moldavie et de la Valachie", publiés après le Congrès de Paris:

„Désormais, aucun obstacle ne nous empêchera de reconstituer la Roumanie. Il ne s'agit plus que d'une question de temps, et quel est celui parmi nous que le plus ou moins de chemin à parcourir empêchera d'avancer, quand il s'agit d'être ou de ne pas être? . . . Non, rien désormais n'arrêtera plus notre élan. Nous avons déjà remporté une grande victoire. l'Europe a déjà reconnu que nous sommes un peuple destiné à combattre et à triompher pour la liberté. Notre place est marquée parmi les nations qui constituent la république européenne. C'est à nous de la conquérir."

Les grandes puissances ayant décidé, à la Convention de Paris tenue pendant l'été de 1858, qu'il serait procédé à l'élection de deux princes régnants, les deux principautés tournèrent l'opposition des puissances, et au commencement de 1859, à Bucharest comme à Iassy, les partis nationaux proposèrent à l'élection comme prince régnant le même candidat, en la personne du colonel moldave Alexandre Kusa, qui paraissait réunir les conditions les plus favorables. Il n'avait pas de rapports étroits avec les Boïards ni avec les familles phanariotes demeurées dans le pays, il avait accepté l'engagement de mettre à exécution les résolutions nationales prises en 1857 et de réaliser, par une constitution commune, l'union effective, à laquelle la Prusse avait toujours, soit dit en passant, témoigné une approbation sympathique. Deux années plus tard, la reconnaissance des puissances venait enfin confirmer les voeux du pays, et en 1862 un nouvel Etat, la Roumanie, était formé des ,,Principautés réunies" de Moldavie et de Valachie.

Pourtant, le repos et la tranquillité tant désirés ne régnèrent pas. Le prince Kusa fit assurément beaucoup pour le bien du pays en établissant une constitution libérale et en introduisant la liberté de la presse, en supprimant la noblesse des Boïards, en répartissant la propriété foncière entre les paysans privés de tout bien, en proclamant l'indépendance de l'Etat roumain vis-à-vis du Patriarche de Constantinople et en prenant d'autres bonnes mesures encore. Mais ces avantages se trouvèrent contrebalancés par un trop grand nombre de faiblesses et de fautes. Outre que le prince était entièrement acquis à la sphère d'influence russe, il s'inquiéta fort peu de veiller à l'exécution intégrale des réformes préconisées. Une ère désastreuse et croissante de favoritisme vint engloutir les recettes du pays, et la Constitution, écrite plus sur le papier qu'observée par le souverain et son entourage, fut abrogée arbitrairement par le prince au mois de mai 1864, pour faire place à un régime presque absolu, et à un système électoral dont les dispositions spéciales assuraient toujours au prince et à ses partisans une influence prépondérante. On le vit, dès 1864, par la composition de l'Assemblée nationale, entièrement livrée au gouvernement et au souverain.

L'attitude du prince Kusa, qui résidait à Bucharest, et de ses favoris, devint de plus en plus arrogante et présomptueuse, et les abus ne firent qu'empirer chaque jour davantage. Un Ministre succédait à l'autre, les lois aujourd'hui promulguées étaient abrogées au bout de quelques semaines, tout l'édifice gouvernemental chancelait et menaçait de s'écrouler. Dans le pays, l'agitation ne cessait de fermenter, et les membres de l'Assemblée nationale ne pouvaient se dissimuler que les jours de la principauté étaient comptés, et qu'elle touchait à sa fin. Des soulèvements partiels servirent de prélude au mouvement qui se préparait; mais le prince parvint à s'en rendre maître avec le concours de l'armée. Pourtant, le mécontentement était trop profond, l'indignation soulevée par les conditions existantes, trop générale, pour que l'emploi de la force réussît à les contenir. En dépit d'un étroit système d'espionnage organisé par la police, une vaste conspiration se forma pour obliger le prince à abdiquer la couronne. La chose eut lieu le 28 février 1866 à quatre heures du matin. Une partie de la troupe, la garde du palais elle-même, faisaient cause commune avec les conjurés, et quarante hommes armés, sous la conduite de trois colonels, pénétrèrent dans le palais de Bucharest et forcèrent le prince à signer son acte d'abdication. Retenu prisonnier, il fut d'abord emmené au couvent de Cotroceni, sa résidence d'été, d'où, le jour suivant et sur sa demande, il fut conduit sous escorte à la frontière autrichienne, et, de Kronstadt, se rendit à Paris.

Dans la matinée du 28 février, un gouvernement provisoire fut nommé avec Lascar Cartagiu, le général Golesku et le colonel Haralambi, et un nouveau Ministère, composé de patriotes éprouvés, prit la direction des affaires. La population, comme délivrée d'une oppression pesante, parcourut les rues de la capitale, musique en tête et bannières au vent, pour acclamer par des démonstrations enthousiastes les membres du nouveau gouvernement. A Bucharest et dans tout le pays, on accueillit avec joie la proclamation du gouvernement provisoire, qui commençait ainsi:

„Roumains! Il y a sept ans, vous avez montré à l'Europe ce que pouvaient le patriotisme et les vertus civiques. Malheureusement, vous vous étiez trompés dans le choix du prince appelé à vous gouverner. L'anarchie, la corruption, le mépris des lois, l'abaissement du pays à l'intérieur et à l'extérieur, la dilapidation, tels étaient les principes que ce gouvernement coupable avait pris pour guides de sa conduite. — Tout cela a cessé aujourd'hui! — Roumains! Vous avez souffert afin de montrer au monde jusqu'où pouvait aller votre patience; mais la mesure était comble. L'heure a sonné, et vous vous êtes montrés dignes de vos ancêtres!"

Le lendemain, le Sénat et la Chambre des Députés se réunirent en une séance extraordinaire, dans laquelle le Ministre Président, Jean Ghika, proclama l'abdication de Kusa au milieu des acclamations unanimes et donna lecture de la déclaration de Régence. Immédiatement après, l'Assemblée procéda à l'élection d'un nouveau prince, et choisit à l'unanimité le Comte de Flandre, frère du roi Léopold de Belgique, sous le nom de Philippe Ier.

Cet appel d'un prince étranger sur le trône de Roumanie répondait au désir général de la nation, désir manifesté de plus en plus vivement au cours des dix dernières anneés. On avait acquis la conviction que si la principauté était de nouveau gouvernée par un prince indigène, cela équivaudrait au retour des tristes conditions dont on pensait avoir délivré à tout jamais le pays pour son plus grand bonheur. Aussi l'idée de confier la couronne à un prince étranger naquit-elle spontanément. Il importait toutefois que le prince choisi n'appartînt pas aux puissances voisines, c'est-à-dire à la Russie ou à l'Autriche.

Déjà en 1857, la population de la Valachie avait adressé aux Chambres une déclaration ainsi conçue: „Pour que le prince régnant puisse s'opposer à toutes les compétitions et à toutes les discordes, toujours menaçantes en cas d'élection d'un citoyen du pays à la tête du nouvel Etat; pour qu'il ne soit pas soupçonné de remplir des obligations contractées antérieurement, en favorisant tel ou tel parti, telle ou telle famille, afin d'inspirer à ses sujets une pleine et entière confiance, basée sur des garanties d'impartialité et d'indépendance impossibles à espérer avec un souverain du pays; afin que le souverain, grâce à sa parenté, soit en état d'introduire plus facilement la Roumanie dans la grande famille des Etats européens, et de donner au pays un appui et un soutien plus solides, afin qu'il puisse, tant à l'intérieur qu'à l'extérieur, jeter dans la balance le poids de sa considération, de son prestige, de sa personnalité, choses indispensables à un souverain et surtout au fondateur d'une dynastie — pour toutes ces raisons, il devient absolument nécessaire de choisir le souverain de la Roumanie parmi les familles régnantes de l'Europe. Cette nécessité est aussi pressante, aussi irréfutable que peut l'être une demande. Il faut reconnaître en effet que le gouvernement, le régime des princes du pays, sont tellement déconsidérés et détestés en Roumanie, qu'en supposant même le choix d'un homme de la plus haute valeur intellectuelle, doué des vertus les plus austères, cet homme ne pourrait pas néanmoins se maintenir contre le voeu unanime et général des Roumains, désireux de voir à leur tête un membre des familles régnantes de l'Europe."

La même année, Michael Cogalniceanu, s'était écrié devant les Chambres: „Chaque page de l'histoire de notre pays ruisselle de sang et de larmes. Le mal dont nous souffrons a trouvé un écho dans ce proverbe populaire: „Le changement des princes fait la joie des fous." Le coeur du peuple ne se trompe jamais. Frères, écoutez l'âme du peuple, prêtez l'oreille à la voix et à l'ardent désir de la nation qui implore sans relâche et soupire après la réunion des principautés sous un prince étranger!" — Dans une occasion semblable, Jean Bratianu, avec des accents empreints d'une patriotique et loyale éloquence, avait dit, après une peinture émouvante des conditions de la principauté: „Les Roumains réclament énergiquement à la tête des principautés réunies un membre des familles régnantes de l'Europe. En formulant ce désir, ils donnent à l'Europe la garantie la plus solide de leur ferme résolution de marcher dans la voie du progrès physique et intellectuel avec tout le zèle, toute la vigueur dont ils sont capables."

La réalisation de ce voeu se heurta à de nombreuses difficultés survenues, non de l'intérieur du pays, mais de l'extérieur.

Le Comte de Flandre déclina le titre de prince de Roumanie, surtout à cause de la résistance de Napoléon III, qui, lors du passage du comte à Paris pour se rendre à Nice, l'avait accueilli par ces mots: „Vous refusez le choix des Roumains, n'est-ce pas?" Ce refus fut communiqué aux puissances par une circulaire du 27 février. Malgré cela, le gouvernement provisoire roumain envoya encore à la fin de mars une délégation au roi Léopold de Belgique, lequel déclara que son frère avait agi absolument de sa propre autorité en renonçant au trône qui lui était offert. La députation se rendit ensuite à Paris, afin de susciter les sympathies de Napoléon III en faveur d'un autre candidat princier, le prince Charles de Hohenzollern, dont l'empereur avait lui-même inspiré le choix, en raison de ses relations de parenté et de son affection particulière pour le prince.

Le 26. mars, deux télégrammes, adressés de Paris, parvinrent au gouvernement provisoire à Bucharest, l'un de Jean Bratianu, l'autre de Jean Balaceanu.

Le premier disait:

„Ici, bonnes dispositions. L'Angleterre a aussi la conviction qu'un prince étranger est possible. Le candidat de l'Angleterre est Hohenzollern."

Le second:

„Drouyn de Lhuys désirerait un candidat et voudrait connaître celui du gouvernement roumain. M'autorisez-vous à nommer Charles de Hohenzollern? Cela nous présenterait sous un aspect très favorable aux yeux de Napoléon III."

M. Jean Ghika communiqua au Conseil des Ministres ces deux télégrammes, qui y soulevèrent un élan de joie fébrile, car de nouveaux signes de discorde et d'indécision s'étaient manifestés dans le pays et l'on pouvait craindre que les partisans de Kusa ne levassent encore la tête. Six jours plus tard, cette joie devint du délire lorsqu'arriva, le Ier avril, un autre télégramme de Jean Bratianu, adressé de Berlin, où il s'était rendu en quittant Paris:

„Charles de Hohenzollern accepte la couronne sans conditions. Il s'est immédiatement mis en relations avec Napoléon III."

La Roumanie venait de recevoir un prince, disons plutôt, son prince. Le Conseil des Ministres porta cet évènement à la connaissance du peuple roumain, par la proclamation suivante en date du 14 avril:

„Roumains! La haute Lieutenance vous a informés par sa proclamation que de vous seuls dépend maintenant le bonheur de la Roumanie, et nous pouvons dire son existence même.

„Il y a dix ans, à trois reprises, dans les circonstances les plus importantes, les plus solennelles, vous avez déclaré et voté à l'unanimité — sachant que les circonstances politiques et notre situation géographique exigent impérieusement pour nous d'être une nation unie et forte ou de périr — vous avez, dis-je déclaré que pour être une nation, nous devions avoir sur le trône de Roumanie un prince, membre d'une des familles régnantes de l'Occident. Aujourd'hui, votre désir est accompli au-delà de ce que notre ambition nationale pouvait attendre.

„Le prince Charles Ier est membre de deux familles régnantes, des plus brillantes et des plus puissantes. Il est étroitement apparenté, par la branche aînée, à la famille royale de Prusse, cette famille qui a donné naissance à des héros, tels que Frédéric-le-Grand, dont la science et la volonté ont transformé le petit Etat en un des plus puissants royaumes de l'Europe.

„Il est apparenté de deux côtés à Napoléon III et considéré même comme faisant partie de la famille Bonaparte, désignée par la main de Dieu pour donner au monde étonné deux Napoléons, lesquels, adorés comme des demi-dieux, les conduisirent par une attraction irrésistible à la démocratie, au respect des nationalités, à la gloire véritable et impérissable.

„Il est fils de Son Altesse Royale Charles-Antoine Joachim, prince de Hohenzollern, chef du parti libéral de la nation la plus libérale et la plus savante du monde, de la nation allemande. Il est le fils du seul prince qui, pour l'unité allemande, ait su pousser le sacrifice jusqu'à descendre du trône et qui aujourd'hui, estimé, adoré par la glorieuse Allemagne, est l'un de ses principaux guides vers l'unité et la liberté. Charles Ier, prince des Roumains, est lui-même un des princes les plus estimés et les plus aimés de l'Europe, pénétré des principes les plus nobles et les plus libéraux, modeste comme l'est toujours l'homme vertueux, et puissant comme la foi, lorsqu'elle a un devoir à accomplir.

„Roumains! En ce moment sacré où le ciel s'ouvre pour nous, afin de consacrer votre immortalité comme nation, nous le jurons, la main sur la conscience, devant vous, devant l'Europe et devant Dieu, nous avons la certitude que Charles Ier prince des Roumains, conduira la Roumanie dans la voie de la justice, de la vertu, de la liberté. Par lui seul, avec lui seul, elle pourra exister et accomplir la mission que lui a tracée la Providence. Levez-vous donc, Roumains, l'heure de la délivrance a sonné! Le livre de la vie roumaine est ouvert devant vous. Une main sur vos plaies saignantes, prêtes à se gangrener, tenant de l'autre main la plume, qui d'un trait doit nous rendre la vie, allez et inscrivez au plébiscite le nom de Charles Ier prince des Roumains! La Providence, voulant nous éclairer même par des signes a fait que Charles Ier accomplit ses 27 ans, précisément le 20 avril*), jour de la clôture du plébiscite. La Providence a voulu que le Danube, ce fleuve auquel nous devons la protection de l'Europe, prenne naissance, ait sa source dans le pays même, où est né Charles Ier prince de Roumanie. Vivez donc, Roumains, avec votre ancienne confiance, votez avec la vaillance roumaine, votez à l'unanimité et sans un moment d'hésitation; alors toutes les intrigues seront anéanties et, avec la proclamation de votre vote, sera aussi proclamée, affirmée, l'existence de la Patrie roumaine!"

Le plébiscite tenu immédiatement au milieu d'avril donna le plus brillant résultat: sur 686193 votants, 685 969 voix échurent au prince Charles, de sorte que l'opposition se limitait à 224 voix seulement. Ce succès, inattendu dans une aussi importante mesure, fut salué par toutes les classes de la population avec un enthousiasme unanime, mais non pas par la Conférence réunie à Paris pour le règlement des affaires roumaines, ni par certains agents, qui inondèrent le pays de bruits menaçants, tels que celui de l'invasion des principautés par une armée autrichienne et par des troupes turques. Ces menées suscitèrent naturellement une inquiétude profonde, et le gouvernement dut rédiger une déclaration dans laquelle il insistait sur le manque absolu de tout motif de craintes sérieuses. A Iassy, capitale de la Moldavie, se produisit un soulèvement auquel les éléments étrangers prirent la part la plus active, tandis que la population même conservait toute sa tranquillité; l'intervention énergique de la troupe ne tarda pas à rétablir l'ordre. On en vint même à redouter que ces

---

*) Le 88, d'après le calendrier roumain.

troubles. annoncés à grand renfort d'affiches, ne se reproduisissent sur d'autres points, fait arrivé d'ailleurs, et que certaines tendances séparatistes ne pussent détruire l'union si péniblement édifiée; on craignait en outre les agissements des amis de Kusa, et enfin l'intervention des puissances voisines dans les affaires intérieures du pays.

De nouveaux nuages, chargés de tempêtes, s'accumulèrent sur le pays, déjà si rudement éprouvé, dont la population vit l'avenir s'ouvrir incertain une fois de plus devant elle. Les membres de la Chambre nouvellement élue, à l'instigation du gouvernement de la Régence, montrèrent pourtant une énergie et une fermeté inébranlables, et dans la séance du 1er mai, ils consacrèrent solennellement le vote plébiscitaire qui appelait le prince Charles au trône, par la déclaration suivante, adoptée à l'unanimité:

„Considérant le respect dû à la Sublime Porte et aux puissances signataires, l'Assemblée, interprète fidèle de la volonté nationale, exprimée avec une force irrésistible par les Chambres, et renouvelée à la suite de toutes les réunions, de même que par le corps législatif le 11 février et finalement par le plébiscite du 8 avril, déclare pour la dernière fois en présence de Dieu et des hommes, que la volonté inébranlable des Principautés réunies est de demeurer ce qu'elles sont: une Roumanie unie, indivisible sous le gouvernement héréditaire d'un prince étranger appartenant à une des familles régnantes de l'Occident. L'Assemblée appelle à la tête de cette Roumanie unie et indivisible, le prince Charles-Louis de Hohenzollern, qu'elle proclame sous le nom de Charles Ier."

Le 3 mai, au milieu d'une période critique et pleine de dangers, arrivait à Bucharest l'heureuse nouvelle que le prince Charles de Hohenzollern répondait à l'appel qui lui avait été adressée et acceptait la couronne de Roumanie. Des affiches portèrent aussitôt cet évènement à la connaissance de tout le pays, où il fut partout acclamé avec joie. A la Chambre, les Membres de la Régence annoncèrent aux députés l'élection du prince Charles de Hohenzollern comme prince héréditaire de Roumanie et l'acceptation de celui-ci. Dans un élan de patriotique enthousiasme, leur acclamation triomphale: „Vive Charles Ier!" trouva un joyeux écho dans les rues, où se pressaient une masse de peuple, anxieux d'apprendre la grande nouvelle et dont les milliers de poitrines répétaient: „Vive Charles Ier!"

V.

Le Prince Charles de Hohenzollern élu et proclamé Prince de Roumanie.

———

À la fin du mois de mars 1866, le prince Charles s'était rendu de Berlin à Düsseldorf, où son père exerçait, depuis le printemps de 1863, les fonctions de Gouverneur militaire des provinces du Rhin et de la Westphalie, afin d'y passer les fêtes de Pâques dans le cercle intime des siens au délicieux petit château „Jägerhof“, résidence de la famille du prince. Lors de son voyage de Paris à Berlin, Jean Bratianu, envoyé du gouvernement roumain, qui était venu, ainsi qu'il a été mentionné précédemment, dans la capitale française, afin d'y connaître l'avis des cercles dirigeants sur la candidature du prince Charles, s'arrêta à Düsseldorf, et sollicita du prince Charles-Antoine une audience au cours de laquelle il apprit, à sa plus grande joie, que le prince Charles se trouvait en ce moment chez son père. L'audience eut lieu dans la matinée du 31 mars et dura trois heures. Bratianu parla de sa mission, et rapporta comment l'empereur Napoléon lui-même avait inspiré l'idée d'offrir la couronne de Roumanie au prince Charles; il fut invité à la table princière, où l'on s'entretint beaucoup des choses de l'Orient et aussi des conditions de la Roumanie. Après le dîner, l'envoyé roumain exprima au prince la joie réelle qu'il éprouvait à faire sa connaissance ici même, alors qu'il le supposait à Berlin, et il se fit également l'écho des sympathies que l'on éprouvait pour sa personne à la cour impériale de France, puis finalement, il lui demanda la faveur d'un entretien particulier, fixé au soir même.

Dans cet entretien, Bratianu offrit officiellement, au nom du pays et du gouvernement de la Régence, la couronne de Roumanie au prince Charles, et lui remit la lettre suivante de la part de son gouvernement:

„Les Roumains, appelés à élire leur prince, Vous offrent la couronne de Roumanie. Jusqu'à ce que le plébiscite soit investi des formes prescrites par la loi et proclamé, Monsieur Jean Constantin Balaceanu est chargé du grand honneur de porter ce fait important à la connaissance de Votre Altesse, et de La saluer en notre nom et au nom de la Roumanie.

„Appelé par la divine Providence et les votes d'un peuple entier à prendre votre rang parmi les grands princes, fondateurs de Dynasties européennes, Votre génie, prince, Vous donnera, sans aucun doute, la force de surmonter les difficultés diplomatiques qui peuvent se présenter aujourd'hui. Le moyen le plus sûr de vaincre ces difficultés, de les écarter, de les prévenir, de pouvoir leur opposer le fait accompli, c'est de prendre aussitôt possession du trône qu'à partir d'aujourd'hui personne ne peut vous arracher. Seule l'hésitation, si elle est possible dans un grand cœur, pourrait donner lieu à de réelles difficultés.

„Prince, cinq millions de Roumains Vous attendent les bras ouverts, avec enthousiasme. Un monde entier salue dès maintenant avec élan le souverain de la Roumanie.‟

Au cours ultérieur de l'entrevue, Bratianu exposa au prince la situation de la principauté et ne lui cacha aucun des nombreux dangers dont elle était menacée si l'incertitude se prolongeait plus longtemps, et il termina en suppliant le prince de prendre une résolution favorable. Le prince Charles répondit qu'il se sentait bien le courage nécessaire pour répondre à l'appel du peuple roumain, mais qu'il éprouvait d'autre part de graves scrupules au sujet de ses aptitudes à remplir une mission aussi lourde de responsabilités; il ne pouvait donc donner pour le moment aucune réponse définitive, car cela dépendait en dernier ressort de la décision du roi Guillaume, chef de la famille, sans la permission duquel il lui était impossible d'enteprendre de sa propre autorité une démarche aussi grave. La future épouse du prince, la reine Elisabeth, raconte à propos de cette première entrevue un épisode caractéristique:

„Le prince Charles aurait suivi les explications de Bratianu, une carte du monde devant les yeux, et finalement, prenant un crayon et désignant la ligne qui rejoint directement Londres et Bombay et qui passe par la principauté de Roumanie, le futur monarque aurait prononcé ces paroles: ‚Voilà un pays d'avenir!‘ " C' était là faire preuve d'une merveilleuse perspicacité économique, confirmée aussi en 1906 par la ligne de navigation établie de Constanza en Egypte; de même il montra une égale sûreté de jugement politique. Car lorsque dans ce même entretien, Bratianu lui exposait les rapports de la Porte, celui-ci observa qu'il n'y avait pas là de quoi l'arrêter, étant donné le peu de difficulté de rompre ce lien qui, pour le moment, était plutôt une garantie, la Roumanie ne se sentant pas encore assez forte pour s'émanciper entièrement.

Sans emporter d'engagement définitif du prince, qui venait de recevoir dans le même temps sa nomination de capitaine, Bratianu, dont les manières et les connaissances avaient produit la plus favorable impression sur le prince et sur sa famille, retourna à Paris afin d'y poursuivre son action. De son côté, le prince Antoine adressa au roi

Guillaume un mémoire détaillé, dans lequel il lui faisait part tout d'abord de la proposition adressée à son second fils d'accepter le gouvernement de la Roumanie, laissant au monarque le choix de la décision à prendre. Après avoir traité des nombreuses difficultés de la situation intérieure et des conditions de dépendance apparente vis-à-vis de la Porte, le prince Antoine ajoutait: „Mais on ne saurait mettre en doute les immenses ressources intérieures encore inexploitées de ces pays, appelés incontestablement à un avenir d'autant plus grand qu'ils furent autrefois des territoires de civilisation de premier ordre. Le souverain appelé à y régner aurait donc à remplir une tâche importante et profitable, dont lui-même ne recueillerait peut-être pas les fruits, mais qui certainement deviendrait propice aux descendants de la dynastie nouvellement fondée.“

Le 9 avril, le prince Charles revenait à Berlin, et se présentait immédiatement au roi, qui cependant ne toucha pas un seul mot de l'affaire de Roumanie. Mais quelques jours plus tard, le 14 avril, comme le prince dînait au casino de son régiment, on lui remit des journaux de Berlin contenant la dépêche suivante:

„Bucharest, 13 avril. La Lieutenance Princière et le Ministère ont proposé aujourd'hui par voie d'affiches le prince Charles de Hohenzollern comme prince de Roumanie, sous le nom de Charles I\ :sup. Le bruit court que le prince arrivera bientôt. La population semble en éprouver une joie très vive.“

Cette nouvelle si affirmative causa au prince et à sa famille une extrême surprise; elle provenait de Bratianu, accouru en toute hâte de Paris à Bucharest pour activer l'élection. Il avait adressé au prince Charles-Antoine la dépêche suivante, en date du 16 avril:

„Cinq millions de Roumains acclament comme souverain le prince Charles, fils de Votre Altesse Royale. Tous les temples sont ouverts et la voix du clergé s'élève avec celle du peuple tout entier vers l'Eternel pour le prier de bénir leur Elu et de le rendre digne de ses ancêtres et de la confiance que la nation entière a mise en lui."

Le prince Charles-Antoine transmit télégraphiquement cette dépêche au roi Guillaume, qui la fit lui-même parvenir au prince Charles, avec la lettre suivante, écrite de sa propre main:

„Ton père t'aura mis au courant de cette affaire. Aie soin de garder une attitude absolument passive, car il existe des préventions assez fortes, la Russie et la Porte étant jusqu'à présent opposées à un prince étranger. Guillaume."

Le prince Charles Antoine avait répondu à Bratianu qu'il n'avait pas appris sans une profonde émotion la nouvelle du choix définitif de son fils, mais que la décision reposait maintenant tout entière entre les mains du roi. Ce même jour, le prince Charles écrivit à son père en lui faisant part de sa ferme résolution de partir immédiatement pour Bucharest, même contre la volonté de la Conférence siégeant à Paris. Le prince répondit: „Cette décision te fait le plus grand honneur et montre de ta part un sentiment très juste; mais tu dois attendre la volonté du roi."

Il ne s'agissait donc plus que d'obtenir l'assentiment du roi Guillaume, qui se montra au début absolument opposé au projet et exposa ses motifs au prince Charles-Antoine dans une longue lettre personnelle datée du 14 avril. Le prince Charles-Antoine remercia sincèrement le roi de son intérêt et, dans un mémoire très complet, chercha à atténuer plusieurs des craintes politiques du monarque.

Au milieu de cette indécision, un puissant allié allait venir au secours du prince Charles, en la personne du Ministre Président du royaume de Prusse, comte de Bismarck, qui, dans la matinée du 19 avril, envoya le conseiller de légation de Keudell auprès du prince, en le priant de venir le voir, un mal au pied retenant le Ministre à la chambre et l'empêchant de venir lui-même faire sa visite. A midi, eut lieu la mémorable entrevue, qui dura une heure et demie, et que Bismarck entama en déclarant qu'il voulait parler au prince, non en homme d'Etat, mais à cœur ouvert, comme ami et comme conseiller, et voici quel fut son conseil:

„Vous êtes élu prince par toute une nation à l'unanimité des suffrages, répondez à cet appel, allez directement dans le pays sur lequel Vous êtes appelé à régner."

Le prince ayant répondu que cela était impossible sans l'assentiment du roi, bien que lui-même se sentît parfaitement le courage de prendre une pareille décision, Bismarck s'écria:

„D'autant plus, alors! Dans ce cas, Vous n'avez pas besoin de l'assentiment direct du roi. Demandez au roi un congé, un congé pour l'étranger; le roi est assez fin, je le connais à fond, pour comprendre cela et percevoir l'intention. En outre, Vous le soulagez par ce moyen de l'obligation de prendre une décision, ce qui lui sera nécessairement très agréable, vu qu'il a politiquement les mains liées! Vous adresserez votre demande de congé de l'étranger, et Vous Vous rendrez dans le plus strict incognito à Paris, où Vous solliciterez une audience secrète de l'empereur, dans laquelle Vous lui exposerez Vos vues avec prière de bien vouloir témoigner de son intérêt à votre affaire et le défendre auprès des autres puissances. Voilà à mon avis le seul mode et le moyen d'entamer l'affaire, si Votre Altesse veut, en principe, accepter la couronne en question. Mais si l'affaire vient auparavant devant la Conférence de Paris, ce ne sera pas des mois, mais des années qu'elle traînera. Les puissances les plus intéressées, la Russie et la Porte, protesteront de la façon la plus décisive contre Votre élection; la France, l'Angleterre, l'Italie, seront de Votre côté, et l'Autriche emploiera tous les moyens pour faire échouer Votre candidature. Il n'y a pourtant pas grand chose à redouter de ce côté-là, car j'ai l'intention d'occuper l'Autriche pour quelque temps! En ce qui concerne la Prusse, c'est elle qui de toutes les puissances se voit dans la situation la plus difficile; elle s'est toujours tenue à l'écart de la question d'Orient, à cause de sa situation politique et géographique, et n'a fait qu'émettre sa voix dans le Conseil des grandes puissances. Mais dans ce cas particulier, je devrais, comme Ministre Président prussien, me prononcer contre Vous, si pénible que cela me puisse paraître, car je ne saurais dans le moment présent provoquer une rupture avec la Russie, ni sacrifier nos intérêts d'Etat à des intérêts de famille. Si Votre Altesse agissait de sa propre initiative, le roi sortirait d'une situation pénible, et sans doute ne serait-il pas défavorable à cette idée. Je serais prêt à la lui communiquer de vive voix, s'Il voulait me faire l'honneur d'une visite, quoiqu'Il ne puisse comme chef de famille lui donner son assentiment. Une fois Votre Altesse en Roumanie, la question sera bientôt résolue, car si l'Europe se voit en face d'un „fait acccmpli“, les puissances intéressées de plus près protesteront, il est vrai, mais une protestation reste sur le papier, et le fait ne pourra plus être révoqué!“

M. de Bismarck n'admit pas l'objection du prince, que la Russie et la Porte pourraient recourir à l'offensive. „Les plus graves conséquences pourraient résulter pour la Russie de l'emploi de moyens violents. Je conseillerais cependant à Votre Altesse d'écrire, avant Son départ, une lettre autographe à l'empereur de Russie, dans laquelle Vous diriez que Vous considérez la Russie comme Votre plus grand protecteur et que Vous espérez pouvoir résoudre un jour avec la Russie la question d'Orient. Une alliance de famille qui devrait bientôt être mise en œuvre Vous permettrait ainsi de trouver en Russie un grand appui.“

A la question du prince Charles, quelle serait l'attitude de la Prusse vis-à-vis du „fait accompli", Mr. de Bismarck déclare: „Nous ne pouvons faire autrement que de reconnaître le fait et de témoigner à l'affaire notre intérêt tout entier. Votre décision courageuse trouvera certainement ici un acceuil favorable."

Le prince demanda alors à M. de Bismarck s'il pouvait d'une façon générale lui conseiller d'accepter la couronne, ou s'il valait mieux laisser complètement tomber l'affaire.

„Si je n'étais pas pour l'affaire", fut la réponse du Ministre, „je ne me serais pas permis d'exprimer mon avis sur la question. La solution de la question par le „fait accompli" est à mon sens la plus heureuse et pour Vous la plus honorable. Et même dans le cas où Vous ne réussiriez pas, Votre situation dans la maison de Prusse resterait la même. Vous reviendriez ici et Vous pourriez toujours Vous rappeler avec plaisir un acte qui ne saurait jamais Vous être reproché. Mais si Vous réussissez — ce que je crois — cette solution peut Vous procurer des avantages incalculables: Vous êtes l'élu par plébliscite, à l'unanimité des voix, dans la plus complète acception du mot; en répondant à cet appel Vous gagnez d'emblée la confiance du peuple entier!"

A une objection du prince, qu'il n'avait pas une confiance absolue en ce vote, parce qu'il avait été émis trop rapidement, Mr. de Bismarck réplique en ces termes: „La garantie certaine, Vous pourrez la recevoir de la Députation qui doit venir prochainement, et que Vous ne sauriez recevoir sur le territoite prussien; du reste, je ne tarderai pas à me mettre en relation avec l'agent roumain à Paris. Après avoir appris que l'empereur Napoléon désirait connaître vos vues, j'ai communiqué confidentiellement cette idée à l'ambassadeur français Benedetti, et celui-ci m'a déclaré qu'on mettrait en France un vaisseau à Votre disposition pour entreprendre de Marseille le voyage en

Roumanie; mais il me paraîtrait préférable d'utiliser un vapeur ordinaire, afin que l'affaire reste ainsi tout-à-fait secrète."

Pendant cette conversation, le Ministre Président donna lecture au prince des dépêches et des documents reçus jusqu'à ce moment sur sa candidature.

Dans l'après-midi du même jour, le prince Charles eut une audience du roi. Celui-ci l'accueillit avec cordialité, mais, loin d'approuver les idées de Bismarck dont le prince lui fit part, il exposa longuement à ce dernier les difficultés accumulées sur son chemin, lui conseillant d'attendre la décision de la Conférence de Paris. Mais cette décision dût-elle être favorable, il existait encore d'autres scrupules à vaincre, et d'ailleurs, était-il digne d'un prince de la maison de Hohenzollern de se trouver sous la suzeraineté du sultan:

„C'est une chose pour moi très pénible de savoir que quelqu'un de ma famille doit être soumis, même d'une manière nominale, aux Turcs."*)

Le prince Charles répondit qu'il était prêt à reconnaître pour le moment la suzeraineté turque, mais avec la restriction muette de s'en délivrer par la force des armes, et de conquérir sur le champ de bataille l'indépendance du pays dont il était aujourd'hui l'élu; il priait le roi d'être bien convaincu qu'il ferait toujours honneur à son nom partout et dans toute situation. Le roi accorda alors la permission demandée pour Düsseldorf et prit congé du prince en le serrant dans ses bras avec ces paroles: „Que Dieu te protège!"

En sortant de chez le roi, le prince se rendit à Potsdam auprès de la famille du prince héritier. Celui-ci avait renoncé aux scrupules qui l'avaient agité au début; en tout cas, il n'était plus opposé à l'entreprise, et exprima

---

*) Raymond Recouly. Une Audience de Sa Majesté le Roi de Roumanie. Figaro, 20 février 1911.

son entière conviction que le prince se montrerait à hauteur de sa tâche; lui et la princesse se séparèrent de leur ami de la façon la plus chaleureuse, en assurant le prince de leurs vœux les plus chers et de leurs meilleures espérances pour l'avenir.

Le même soir, 20 avril, le prince Charles partait pour Düsseldorf, où il célébra le jour suivant l'anniversaire de sa naissance au milieu de ses parents et de ses frères et sœurs, et à cette occasion de nombreuses félicitations lui vinrent de Roumanie. Trois jours plus tard, la Conférence de Paris émettait sa décision, en vertu de laquelle la Chambre réunie à Bucharest devait procéder à l'élection d'un prince du pays. Mais des dépêches de Bucharest annoncèrent que les Roumains refusaient de se soumettre à cette décision et persistaient dans la volonté nationale de confier le gouvernement à un prince étranger, en maintenant le choix du prince Charles. La France se prononça énergiquement en faveur de cette solution, en déclarant qu'elle ne souffrirait pas de mesures répressives, soit de la part de la Russie, soit de la part de la Porte.

Le prince était parfaitement bien informé des dispositions de la Cour impériale de France au sujet de sa candidature, grâce à Madame Hortense Cornu, l'amie d'enfance de Napoléon III, demeurée en étroite amitié avec lui depuis sa brillante carrière. Madame Cornu venait assez souvent chez la grande-duchesse Stéphanie de Bade, grand'mère du prince Charles, à sa résidence d'Amkirch, près de Fribourg en Brisgau, et elle nourissait une affection touchante pour les petits-enfants de la princesse, mais surtout pour le prince Charles. Elle s'intéressa donc vivement à ses projets relatifs à la Roumanie, l'encourageait à en poursuivre la réalisation, ranimait sa confiance, et, quand elle le pouvait, prenait directement sa cause en main à Paris. C'est ainsi qu'elle écrivait au prince le 28 avril:

„Je ne pensais pas que vous feriez dépendre votre

acceptation d'autre chose que de votre conscience qui doit vous dire d'accepter un grand et beau rôle que la Providence vous envoie par la voix de tout un peuple! Ne donnez pas dans ce défaut si énervant des Allemands, les „Rücksichten". C'est en les écoutant qu'on ne fait rien et qu'on n'est rien. Acceptez la couronne qu'on vous offre. Si la Conférence ne vous reconnaît pas, vous n'en serez pas moins pour votre vie prince élu de Roumanie, et plus tard quand l'hospodarage provisoire qu'on veut forcer les Roumains à subir sera ou repoussé ou fini, vous vous retrouverez là, vous, l'élu de la nation. Croyez-moi, ce que je vous dis là est l'opinion publique ici. Tous ceux que je vois, même les moins partisans de votre élection, et il y en a peu en dehors du Ministère, me demandent si vous serez assez ferme pour accepter . . ."

Madame Cornu joignait à sa lettre le „Mémorial Diplomatique" du même jour, dans lequel on lisait:

„En principe, la France reste convaincue, comme il y a dix ans, que la combinaison du prince étranger est chère aux populations roumaines; en réalité, elle est liée par un acte diplomatique qui écarte cette combinaison. Tout ce que la France peut faire, c'est de reconnaître sans difficulté les changements intérieurs survenus en Roumanie, et de respecter, là comme ailleurs, les vœux du sentiment national, supérieurs dans sa pensée à tous les protocoles et à tous les firmans. Mais on le comprendra, l'initiative de la France n'a pour objet que les faits accomplis, et non les faits à accomplir."

Bismarck de son côté, ainsi qu'il en fit part au colonel de Rauch, intermédiaire entre le prince Charles et le roi Guillaume, restait lui aussi fidèle à son opinion: la meilleure chose pour le prince était d'accepter immédiatement l'élection, de se rendre à Paris, de s'entendre avec l'empereur Napoléon, puis de chercher à obtenir le consentement de la Russie. „En ce qui concerne l'approbation du roi, ajoutait le Ministre, on ne peut naturellement songer à l'obtenir maintenant; mais en présence d'un fait accompli, il ne sera plus possible de la refuser. C'est au prince Charles seul à décider s'il se sent assez de courage et de résolution pour donner au problème l'unique solution qu'il comporte. Toute autre issue n'offre aucune chance de succès, car au bout du compte, les puissances finiront par s'accorder sur un prince du pays, et les Roumains se soumettront. Je me suis exprimé hier soir dans le même sens avec Monsieur Balaceanu, l'agent politique de la Roumanie à Paris, et je lui ai bien expliqué que le roi seul ne peut pas prendre de décision actuellement, ni accepter le choix du prince Charles, pour ne pas susciter de complications diplomatiques possibles."

En même temps, le colonel de Rauch remit au prince Charles-Antoine une lettre écrite de la main du roi, dans laquelle celui-ci exposait une fois de plus tout au long, et avec une clarté parfaite, sa manière de voir et ses scrupules.

Mais les évènements allaient se précipiter. Le Ier mai, Jean Bratianu arrivait à Düsseldorf, et eut plusieurs entretiens très longs avec le prince Charles-Antoine et le prince Charles. Le premier ayant objecté que son fils ne pouvait rien faire sans l'assentiment du roi, Bratianu s'écria dans une explosion de douleur: „Dans ce cas la Roumanie est perdue." Alors le prince Charles attira l'agent Roumain à l'écart et l'assura en toute confiance qu'il était bien décidé à partir.

Les craintes de Bratianu ne manquaient pas de fondement, car le conflit de plus en plus aigu entre l'Autriche et la Prusse, les nuages de guerre accumulés et sans cesse menaçants, rendaient facile à une des grandes puissances intéressées, soit l'Autriche elle-même, soit la Russie, soit la Turquie, de profiter de l'occasion de s'emparer du pays Roumain réduit à l'impuissance, malgré la protestation éventuelle de la France, protestation d'ailleurs réduite à une simple manifestation diplomatique. Dans la Roumanie même, il ne manquait pas d'éléments de conflagration capables de susciter de nouveaux troubles et de rendre plus problématique encore la situation déjà si grave.

Le 5 mai, le prince Charles-Antoine se rendit à Berlin. Sa première visite fut pour Bismarck qui lui réitéra la ferme assurance de ses précédentes opinions. Puis le prince eut un entretien intime avec le roi; celui-ci déclara finalement qu'il voulait s'abstenir de toute influence directe sur les décisions du prince Charles et passer sous silence le fait accompli. Le prince pouvait lui adresser de la station frontière sa demande de congé.

Deux jours après, le prince Charles-Antoine entrait à Düsseldorf, où arrivèrent également Jean Bratianu et Balaceanu, appelés de Paris par télégramme, et auxquels le prince Charles fit savoir le 7 mai qu'il était absolument décidé à partir.

Après une longue discussion sur la route à suivre, les difficultés et les obstacles à surmonter, le départ fut fixé au 11 mai.

Le sort venait de se prononcer!

Quelles pensées, quelles réflexions et quels projets ont dû agiter l'âme du prince pendant toute cette phase critique! Sa résolution de partir à l'appel inattendu d'un pays lointain et d'accepter une couronne étrangère, était en conformité parfaite avec son caractère et ses dispositions. De très bonne heure, le prince Charles avait fait preuve d'une vive conception de la nature et de la vie du peuple; de nombreux voyages lui avaient donné des impressions variées, attrayantes, et souvent ses désirs s'envolaient au-delà des frontières de la patrie. On prétend avec juste raison que beaucoup d'hommes, dont l'âme est soumise à des impulsions plus vives que la moyenne de leurs sembla-bles, éprouvent une certaine gêne en retrouvant leur entourage ordinaire et leurs habitudes quotidiennes, lorsqu'au cours de lointains voyages, ils ont écouté le murmure plaintif et le mugissement terrible des flots de la mer, lorsque loin du pays natal, ils ont vu le disque empourpré du soleil disparaître au-dessus des têtes silencieuses des palmiers, lorsqu'ils se sont familiarisés avec les mystérieux secrets du désert et des steppes, et qu'une sorte d'aimant les attire sans cesse vers le magnifique chef-d'œuvre de Dieu, vers ce monde libre et ouvert à tous, dont les merveilles ont suscité chez eux des sensations toutes différentes que chez la plupart des autres habitants de notre planète. Ces sentiments devaient également éclater chez le prince Charles et jouer un rôle, au moment où sa fortune subissait un brusque changement. Non pas un rôle. décisif il est vrai. Par tout son être intime et par toute sa personne, le prince Charles n'était pas fait pour mener la vie commode, exempte de soucis, d'un fils de maison illustre, pour parcourir l'un après l'autre tous les degrés de la hiérarchie militaire, et pour passer une existence terne entre les devoirs du service et les obligations de la Cour. Son esprit vif, son énergie résolue, son goût pour les entreprises, visaient à un idéal plus élevé. Nullement entraîné par une imagination fantasque, ni disposé aux aventures, n'éprouvant aucun penchant pour d'ambitieux et vains projets, mais habitué au contraire à tout peser avec calme et réflexion, le prince se voyait en face d'une haute mission, susceptible d'accaparer l'homme tout entier: devenir le vrai prince et le sauveur bienfaisant d'un peuple jusque là opprimé, pressuré, objet de mépris et de raillerie, rétablir l'ordre là où les plus criants abus avaient régné jusqu'alors, délivrer le pays des écumeurs politiques et de leurs influences, servir d'exemple éclatant à ses habitants demeurés bons au fond, et leur procurer le bien-être dont jouissent les autres pays civilisées, créer une œuvre solide et durable, non-seulement dans le présent, mais encore pour l'avenir! A ces réflexions pouvaient s'en mêler d'autres encore. Pendant ses nombreux voyages, le prince avait appris à connaître les pays et les gens des nations les plus diverses, son coup d'oeil perspicace reconnaissait l'importance que la Roumanie pourrait acquérir sous un gouvernement conscient de son but, en devenant „une artère vive de l'Europe", ainsi qu'il s'était déjà exprimé à Düsseldorf pendant ces jours décisifs. Un grand fait historique allait bientôt s'accomplir, et si l'œuvre comportait des soucis, des sacrifices et des désenchantements inévitables, d'autre part, elle était digne de la gloire éclatante réservée à la réussite de l'entreprise.

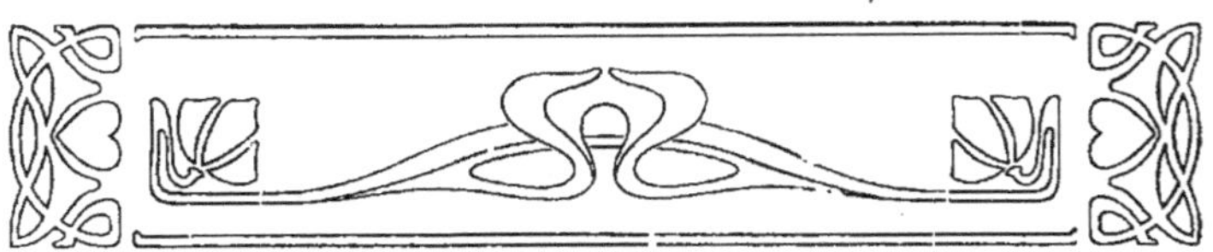

VI.

Départ pour la Roumanie et arrivée dans la nouvelle Patrie.

———

11 mai! Le jour du départ! De très bonne heure déjà, le prince Charles s'était levé, pour procéder lui-même à ses derniers préparatifs de voyage et achever d'écrire quelques lettres, puis il avait lu un assez grand nombre de télégrammes de félicitations adressés de Roumanie et saluant avec joie sa décision. Après avoir pris congé de chacun des membres de la cour paternelle, l'heure douloureuse de la séparation d'avec ses parents sonna à 10 heures; leurs embrassements n'avaient plus de fin et leurs plus chaleureuses bénédictions accompagnaient l'exilé volontaire. Le prince Charles-Antoine manifestait une émotion profonde, et la princesse, les yeux inondés de larmes, ne pouvait se résoudre à détacher ses bras du cou de son cher enfant. Le prince Charles, lui aussi, avait grand peine à maîtriser son émotion, mais il fit un énergique effort pour s'arracher à ces effusions touchantes. Celui qui l'eût vu à cheval en ce moment, se retournant à plusieurs reprises pour adresser un dernier signe d'adieu à ses parents dont les yeux humides le suivaient de loin, n'aurait jamais pu soupçonner qu'il s'agissait d'un adieu définitif; les pas du prince étant surveillés, il fallait laisser croire à une simple promenade à cheval. Le prince se rendit au château de Benrat, séjour

du prince héritier Léopold qui y vivait avec sa famille, et de sa sœur Marie. Là, le prince quitta son uniforme de dragon — non sans regret et mélancolie — et l'échangea contre un costume civil, puis se dirigea vers le château de Rammersdorf, accompagné de sa chère sœur à laquelle il fit de tendres adieux. Il passa le Rhin dans un bateau à rames pour atteindre Bonn, et se rendre en toute hâte à la gare de cette ville, où l'attendait le conseiller de cabinet von Werner, serviteur éprouvé de la maison du prince Charles-Antoine, désigné par celui-ci pour accompagner son fils.

Le lendemain matin, après une nuit sans sommeil, on arriva à Fribourg, d'où l'on continua sur Zürich, avec la satisfaction de se savoir à l'abri des espions, séjournant à Düsseldorf ainsi qu'on l'avait appris, mais dont le prince avait dérouté les recherches en traversant le Rhin en bateau. A Zürich, les voyageurs étaient attendus par le chambellan Baron de Mayenfisch, qui, sur la prière du prince, devait accompagner son fils depuis cette ville avec deux serviteurs de la maison paternelle.

Le voyage du prince et de ses compagnons en Roumanie avait été précédemment l'objet de délibérations minutieuses, et toutes les routes conduisant vers ce pays avaient été examinées avec le plus grand soin. Chacune de ces routes présentait ses dangers: celle passant par l'Autriche à cause de la guerre imminente d'un moment à l'autre; en effet si les autorités autrichienne reconnaissaient le prince, elles l'arrêteraient comme officier prussien. La route de mer par Marseille ou par Gênes à Constantinople n'était pas moins périlleuse, car, sans doute, on ne manquerait pas davantage d'y retenir le prince; encore moins fallait-il songer au détour compliqué que nécessitait le passage par la Russie. On s'était donc finalement décidé pour le chemin le plus court, Vienne-Basiash, en dépit des craintes et des dangers.

En Suisse, il s'agissait, avant tout, de se procurer d'autres passeports, et l'on trouva à cet effet un auxiliaire bienveillant dans la personne du Landamman Apli, de St.-Gall, qui avait été plusieurs fois l'hôte de la famille du prince à Weinburg, propriété près du lac de Constance, et à qui le prince Charles-Antoine avait écrit au sujet des passeports. A une demande adressée par télégramme, le Landammann répondit qu'il passerait lui-même le lendemain à Zürich; là, Messieurs de Werner et de Mayenfisch lui rendirent visite et apprirent de sa bouche qu'il était tout disposé à accéder à leurs désirs, mais que malheureusement il ne retournait à Saint-Gall que le lendemain soir seulement.

Le prince employa ce loisir involontaire à écrire à l'empereur des Français et à l'empereur de Russie ainsi qu'au sultan pour leur exposer longuement les raisons pour lesquelles il se rendait à l'appel des Roumains, et en exprimant l'espoir que ces souverains lui accorderaient leur bienveillance, d'une importance capitale pour lui-même et pour l'avenir de l'Etat roumain. La lettre à l'empereur Napoléon était conçue en ces termes:

„Sire,

„Le suffrage universel de la Roumanie, sans que je l'aie cherché, m'a appelé au gouvernement des Principautés Unies. Je n'ai pas cru pouvoir décliner cette mission que la Providence m'imposait.

„Je suis parti, confiant en Dieu et Votre Majesté. J'ose espérer qu'Elle ne désapprouvera pas la résolution que j'ai prise.

„J'ai en moi de Son sang, et quoique dans une position bien plus modeste, j'ai voulu suivre l'exemple de Votre Majesté.

„Elle sacrifie Son existence au pays qui, inspiré par Dieu, l'a appelée au trône par la voix du suffrage universel. J'ai donc cru, à son exemple, devoir aller me dévouer à ces populations qui m'ont élu, se souvenant de ma parenté.

„Les droits de la Porte seront respectés, et mes forces et mes soins tendront à maintenir la concorde et la paix, et à ramener la prospérité dans les principautés.

„J'ose donc espérer que Votre Majesté voudra bien conserver à la Roumanie et à son prince Sa puissante protection qui fait revivre et soutient les nationalités opprimées.

„Que l'Empereur daigne présenter mes hommages très-respectueux à Sa Majesté l'Impératrice et me recommander à Son auguste bienveillance, etc.“

Tandis que Monsieur de Mayenfisch était parti en avant pour München avec les deux serviteurs et la plus grande partie des bagages, afin de détourner l'attention, le prince restait à Zürich avec Monsieur de Werner.

L'après-midi du 14 mai se passa à enlever du linge les monogrammes, ainsi que la couronne sur le nécessaire du prince, pour qu'aucun soupçon ne pût naître lors de la visite de la douane; de même, les bagages furent réduits au strict nécessaire et donnaient une impression très modeste. Les deux voyageurs lurent dans les journaux la nouvelle que la Turquie et la Russie voulaient occuper militairement la Roumanie.

Le lendemain matin, 15 mai, le prince et son compagnon se présentèrent chez Monsieur Apli, qui donna au prince un passeport au nom de „Charles Hettingen“ (du nom du château de Hettingen appartenant au prince Charles-Antoine), se rendant à Odessa pour affaires; le signalement mentionnait comme signe particulier le port de lunettes, grâce auxquelles le prince espérait se rendre aussi méconnaissable que possible. En passant par Rohrschach et Lindau, et après une traversée très houleuse sur le lac de Constance, on arriva à Augsbourg,

et le lendemain à Münich, où l'on retrouva M. de Mayenfisch, qui prit place dans un wagon de première
classe comme voyageur de distinction, tandis que le prince
et M. de Werner montaient en seconde classe. Un arrêt
assez long eut lieu à Salzbourg, à cause de la révision des
passeports et de la douane. A la porte d'entrée de la salle
d'attente, un employé chargé de réclamer les passeports,
s'adressa au prince d'un ton brusque pour lui demander
son nom, mais Monsieur Werner intervint immédiatement
en s'informant des droits de douane et remit les passeports.
Dans la salle d'attente bondée de voyageurs, entrèrent
plusieurs officiers autrichiens. Le prince en reconnut quelques-
uns avec lesquels il avait été en 1864 dans le Schleswig;
plusieurs fois ils tournèrent autour de sa table, mais le
prince se cacha derrière un journal, comme absorbé par
une lecture des plus intéressantes.

De Salzbourg, en quittant le territoire allemand pour
fouler le sol autrichien, le prince adressa par la poste au
roi Guillaume sa demande de démission du service de la
Prusse. „Que Votre Majesté, disait la lettre, daigne ne
pas considérer ma démarche d'après l'inflexible rigueur
des lois et règlements militaires, mais qu'Elle veuille bien
envisager avec toute la mesure de Sa royale bonté et de
Sa haute bienveillance une entreprise pour laquelle je
crois posséder la force nécessaire au succès avec l'aide de
Dieu." En même temps, le prince adressait au roi une
autre lettre comme au chef de la famille de Hohenzollern,
en se rapportant à la demande de démission et en ajoutant
que lorsque cette lettre parviendrait entre les mains du
roi, le prince serait sur le point de prendre la direction
du gouvernement auquel il avait été appelé par le vote
unanime du peuple roumain:

„C'est plein de confiance en Dieu et avec l'inébranlable
persuasion qu'un cœur loyal et une volonté droite com-
pensent bien des défauts individuels, que je prends sur moi

d'accepter une situation difficile, fortement attaquée, mais j'espère parvenir à lui donner une assise stable et durable, bien que cette tâche soit aujourd'hui encore obscure, et embrouillée par la politique.

„Pour y réussir, en me fondant sur une conscience pure et libre, j'ai besoin pour mon repos moral de pouvoir au moins compter toujours sur la sympathie tacite, la faveur et la grâce continues de Votre Majesté.

„Ne pas en posséder la certitude aggraverait extra-ordinairement une grande tâche et me ravirait le courage d'accomplir joyeusement mon devoir." ,

La lettre se terminait par des vœux ardents pour la personne du roi, pour toute la famille royale et pour la patrie.

Un peu après que le train se fût remis en marche, un employé entra dans le compartiment où le voyageur princier se trouvait au milieu d'une compagnie assez mélangée, fixa attentivement le prince, puis écrivit une remarque dans son carnet de notes, de sorte que le prince dut craindre d'avoir été reconnu et d'être signalé à Vienne.

La nuit se passa sans sommeil; le froid était très vif, et le prince s'abandonna à des réflexions amères sur l'avenir rapproché et lointain, cause de soucis et d'angoisses pour ses parents, ses frères et ses sœurs, vers lesquels son cœur se sentait irrésistiblement attiré en ce moment. A l'arrivée à Vienne, à sept heures, la gare était remplie de soldats, et le prince y rencontra également plusieurs généraux autrichiens qu'il connaissait parfaitement, mais qui, bien entendu, ne soupçonnèrent pas un fils de prince dans ce simple voyageur à lunettes, enveloppé dans ce grand manteau. On sauta lestement dans une voiture, et le cocher reçut l'ordre de se diriger vers la gare de Pest, où l'on se mêla aux autres voyageurs. Le trajet continua par Presbourg et Pest en traversant la Hongrie; partout régnait une agitation militaire fébrile, et l'on ne dormit pas cette nuit-là non plus au milieu des cahots du wagon de deuxième classe non chauffé.

Le lendemain vendredi 18 mai, on atteignit Basiasch, sur le Danube, station terminus du chemin de fer de l'Etat autrichien, d'où l'on avait l'intention de descendre le fleuve avec le bateau rapide. Quel effroi, en apprenant qu'en raison des transports de troupes, les bateaux ne circulaient plus régulièrement, et que le prochain bateau ne partirait probablement que dimanche matin. Deux longues journées d'anxiété! Chaque minute pouvait amener la découverte du secret, chaque heure devenir fatale pour la Roumanie! Sans espoir de recevoir de nouvelles, force était de passer ces moments précieux dans cette misérable petite ville et dans le pitoyable hôtel où l'on n'avait trouvé que juste l'abri nécessaire. Les voyageurs ne pouvaient même pas frayer entre eux, pour éviter tout ce qui eût attiré l'attention; puis ils entendirent de tous côtés, à table, des conversations sur la politique, entremêlées de réflexions amicales du genre de celles-ci: ,,Le nouveau prince se rendra aussi insupportable que Kusa!" ou bien: ,,Cela ne sera pas long, les Valaques l'auront bientôt mis à la porte!" Ces agréables remarques et d'autres semblables étaient mêlées à des bruits alarmants, tels que l'invasion de la Roumanie par les Turcs et la nouvelle de combats déjà livrés. Le prince se renferma, presque toute la journée, dans sa chambre, écrivant des lettres et rédigeant des dépêches qu'il comptait expédier après son arrivée sur le territoire roumain.

Enfin le 20 mai, dimanche de la Pentecôte, se leva avec un joyeux et gai soleil de printemps, et le bateau arriva dans la matinée. Le prince y monta aussitôt, et gagna les cabines de seconde classe, séparé de ses compagnons de voyage et aussi de Jean Bratianu, arrivé encore à temps de Paris pour prendre place sur le bateau, mais qui néanmoins après s'être rapidement entendu avec le prince, ne s'inquiéta plus de lui. Un dernier coup de sifflet aigu retentit, et le vapeur, soufflant et respirant avec bruit, se mit en marche pour quitter la rive autrichienne.

Le prince Charles avait pris place dans un groupe un peu équivoque, réunion de tous les peuples possibles, entre des sacs, des caisses et des boîtes empilées; c'est au milieu de ce décor étrange, insolite, qu'il écrivit une longue lettre à l'empereur François-Joseph, afin de lui exposer également les motifs pour lesquels il avait accepté la couronne de Roumanie, assurant qu'il ne nourrissait aucune intention hostile contre l'Autriche, mais qu'il désirait au contraire entretenir les plus amicales relations avec le puissant empire voisin.

On descendit le Danube, en passant devant des ruines désolées, derniers vestiges des luttes séculaires des peuples riverains du grand fleuve, devant des localités, hongroises à gauche et serbes à droite, près de châteaux aux débris entourés de lierre, et près d'anciens restes de châteaux-forts, et de fortifications de l'époque romaine. Puis le bateau s'engagea dans la passe étroite de Kazan, les chaînes de montagnes à l'aspect sévère montrèrent leurs massifs plus serrés, les rochers aux pointes sauvages dressèrent leurs profils gigantesques, les ondes mugissaient blanches d'écume, bondissant avec un bruit terrible par dessus les écueils et les galets, jusqu'à ce qu'enfin les flots devinssent plus calmes et que le bateau parvînt à Orsova, où les voyageurs durent prendre un plus petit bateau. On franchit sans accident la Porte de fer, redoutable de tout temps, à cause des récifs cachés sous les flots, qui ont vu déjà périr plus d'un bon et brave navire, et vers quatre heures du soir, le bateau se dirigea vers Turnu-Severin, d'où apparaissaient, au milieu d'épaisses broussailles, les ruines grisâtres du château construit par l'empereur Sévère, et où flottait gaiement au sommet d'un mât élevé, les couleurs roumaines, bleu, jaune et rouge.

De graves et sérieuses pensées agitèrent sans doute l'âme du prince Charles à l'aspect de cette localité roumaine, et sans doute aussi éprouva-t-il le sentiment de l'immense responsabilité de sa nouvelle mission et des soucis encore cachés à ses yeux sous le voile de l'avenir. Mais aucun regret ne pouvait plus exister pour lui désormais, il lui fallait marcher en avant de toutes ses forces, et atteindre le but proposé en y consacrant toute sa personne.

Au moment où le prince voulait quitter le bateau, le capitaine l'arrêta en lui demandant pourquoi, ayant un billet pour Odessa, il voulait descendre ici, où l'arrêt n'était que fort court; le prince répondit qu'il désirait aller à terre pour quelques minutes. Dès qu'il eût foulé le sol, Bratianu, qui l'avait suivi pas à pas, se présenta devant lui en le priant de prendre place dans une voiture toute prête. Mais le prince entendit retentir derrière lui à ses oreilles: „Grand Dieu! ce doit être le prince de Hohenzollern!“ C'était le capitaine du bateau qui venait de reconnaître son passager, heureusement trop tard, et qui poussait cette exclamation.

Le prince Charles adressa le télégramme suivant à la Lieutenance Princière:

„En mettant le pied sur le sol roumain, ma nouvelle patrie, je m'empresse d'exprimer mes plus sincères sentiments aux membres de la Lieutenance Princière. Je suis heureux de me trouver au sein de la nation qui m'a honoré de sa confiance, et avant tout j'adresse mes prières au ciel afin qu'il m'aide à remplir avec dignité la grande et belle mission que la Providence m'a imposée.“

Après une courte réception à la Préfecture, où les fonctionnaires n'avaient pas eu le moindre soupçon de l'arrivée de leur nouveau prince, tenue secrète à dessein, le prince Charles monta à huit heures du soir avec Bratianu dans une voiture découverte attelée de huit petits chevaux, et l'on partit à un galop effréné et à bride abattue dans la nuit. Chaque groupe de quatre chevaux était conduit par un postillon au costume bigarré, le claquement des fouets et les cris aigus des conducteurs animaient les vaillantes petites bêtes dans leur course folle, que ne ralentissaient ni les montées ni les ravins. On relaya deux fois dans la nuit, puis à quatre heures du matin, par un froid glacial, on traversa sur un bac fragile la rivière de Jiu, au courant impétueux de laquelle le frêle esquif ne résistait qu'avec peine. A la pointe du jour, on atteignit Krajowa, ville environnée de hautes collines aux cîmes entourées de mille feux par les rayons d'un clair soleil de printemps. La population, prévenue de l'heureuse arrivée du prince par une dépêche de Bucharest, s'était portée en foule à sa rencontre pour l'acclamer; le maire lui souhaita la bienvenue en termes pleins de cordialité, devant une tente dressée à la hâte avec des rameaux de verdure, tandis qu'une pluie de fleurs et de couronnes venait s'abattre aux pieds du prince. Au bout d'une heure de repos, on continua le voyage, mais cette fois la voiture était escortée par deux pelotons de trabans appartenant à la milice, en uniforme de hussards, auxquels s'étaient joints de nombreux cavaliers et une foule de voitures.

Sans suivre ni route ni sentier, ce long cortège s'élança à toute allure à travers champs, en passant devant de petits villages dont les habitations rappelaient, sous maints rapports, les mœurs de l'Orient. La population, vêtue du costume national aux couleurs bariolées, saluait le nouveau prince avec enthousiasme. A Slatina que l'on atteignit à midi, les acclamations et les cris de joie semblaient ne devoir pas prendre fin; différents arcs de triomphe avaient été dressés pendant la nuit, partout flottaient des drapeaux, partout les mouchoirs s'agitaient, partout le prince se trouvait couvert des fleurs qu'on lui jetait. C'est de Slatina également que le prince adressa à son père à Düsseldorf son premier télégramme:

Le Prince Charles jure sur la Constitution (22. Mai 1866).

„C'est le cœur ému, mais joyeux, que j'envoie à mes parents bien-aimés, à mes chers frères et sœurs, mes premières et profondes salutations de ma nouvelle patrie. Je lui appartiendrai de toute mon âme, mais en conservant toujours pour le pays les plus chers souvenirs et les sentiments les plus reconnaissants. J'ai reçu tout à l'heure à Slatina un accueil cordial. Demain arrivée à Bucharest."

Le voyage se poursuivit au milieu des mêmes manifestations d'allégresse, à travers villes et villages, à travers champs et forêts, souvent par de très mauvais chemins, car, dans ce temps-là, il ne fallait pas songer au chemin de fer; mais c'était pour le prince une précieuse occasion d'entrer en contact étroit avec le pays et le peuple.

Le 22 mai (10 mai d'après le calendrier roumain) eut lieu l'entrée solennelle à Bucharest. Déjà à une grande distance avant d'arriver à la ville, près de Baneassa, des masses compactes de peuple attendaient le prince, à qui le maire de Bucharest présenta les clefs de la ville sur un coussin de velours rouge, et qu'il salua par des paroles enthousiastes auxquelles le prince répondit en remerciant et en exprimant l'espoir de posséder la force nécessaire pour mener à bonne fin, pour le bonheur de la Roumanie, la difficile mission qu'il avait acceptée avec une ferme confiance dans le secours divin. Pendant ce discours, une forte averse tomba. C'était la première depuis trois mois, et elle venait rafraîchir les champs desséchés, ce que le peuple regarda comme un heureux présage, en redoublant les acclamations, car, d'après la croyance orientale, la pluie porte bonheur. Puis la marche continua dans une voiture de gala découverte, attelée de six chevaux blancs, précédée de la cavalerie et entourée d'officiers de haut grade. Sur la Chaussée, le joli lieu de rendez-vous de la société élégante de Bucharest, l'infanterie, les chasseurs et l'artillerie, auxquels s'était jointe la garde nationale, formaient la haie le long du parcours. Derrière les troupes, les rangs épais de la foule laissaient voir les têtes pressées, et dans les rues où l'on ne pouvait avancer qu'au pas, au milieu des cris de joie tumultueux et enthousiastes, les fleurs et les poèmes pleuvaient sur la voiture, tandis qu'au salut retentissant du canon se mêlait l'airain sacré des cloches des églises. Toutes les maisons étaient pavoisées; partout où s'arrêtaient les regards, on ne voyait que guirlandes, fleurs, drapeaux et tentures. Devant un édifice, le prince aperçut une garde d'honneur avec le drapeau, et s'informa auprès des personnes de sa suite quelle était cette maison, à quoi le général Golesku répondit non sans un certain embarras: „C'est le palais." Le prince crut avoir mal entendu et demanda: „Mais où est le palais?" Le trouble du général redoubla en désignant le bâtiment à un seul étage, dépourvu de tout ornement.

Enfin, après une heure et demie de parcours, on atteignit la Métropolie, l'eglise principale, bâtie sur une hauteur et dont la plate-forme présente un magnifique coup d'oeil sur la ville de Bucharest. Le Métropolite, accompagné de tout le clergé en habits sacerdotaux, scintillant d'or et d'argent, reçut le prince, lui donna à baiser la croix et le livre des évangiles, et l'accompagna dans l'église où fut chanté un Te Deum solennel. Puis le prince, entouré du Clergé, des Ministres et des membres du gouvernement provisoire, se rendit à pied à la Chambre, située en face de la Métropolie. Là, dans la salle des séances, étaient réunis les députés du pays, les hauts fonctionnaires, les grands dignitaires de la magistrature et de l'armée, qui accueillirent le prince par des cris d'enthousiasme sans fin, auxquels se joignirent les acclamations d'allégresse des spectateurs et spectatrices remplissant les tribunes. Le Métropolite plaça sur la table, devant le trône, la croix et les évangiles, et demanda au prince de prêter serment aux lois du pays, dont le colonel Haralambi, membre du gouvernement provisoire, lut la formule en langue roumaine:

„Je jure d'être fidèle aux lois du pays, de maintenir la religion de la Roumanie ainsi que l'intégrité de son territoire, et de gouverner en Prince constitutionnel."

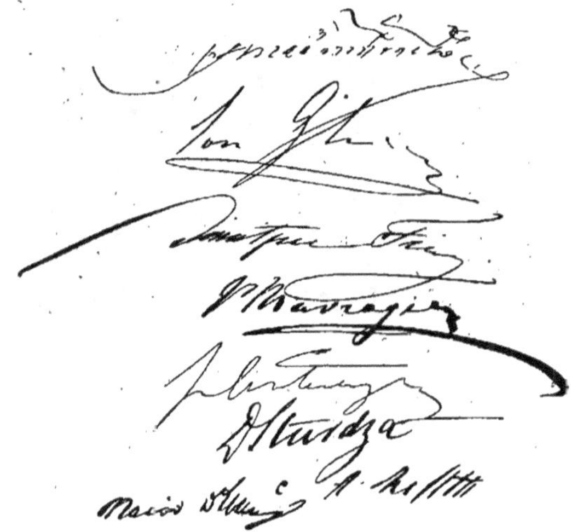

Serment du Prince Charles sur la Constitution (1866).

Le Prince Charles (1866).

Et le prince, la main droite étendue sur le livre des évangiles, prononça d'une voix forte et distincte: „Jur!" — je jure — ce qui fut le signal d'une nouvelle explosion de joie prolongée.

Aux paroles de bienvenue du Président de la Chambre, le prince répondit en français par des paroles émues:

„Elu spontanément par la Nation Prince des Roumains, J'ai quitté sans hésitation Mon pays et Ma famille, afin de répondre à l'appel de ce peuple qui M'a confié ses destinées. En mettant le pied sur ce sol sacré, Je suis aussi devenu Roumain. L'acceptation du plébiscite M'impose, Je le sais, de grands devoirs. J'espère qu'il Me sera donné de les remplir. Je vous apporte une âme loyale, des pensées droites, une ferme volonté de faire le bien, un dévouement sans bornes envers Ma nouvelle patrie et cet invincible respect pour la loi que j'ai recueilli dans l'exemple des miens.

„Citoyen aujourd'hui, soldat demain, si c'est nécessaire, Je partagerai avec vous la bonne comme la mauvaise fortune. Dorénavant tout est commun entre nous. Ayez confiance en Moi, de même que J'ai confiance en vous!

„Dieu seul sait ce que l'avenir réserve à notre patrie! Quant à nous, contentons-nous de faire notre devoir! Fortifions-nous par la concorde! Unissons nos forces afin d'être à la hauteur des évènements.

„La Providence qui a conduit jusqu'ici votre Elu et qui a écarté toute entrave de Mon chemin, ne laissera pas son œuvre inachevée!

„Vive la Roumanie!"

Et les hourras trouvèrent un écho retentissant dans le cri mille fois répété de:

„Vive Charles Ier!"

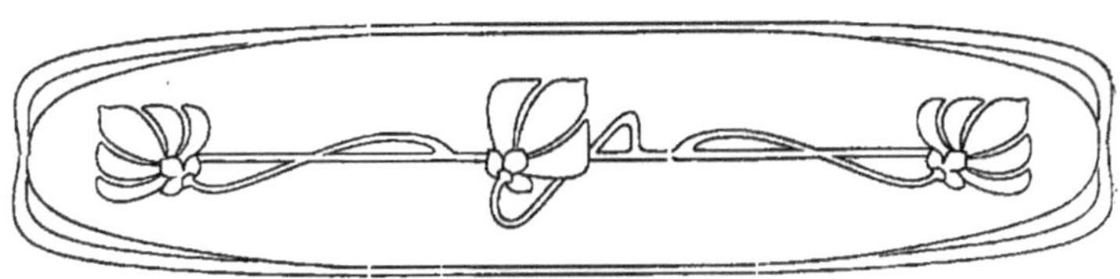

VII.

A Bucharest.

Partout où il se montra à Bucharest, le jeune prince fut acclamé par la population avec des transports d'allégresse. Mais bien vite le côté sérieux de sa nouvelle dignité lui apparut dans toute sa gravité. Le bruit se répandit que les Turcs, sous les ordres d'Omer Pacha, se disposaient à franchir le Danube à Roustschouk, et à envahir la Roumanie. Aussi, pendant les jours qui suivirent son arrivée, le prince passa-t-il immédiatement l'inspection des établissements militaires, qui se trouvaient dans le plus déplorable état. A peine y avait-il la quantité de poudre suffisante à la fourniture d'un nombre même très modéré de cartouches, puis on apprit que les bataillons placés à la frontière le long du Danube refusaient de marcher sous prétexte que le gouvernement ne pouvait les employer seulement qu'à surveiller leurs districts natals et les frontières de ceux-ci. Plusieurs régiments furent envoyés de Bucharest vers le Sabar, situé à 30 kilomètres, et le prince les passa en revue avant leur départ, de même qu'il visita quelques jours plus tard les positions des troupes à Giurgiu sur le Danube, en face de Roustschouk, afin de pouvoir repousser immédiatement une attaque des Turcs. Dans toutes ces circonstances, la population ménagea au prince un accueil enthousiaste, lui donnant à maintes reprises des preuves touchantes de tendresse et d'affection. Sa belle prestance personnelle lui gagna rapidement tous les cœurs partout où il se montra, et on lui sut un gré infini d'avoir renoncé à la moitié de sa liste civile, en raison de la pénurie des finances de l'Etat.

Dans une lettre au prince Charles-Antoine, Monsieur de Mayenfisch dépeint ainsi l'impression produite par le prince sur les Roumains: „On pourrait dire que l'enthousiasme pour le prince augmente chaque jour davantage, si cela était encore possible. Il a conquis tous les cœurs par la seule apparition de sa personne; chacun veut le voir et l'entendre! On nous déclare cent fois par jour combien on l'aime, que toutes les espérances sont dépassées. On a vendu des milliers de portraits du prince et de sa famille. Le prince a assumé une lourde tâche; on ne saurait dépeindre dans quel désordre se trouvent tous les ministères. Mais la plus grande difficulté sera pour le moment de trouver les sommes d'argent nécessaires. Toutes les caisses sont épuisées; depuis des années, elles ont été systématiquement dilapidées, la plupart des employés n'ont plus reçu leurs appointements depuis six mois, les soldats de même. Néammoins si le prince a le bonheur d'avoir autour de lui des personnes de confiance, qui agissent avec droiture et loyauté à son égard et à l'égard du pays, cela ira certainement bien. Sans doute on commettra encore bien des méprises, dans la hâte de la transformation, mais, peu à peu, tout rentrera dans la bonne voie. Le prince est occupé sans trêve ni relâche; c'est à peine s'il peut se réserver un moment de repos pour fumer un cigare; il n'arrive jamais à se coucher avant une heure de la nuit."

„Le prince est occupé sans trêve ni relâche!" Certes, le moment n'était guère propice au repos et à la tranquillité, sans compter que ni l'un ni l'autre n'avaient jamais été dans le caractère du jeune prince. La Roumanie présentait une situation lamentable. Aucune puissance étrangère n'avait reconnu le nouveau gouvernement; la Russie et la Turquie montraient une hostilité catégorique, des mouvements séparatistes, excités par les Russes, se manifestaient en Moldavie, et en considérant l'état de civilisation générale du pays, la Constitution démocratique hâtivement adoptée, loin de favoriser le progrès, encourageait plutôt les intrigues de partis, entretenus de tout temps avec passion. Puis la dernière récolte avait été très mauvaise, le choléra avait fait de nombreuses victimes, et aux menaces belliqueuses de la Turquie, on ne pouvait opposer qu'une armée sans discipline et mal équipée, de 8000 hommes en tout. Dans son rapport général présenté aux Chambres et soumis par celles-ci au prince, le Ministre de la guerre exposait ouvertement que les armes achetées comme neuves dans les dernières années avaient été reconnues inutilisables; les magasins de matières premières étaient vides, et la fabrique de poudre se trouvait dans un état comparable à celui où elle eût été immédiatement après l'invention de la poudre. Les machines, non encore payées, mais ayant coûté plusieurs millions, de la fonderie de canons de Tirgovisti, y étaient arrivées sans aucun établissement préalable de prix et de dessins; or, en supposant même que le résultat répondît aux espérances, le prix d'un canon fondu en Roumanie devait revenir à une somme décuple de celle payée pour une pièce d'artillerie à l'étranger. Les bâtiments militaires construits sous le prince Kusa, ayant coûté, eux aussi, des millions, tombaient presque en ruines, au point que les troupes n'osaient pas les utiliser, et il en était de même pour les casernes de Iassy, de Galatz et de Braïla, tandis que dans les autres villes, on avait tout simplement logé les soldats chez l'habitant, et détourné pour d'autres buts les sommes destinées aux édifices. Les plus mal partagés étaient les postes de la frontière, réduits

Scéne d'une rue de Bucharest (1866).

à camper dans des huttes éloignées les unes des autres, ce qui rendait toute surveillance impossible.

Les rapports des autres Ministres n'attestaient pas une situation moins désastreuse. C'est ainsi qu'on pouvait lire textuellement dans celui du Ministre de l'Intérieur: „Après un régime comme celui qui nous a opprimés si longtemps, et qui a soulevé l'indignation de la nation entière, il serait difficile de trouver en si peu de temps un remède efficace contre un système de corruption et d'arbitraire. La commission d'enquête a découvert de monstrueuses dilapidations des deniers publics de la part des caissiers de la Préfecture de Police et surtout du directeur des Postes et Télégraphes. Ce fonctionnaire, auquel la somme énorme de 7 253 682 piastres avait été attribuée abusivement pour son service, a trouvé moyen de la faire monter à 10 521 234 piastres. Alors que dans d'autres Etats, le service des Postes est une source importante de revenus, il est devenu une calamité en Roumanie, car les recettes de l'année dernière n'ont pas dépassé 4 millions. Dans les prisons, on a découvert une foule de détenus arrêtés depuis des mois et même des années, sans avoir comparu devant un tribunal."

Même désolante constatation de la part du Ministre des Cultes: les lycées et écoles étaient dans le plus déplorable état; les salles d'étude pouvaient être des foyers de contagion et de mort. Sur plus de 3000 communes rurales, 1300 à peine possédaient des écoles, et celles-ci, sans parler de l'instruction problématique, étaient installées dans des baraques, la plupart sans lumière et mal aérées, où la neige et la pluie pénétraient ouvertement.

Le commerce et les affaires n'offraient pas une plus consolante statistique. L'agriculture dépérissait, car on manquait des sommes nécessaires pour venir en aide à la population rurale accablée par la rigueur des temps; le trésor était vide, ainsi que l'avouait sans détour le Ministre

Village Roumain (1866).

des Finances: „L'augmentation du déficit par des emprunts dont les intérêts grévaient d'une façon disproportionnée le budget des dépenses, et l'introduction dans le budget des recettes de chiffres purement factices, non justifiés, ne pouvait avoir d'autre conséquence qu'une aggravation toujours croissante d'année en année de la situation financière. C'est ainsi que le crédit de l'Etat a totalement disparu. Toutes les caisses publiques sont vides et le Trésor a à payer une dette flottante de 55 761 841 piastres; d'après un calcul exact, l'année 1866 sera clôturée par un déficit de 51 956 000 piastres."

Les dettes totales de la Roumanie s'élevaient à 150 millions de Francs.

Ces déclarations officielles incitèrent nombre d'écrivains à parcourir le pays. On lit dans une de leurs relations de voyage: „La première impression que produisent la Moldavie et la Valachie sur l'étranger est navrante. De vastes plaines désertes sans routes, sans villages; çà et là, une élévation de terre d'où un bohémien à la figure bronzée regarde curieusement le voyageur; çà et là, une misérable hutte devant laquelle quelques enfants nus se vautrent dans la saleté, qui d'ailleurs n'a plus guère prise sur eux. Une fontaine en bois, à laquelle on fait abreuver les chevaux, représente l'auberge; une troupe de chevaux paissant en liberté indique la station de la poste. On sent que l'on a déjà franchi la ligne de démarcation où la civilisation s'arrête; et il en est bien ainsi en effet. Les arts et les sciences, le commerce et l'industrie, tous les bienfaits de la civilisation, dont les progrès vont sans cesse croissant dans le reste de l'Europe, font absolument défaut à ce pays. L'homme de qualité va à Paris pour s'y former aux manières du grand monde; quant au paysan, il en sait juste assez pour soupçonner vaguement qu'il lui manque quelque chose. Entre ces deux extrêmes, il n'existe pas d'intermédiaire."

Marché Roumain (1866).

Les faubourgs de Bucharest, qui comptait alors 160 000 habitants, produisaient encore l'impression d'un village. Des baraques et des ruines y alternaient avec des terrains déserts et inhabités; de temps en temps, les bâtiments formaient une ligne continue de maisons, interrompue de nouveau par des jardins et des cours dans lesquelles se trouvaient des maisonnettes peintes en blanc, ne possédant qu'un rez-de-chaussée; les portes, l'entablement des fenêtres, et les poutres transversales étaient souvent peints de couleurs aux tons criards, et les portes ouvertes laissaient voir les ouvriers qui exerçaient leur industrie à l'intérieur. Les rues de la ville étaient étroites, et si même on y trouvait du pavé, celui-ci présentait le plus effroyable aspect; on y rencontrait également de petites maisons et des huttes très basses, au milieu desquelles contrastait parfois un bâtiment moderne à l'européenne, à deux ou trois étages avec balcons, sculptures et portes richement ornées sur or. La rue principale (actuellement Calea Victoriei) offrait l'aspect d'une rue européenne avec de nombreuses boutiques, des cafés, des pâtisseries, des magasins et des maisons de banque.

Dans les relations dont il a été question plus haut, il est tracé de vives peintures de la Chaussée avec ses brillantes réunions de l'après-midi et son mouvement mondain fertile en spectacles variés, de même que du ravissant parc Cismegiu à l'intérieur de la ville. En raison du pavage défectueux et de l'effondrement des chemins, le grand nombre d'élégants équipages particuliers ou de louage était hors de saison. Les dames de la société aristocratique luttaient entre elles dans un luxe exagéré de toilettes empruntées aux dernières modes parisiennes. De même, l'aménagement intérieur des palais des Boyards témoignait souvent d'une prodigalité et d'un luxe énormes. Mais en ceci encore on se heurtait aux plus étranges contrastes; sortait-on d'un palais dont le possesseur disposait d'une

rente de plusieurs centaines de mille francs, on pouvait
voir, au détour d'une rue étroite, des huttes en bois et en
osier, menacées d'être emportées au premier coup de vent,
et l'on ne pouvait s'empêcher de penser aux malheureux
habitants de ces masures, dormant sur le sol nu et réduits
pour toute nourriture à la mamaliga.

Un voyageur français, G. Le Cler, qui séjourna en
Roumanie de 1864 à 1865, nous a laissé un tableau pittoresque de ces conditions désastreuses:*)

„Bucharest est une bourgade immense, bâtie au
hasard, sans alignement, sans conduite d'eau, sans aucun
des plus simples aménagements que l'on voit dans nos
petites villes. Des boues infectes et profondes station-
nent dans les rues et carrefours; on ne les enlève qu'en
partie et l'on ne saurait se faire une idée du réceptacle
d'immondices qui s'y sont accumulées de temps immémorial.
On nous a assuré que la municipalité s'occupait de la
voirie; nous avons vu, en effet, de misérables tombe-
reaux dans lesquels de plus misérables voituriers s'efforcaient
d'entasser de la boue liquide avec une pelle plate à peine
large comme la main. Ces pauvres diables faisaient con-
sciencieusement leur besogne, mais les caisses trouées ou
fendues laissaient échapper leur contenu de toutes parts,
en station, et, bien mieux encore en marche. Cela nous
faisait penser au tonneau des Danaïdes. A coup sûr, on
a trouvé ici l'art de déplacer la boue, mais non de
l'enlever." — „Si la voirie municipale fait défaut, il existe
fort heureusement des moyens de salubrité plus économiques. La nuit et le matin, des bandes de chiens
errants, des légions de corbeaux et de corneilles enlèvent
les détritus organiques et purifient l'air. Ce secours pro-
videntiel contre l'épidémie est d'autant plus précieux que
la boucherie exerce son industrie sur la place publique.

---

*) G. Le Cler. La Moldo-Valachie, ce qu'elle a été, ce qu'elle est,
ce qu'elle pourrait être. Paris, 1866.

Or, comme l'étendue de la ville est énorme, il y aurait dans chaque rue des foyers d'infection; il faut donc hautement se féliciter de voir ces utiles carnivores promus par leur instinct à la dignité d'auxiliaires de la voirie."

Le même auteur résume dans les termes suivants son opinion sur la capitale roumaine:

„Un prince sans palais, un clergé sans morale, une académie sans membres, une bibliothèque sans lecteurs; d'immenses rues sans maisons, de splendides logis et de viles chaumières, de magnifiques promenades et d'immondes cloaques; de l'eau partout, pas de fontaines; une rivière sans quais ni ponts; une municipalité sans tête, une police sans agents . . . . Une voirie sans courage; des tribunaux sans justice . . . . . Des intrigues sans amour, des divorces sans frein, des maris sans femmes, des femmes sans maris; des familles dispersées, les fils avec la mère, les filles avec le père; des fortunes grèvées par l'emprunt; des terres frappées d'hypothèques; de riches seigneurs sans un sou vaillant, des habits chamarrés et pas de linge; un mobilier magnifique et un gardemanger vide! La liste est longue; nous l'abrégeons à dessein, ne voulant parler de l'assemblée, des ministères, des administrations, ni des établissements publics, sujets si fertiles en piquantes bigarrures."

On se figure aisément la fâcheuse impression ressentie par le jeune prince si habitué à d'autres conditions d'existence, et combien ses pensées roulèrent sur les moyens de transformer un pareil état de choses. Mais d'autres soucis vinrent encore s'ajouter aux précédents. La guerre avait été déclarée entre la Prusse et l'Autriche; la Prusse se trouvait engagée dans une lutte décisive des plus graves, et tout ce que le prince avait de précieux et de cher dans sa première patrie se trouvait en péril; ses amis les plus intimes et ses parents étaient accourus sur le théâtre de la guerre, et le 27 juin, il reçut la douloureuse nouvelle que son plus jeune frère, le prince Antoine, second lieutenant au Ier régiment de la garde à pied, avait été frappé à König-grätz d'une blessure mortelle à laquelle il succomba bientôt après.

De même que ce jeune héros n'avait eu qu'une pensée: le devoir et la patrie, de même le prince Charles s'était entièrement consacré à son nouveau pays d'adoption. Depuis ces journées mémorables de mai, une seule pensée hante son cerveau: faire de la Roumanie une grande nation et assurer le bonheur de son peuple. L'adolescent avait appris à devenir homme à la rude école de la vie, son caractère s'était trempé de bonne heure et ses hautes qualités s'affirmaient chaque jour davantage: pensées nobles, conception sérieuse des choses et leur application dans la vie pratique, jugement calme, mais ferme, indéracinable sentiment du devoir, examen impartial et bienveillant des personnes et des circonstances, ignorant la peur, l'inconstance, la rancune, toujours prêt à pardonner à ses ennemis, plein d'amour pour le travail et d'une infatigable activité, vigilant à l'heure actuelle, les yeux toujours tournés vers l'avenir, inébranlable dans ses amitiés une fois affirmées.

Tel devait être en effet l'homme appelé à saisir d'une main ferme le gouvernail de ce navire en détresse de l'Etat roumain, l'homme dont Demeter Sturdza qui, dès le premier jour, avait reconnu l'importance du prince et sa nécessité, historique pour ainsi dire, et qui lui consacra ses précieux services, a pu dire plus tard au Sénat avec justesse et vérité: „En acceptant le trône, Charles Ier sauva la Roumanie de la guerre civile et l'arrêta au bord de l'abîme où elle allait s'effondrer sans espoir!"

<h1 style="text-align:center">VIII.</h1>

<h2 style="text-align:center">Les premiers temps du règne.</h2>

Quelques jours après avoir pris le gouvernement, le prince Charles adressa au peuple la proclamation suivante:

„Roumains! Depuis Mon arrivée parmi vous, J'ai reçu de toutes les parties de Ma nouvelle patrie des adresses de félicitations et de bienvenue, qui M'assurent que la volonté à laquelle J'ai répondu était celle de la nation entière.

„Un grand nombre d'entre elles M'ont été envoyées lorsque J'étais encore à mon foyer; vous avez même pensé à Mon jour de naissance, afin de Me transmettre vos souhaits.

„J'aurais voulu répondre à chacun en particulier, et alors Mes accents vous auraient dit que Je vous réponds cœur pour cœur; mais cela étant impossible, agréez ces quelques mots comme l'expression de Ma pensée pour tous.

„Roumains! A votre appel, J'ai abandonné patrie et famille; et J'ai agi ainsi parce que Je connais votre histoire, vos aspirations, vos souffrances. Je suis venu, parce que la voix d'une nation M'est sacrée; et quand cette nation a un passé glorieux comme le vôtre, un passé qui lui a donné la force de lutter, comme vous avez lutté, afin de créer un avenir digne d'elle, la voix de cette nation est pour Moi la voix même de Dieu.

„Voilà pourquoi J'ai quitté ceux que J'aimais. Rendez-Moi, vous tous, toutes ces affections, car J'ai abandonné Ma patrie dans l'espoir inébranlable de vous en assurer une grande et heureuse. Ne l'ai-Je pas faite le berceau de Mes enfants?

„Roumains! Votre chaleureux accueil M'a prouvé qu'en effet Je suis le bienvenu parmi vous. Je travaillerai sans relâche afin de conserver ce titre. Aidez-Moi de votre amour et de votre confiance.

„Rien sans Dieu, Nihil sine Deo, telle est la devise de Ma famille.

„Dieu a dit: Aide-toi, le Ciel t'aidera!

„Aidons-nous donc, Roumains, et Dieu nous aidera."

„Aidons-nous donc, Roumains!" Ces paroles du prince renfermaient effectivement une amère vérité. La Roumanie se trouvait totalement livrée à elle-même et à son jeune prince, qui s'était efforcé tout d'abord d'éveiller la confiance par son attitude personnelle, afin de rétablir peu à peu l'ordre dans les affaires politiques et économiques en complet désarroi. Des complications extérieures menaçantes captivaient de nouveau son attention. Les Turcs avaient renforcé leurs effectifs militaires sur le Danube, et il ne manquait pas de rumeurs sinistres mises sans cesse en circulation dans le pays. Le prince Charles inspecta de nouveau et tout-à-fait à l'improviste les troupes réparties entre le Danube et Bucharest, et il s'efforça de réparer rapidement tous les vices d'organisation que ces inspections lui avaient révélés. De Giurgiu, il entreprit une excursion sur le Danube avec un petit bateau à vapeur, et il put observer de près le camp turc de Roustschouk, où plus de 20 000 hommes étaient réunis et où de nombreux préparatifs permettaient de croire à l'intention des Turcs de jeter un pont sur le Danube. Mais les rapides victoires

Le premier Ministère du Prince Charles (1866)

de la Prusse en Bohême vinrent refroidir chez le sultan toute idée agressive contre la principauté, car il n'y avait plus à compter sur l'appui espéré de l'Autriche, ni sur une intervention militaire de sa part.

Cette crainte dissipée, de sombres nuages vinrent s'accumuler de toutes parts à l'intérieur du pays, à propos de la Constitution et du règlement de la question juive. Cette dernière souleva même des excès graves, promptement réprimés il est vrai, non par la police, tout-à-fait au-dessous de son rôle, mais par la garde nationale. Le prince ayant voulu passer celle-ci en revue sur le terrain de manœuvres de Cotroceni, se heurta à une résistance opiniâtre, car le bruit s'était répandu que les soldats allaient être désarmés, et ils avaient résolu de se rendre devant la Chambre et d'y demander protection contre cet abus de pouvoir. Le Ministre Président Catargiu communiqua cette résolution au prince en le priant de modifier sa décision; mais celui-ci, loin de céder, se rendit sur le terrain de manœuvres où il ne trouva en effet que quelques centaines d'hommes.

Le prince envoya immédiatement des officiers avec l'ordre de mettre en marche les retardataires, tandis que lui-même, à la tête des soldats qui s'étaient présentés, rentrait en ville aux sons éclatants de la musique militaire. Pendant ce temps, les gardes nationaux étaient accourus de toutes parts, et, réunis sur la place du théâtre, acclamèrent le prince par de retentissants hourras.

Ce succès inespéré dû à son attitude personnelle, le prince Charles l'obtint encore dans d'autres circonstances, alors que les Ministres découragés lui conseillaient de se raviser ou de revenir sur des résolutions déjà prises. Une pareille manière d'agir n'eût pas répondu au caractère du prince, qui ne connaissait ni hésitation ni lenteur, dès qu'il s'agissait d'exécuter des plans jugés utiles au bien de l'État et du peuple.

En raison de la chaleur accablante, principalement
sensible à Bucharest, le prince avait choisi pour séjour le
monastère de Cotroceni, distant d'une demi-heure et dans
une position élevée. Ce couvent, fondé dans le dernier
tiers du 17ᵉᵐᵉ siècle, comprenait divers bâtiments, situés
autour d'une église entourée de lierre, à laquelle touchait
un parc magnifique, bien qu'un peu négligé, mais ombragé
d'un grand nombre d'arbres séculaires. Du site élevé
où se trouve le couvent, on jouit d'un coup d'oeil splendide
sur Bucharest avec ses innombrables églises et ses multiples
coupoles, et le calme profond de ce paisible séjour reposait
d'une façon doublement agréable des bruits de la capitale.
L'hôte princier n'avait fait aménager pour lui que quelques chambres, suffisant largement à sa modestie, mais
son amour profond pour la nature lui procurait une ample
compensation dans le voisinage immédiat des ombrages
du parc. Chaque jour amenait une tâche nouvelle, toujours ponctuellement remplie, grâce à une répartition
réglée du travail. A la promenade matinale à cheval,
succédait la rédaction des correspondances, puis le Ministre
venait faire son rapport, suivi généralement, après le second
déjeuner, d'audiences et de la visite de divers édifices
publics, ministères, tribunaux, hôpitaux, écoles, établissements d'instruction et prisons. Le prince s'efforçait
d'apporter toutes les améliorations possibles, poursuivies
avec la lenteur causée par la triste situation financière du
pays, mais qui n'en marquait pas moins un changement
visible par rapport au passé. Pour le dîner, qui avait lieu
à six heures, un grand nombre d'invitations étaient adressées aux Ministres, aux officiers, aux députés, sans distinction de parti politique, et à cette occasion, le prince savait,
dans les conversations, se renseigner sur une foule de choses,
jusque là étrangères. La soirée était consacrée la plupart
du temps à une promenade en voiture à la Chaussée,
rendez-vous de la haute société de Bucharest. Quelquefois,

Promenade en voiture du Prince Charles (1866).

le prince allait au théâtre, imparfaitement éclairé par des lampes à huile et peu digne d'une grande ville; le sujet des pièces représentées était généralement emprunté à l'histoire de la Roumanie et aux victoires des patriotes sur les Turcs. De fréquentes excursions à cheval, à courte et à longue distance dans les environs, mirent le prince en contact avec toutes les classes de la population. Il était toujours accompagné de ses aides de camp et d'une escorte de cavalerie, conformément à un usage traditionnel que le prince ne tarda pas à supprimer, préférant se montrer seul dans toute sa simplicité. Il aimait également à visiter les anciens monastères dans leurs sites souvent pittoresques, ainsi que certaines villes ou localités, et l'accueil qu'il recevait partout témoignait combien s'étaient réalisées les espérances fondées sur sa venue dans le pays et sur son gouvernement.

Tel fut le cas pour le voyage à travers la Moldavie, voyage entrepris au milieu du mois d'août, malgré une chaleur torride. On fit halte plus ou moins longtemps, dans une foule de villes et de villages, même là où sévissait le choléra, on parcourut pendant de longues heures parfois des routes défoncées, on traversa le lit rompu des fleuves, ainsi que les vastes steppes dont le sable soulevé enveloppait la voiture d'épais nuages de poussière. Le jeune prince fut reçu dans les châteaux seigneuriaux avec tous les honneurs mêlés d'une joie respectueuse, la population des villages et des villes lui ménagea également partout le plus cordial accueil. On visita en détail les écoles, les hôpitaux, les églises, les mines, les casernes, les prisons; la situation des paysans était digne de pitié, car ils avaient à souffrir durement de la mauvaise récolte; les villes elles aussi présentaient le spectacle d'une misère profonde et d'abus de toute espèce. Des placets par centaines exprimaient l'espoir que le gouvernement du prince apporterait des améliorations indispensables, et ce sentiment

Réception du Prince Charles en Moldavie (1866).

ressortait de nombreux témoignages de confiance apportés
au cours des voyages. On avait élevé à la hâte des arcs
de triomphe, le son des cloches apportait au prince le salut

de ses frais accents, et le soir, les montagnes s'éclairaient de feux de joie en même temps qu'on illuminait partout.

Jeunes et vieux, riches et pauvres, prenaient part à ces réceptions avec une égale cordialité; devant les églises, les membres du clergé attendaient dans leurs ornements tout ruisselant l'or; devant les monastères, se tenaient les moines en longues robes et hauts bonnets noirs, les maisons des villageois étaient décorées, en signe de bienvenue, de rameaux et de fleurs, d'images saintes et de tapis tissés par leurs possesseurs eux-mêmes; le parcours était fatigant, mais variées, et pittoresques étaient les impressions qu'il offrait. Ces voyages permettaient au prince de se familiariser avec les mœurs et les coutumes des habitants, il en tirait de précieux renseignements sur les sentiments et les idées des différentes classes de la population, et voyait où et comment devait être appliqué le levier destiné à transformer le pays. Déjà longtemps avant qu'apparussent dans leur encadrement de verdure les tours et les coupoles d'Iassy, la capitale de la Moldavie, dés centaines de cavaliers et de voitures s'étaient portés à la rencontre du prince, des acclamations répétées saluèrent sa présence et augmentèrent à mesure que le cortège, escorté des trabans, apporchait de la résidence princière, dans les environs de laquelle le maire, sous un arc de triomphe, adressa au noble visiteur des paroles solennelles de bienvenue, tandis que les vivats s'échappaient de milliers de poitrines. L'entrée du prince fut saluée par le bruit du canon et le carillon des cloches, l'enthousiasme était général et sincère, chaque maison était pavoisée, tous les habitants semblaient comme saisis d'une ivresse joyeuse, et cet état d'esprit ne se démentit pas un instant pendant les sept jours que le prince resta à Iassy. L'impression personnelle produite par le nouveau régent du pays, ses manières chevaleresques, et la gravité avec laquelle il traitait toutes les affaires, exercèrent une influence durable et furent d'une importance politique énorme, car à Iassy précisément, les tentatives n'avaient jamais manqué en vue d'une séparation de la Valachie, mais dès lors les éléments de l'opposition sentirent qu'un homme venait de saisir les rênes du gouvernement, et les tenait d'une main ferme.

De retour à Bucharest, le premier soin du prince fut de régler la situation de la Roumanie vis-à-vis de la Turquie. Celle-ci avait mis à la reconnaissance du prince des conditions qui plaçaient le pays dans un état de vassalité inacceptable pour son souverain; mais sans la reconnaissance il était impossible de contracter un emprunt étranger, emprunt d'une nécessité urgente si l'on voulait remédier à la pénurie financière, car les paiements les plus indispensables ne pouvaient être effectués. Dans ces jours de crise douloureuse, le prince écrivit au prince héritier de Prusse pour le féliciter de ses brillantes victoires sur les champs de bataille de la Bohême, puis il ajoutait:

„J'attends, ces jours prochains, la reconnaissance formelle par la Porte de mon avènement au trône; j'irai ensuite à Constantinople pour faire au sultan une visite de politesse. Les négociations avec la Porte ont formé jusqu'à leur conclusion une série de longues luttes, j'ai dû en effet, récuser, fermement et obstinément, toutes les conditions exagérées que celle-ci m'a tout d'abord posées.

„Je n'ai reconnu que la suzeraineté de la Porte fondée sur des traités séculaires et garantie par les grandes puissances: je me suis réservé, quant au reste, la plus entière autonomie, de sorte que la suzeraineté reste ainsi une forme vide sans contenu. Une fois les questions de politique étrangère réglées, je pourrai me livrer à la reconstitution intérieure de l'Etat; et je veux me donner toutes les peines afin de procurer un avenir prospère à ce magnifique pays que j'appelle à présent le mien et aux cinq millions d'âmes qui m'ont confié leur bien-être. Ne sommes-nous pas tous, chacun pour une part, des ouvriers qui travaillent à l'ensouple du temps et tissent de Dieu le vivant vêtement; la tâche de ma vie consiste maintenant à collaborer de toutes mes forces à l'avant-poste de la culture occidentale, où la destinée m'a placé."

Les négociations entre la Roumanie et la Porte subirent diverses péripéties jusqu'au moment où cette dernière consentit enfin à accéder à la demande du prince sur les conditions réglant la situation de la Roumanie par rapport à la Turquie. Les principautés étaient désignés comme „partie intégrante" de l'empire ottoman, avec la mention complémentaire importante „dans les limites fixées et par les capitulations et par le traité de Paris." Cette convention levait les difficultés qui s'opposaient à une visite du prince à Constantinople, et l'on s'entendit sur les détails de ce voyage; le prince fit connaître au peuple la signature favorable de la convention, dans une proclamation où il déclarait que les désirs des Roumains de posséder une dynastie héréditaire, étaient enfin remplis par la Porte; il comptait fermement dans l'avenir sur la bénédiction du ciel en faveur de ses efforts en vue du progrès et de la prospérité de la patrie.

Le 21 octobre, le prince, accompagné d'un grand nombre d'officiers et d'hommes politiques éminents, partit pour Constantinople; de Giurgiu, où il se rendit tout d'abord, il passa le Danube pour arriver à Roustschouk, où le Pacha et les dignitaires turcs lui avaient préparé une réception solennelle. On atteignit par chemin de fer Varna, où l'on monta sur le yacht impérial „Issedin", envoyé par le sultan; le prince y fut salué au nom du Padischah par le premier aide-de-camp général de celui-ci, et les soldats de marine impériaux rendirent les honneurs à bord. Le lendemain matin, eut lieu l'entrée dans le Bosphore; saisi d'admiration, le prince Charles laissa errer ses regards émerveillés sur le magnifique panorama qui se déroulait devant lui, chaque nouveau tableau surpassant l'autre en charme et en attraits, l'oeil sans cesse attiré par des beautés nouvelles, par une succession ininterrompue de ravins aux bords peu escarpés, de châteaux aux murailles grises, de riantes vallées, de petits villages respirant la paix, avec de gracieux minarets, de jolis sites de repos et de superbes palais. Le bleu sombre du ciel rivalisait avec celui des flots de la mer; d'immenses navires de toute nationalité croisaient la route suivie par le yacht impérial; des dauphins, dont les corps sombres émergeaient avec la rapidité de l'éclair, se jouaient au milieu des vagues, et dans la clarté limpide de l'air, les faucons et les aigles marins décrivaient, à de prodigieuses hauteurs, leurs courbes immenses. Et soudain apparut la grandiose cité, avec les coupoles de ses mosquées inondées de lumière, ses minarets élancés, d'une éclatante blancheur, la cité que les souvenirs historiques les plus remarquables entourent comme d'une auréole mystique, et qui vit paraître et disparaître tant de générations entraînées dans une lutte toujours vaine pour la puissance durable!

Le palais de l'eau douce, situé sur la rive asiatique, dont la façade étincelante sous la blancheur du marbre est tournée vers le Bosphore, avait été mis par le sultan à la disposition du prince; une compagnie de chasseurs de la garde impériale y assurait le service d'honneur, et reçut l'hôte princier aux accents d'une musique entraînante. Dans l'après-midi, le prince Charles, en grand uniforme de général roumain, rendit sa première visite au sultan Abdul-Asiz, qui le reçut dans un petit salon, et vint à sa rencontre jusqu'à la porte, en lui tendant la main. Près du divan sur lequel la Padischah vint s'asseoir, un siège avait été préparé pour le visiteur, mais celui-ci, sans hésiter, le repoussa de côté et s'assit auprès du sultan, montrant par là qu'en sa qualité de descendant d'une famille souveraine, il entendait être traité comme l'avaient été autrefois les régents des principautés danubiennes. Cette audience fut suivie d'une réception à la Sublime Porte de tous les hauts fonctionnaires turcs de l'Etat, et le lendemain, de celle des membres du corps diplomatique, dans le palais habité par le prince; les grands dignitaires turcs y assistèrent également et offrirent de riches cadeaux de la part du Padischah. Une grande partie des jours suivants fut consacrée à visiter Constantinople. Vêtu d'un costume civil, et accompagné seulement d'un aide-de-camp et d'un drogman, le prince parcourut les rues de cette ville unique au monde, où se voient à chaque pas des scènes pittoresques et attrayantes à étudier, et dont les divers édifices parlent si éloquemment de la splendeur du passé et de l'éclat de l'ancienne Byzance; tous ces souvenirs laissèrent dans l'âme sensible du prince une impression ineffaçable.

Une deuxième visite au sultan fut empreinte de la plus sincère cordialité; déjà auparavant, le Padischah avait fait exprimer au prince sa joie de pouvoir honorer un hôte aussi illustre et aussi agréable, et son désir d'entretenir avec lui des relations amicales auxquelles il attachait une grande valeur. De même, sur l'ordre du sultan, une revue des troupes fut passée en l'honneur du prince, ce qui donna lieu à un spectacle militaire des plus brillants. Après avoir pris congé du Padischah en termes chaleureux, le prince, qui avait séjourné six jours à Constantinople, se disposa au retour et reprit le chemin de Giurgiu; où il se sépara des personnes de sa suite, non sans leur faire part de l'impression favorable rapporté de son voyage, et sans les prier instamment, maintenant que les difficultés extérieures étaient aplanies, de diriger toutes leurs pensées vers la prospérité intérieure de la Roumanie.

Cette exhortation venait bien à son heure, car l'organisation politique du pays rencontrait toujours de nouveaux obstacles, surtout à cause de la surexcitation des partis. La division de ces partis apparut au mois de novembre par le résultat des élections législatives — le prince avait ordonné que „le pouvoir n'exerçât pas même une ombre d'influence" — dont l'issue, accompagnée d'excès et d'abus d'autorité de toute sorte, fut une amère déception pour le gouvernement, incapable de s'appuyer sur une majorité décisive. Mais le prince ne se laissa pas abattre et chercha à gouverner avec cette Chambre des Députés hétérogène. Dans un discours d'ouverture très approuvé par les représentants du peuple, il les conjura d'oublier leurs jalousies et leurs rivalités personnelles, si grosses de dangers pour le pays, et de travailler de concert avec lui à abolir les abus si nuisibles au développement de la prospérité. Il faut, dit textuellement l'orateur, vous bien pénétrer des principes de loyauté, de travail et d'économie, seuls capables d'assurer la culture intellectuelle, la richesse et la force de la nation.

La déplorable situation financière apparut lors de la conclusion — très défavorable pour le pays — d'un emprunt avec la France, car pour les 18 millions et demi de francs que l'on reçut, on eût s'engager à payer 32 millions dans un délai de 23 années; mais on ne pouvait faire autrement que d'accepter ces lourdes conditions, si l'on voulait couvrir les dépenses les plus urgentes.

Si les travaux parlementaires n'avançaient qu'avec une extrême lenteur et peu de succès, il en était de même pour un grand nombre de branches de l'administration. En visitant les Ministères et les Cours judiciaires, il arriva fréquemment au prince de ne pas y trouver les fonctionnaires, et il prit immédiatement des mesures pour que ce manque de ponctualité eût enfin un terme. Mais le plus grand souci du prince était, avant tout, la réorganisation de l'armée, tout d'abord celle du corps d'officiers, auquel il comptait inculquer son amour du devoir, tout en introduisant peu à peu des réformes auxquelles le désastreux état des finances opposait des obstacles difficiles à surmonter. Puis, beaucoup des actes du prince furent faussement compris et interprétés, comme par exemple le premier grand bal qu'il donna dans son palais. Les uns le blâmèrent, en invoquant la triste situation financière du pays; d'autres au contraire exprimèrent leur satisfaction en disant que ces fêtes répandaient de l'argent dans le peuple et contribuaient à faire prospérer le commerce.

Toutes ces difficultés ne découragèrent point le prince, car, ainsi qu'il l'avait déclaré en terminant son discours d'ouverture aux Chambres, sa ferme volonté était de remplir inflexiblement son devoir et d'accomplir la mission si fièrement acceptée. Bien que les relations extérieures ne fussent pas aussi mauvaises que la situation intérieure, elles n'étaient cependant pas satisfaisantes, car les victoires de la Prusse avaient éveillé chez les puissances la crainte de voir l'influence allemande dominer en Roumanie; la Russie surtout veillait avec un soin jaloux à tirer le plus grand profit possible de sa position autrefois prépondérante.

Pour la première fois, le prince passa la fête de Noël seul dans son palais, loin de sa patrie et loin des siens. Des voeux sincères, des paroles encourageantes, lui parvinrent de la maison paternelle, où l'on était plein de confiance dans l'avenir du fils chéri, et le prince Charles-Antoine, son père, qui resta jusqu'à la dernière minute son ami le plus fidèle et son plus utile conseiller, donnait à sa joie l'expression suivante dans sa lettre écrite à l'occasion de Noël:

„Il me paraît, à en juger par mon expérience politique, que tu as gagné la partie dans ton entreprise hasardeuse. Le voyage à Constantinople à été préparé et exécuté avec beaucoup d'habileté. C'est ce voyage qui a enlevé aux puissances tout prétexte d'intervention. Je suis moi-même surpris que ta présence ait produit de pareils résultats.

„J'approuve également ton discours à l'ouverture des

Chambres. Fautes politiques et faiblesses morales doivent toujours être appelées par leur nom. Tu parais mener une vie sérieuse et te beaucoup fatiguer intellectullement. Cela est pour toi doublement nécessaire, puisque tu dois te tenir audessus de tous les partis.

„Ton voeu de voir ton frère Fritz montre que ton désir est aussi grand que le sien. Mais c'est intentionnellement que je n'ai pas voulu le laisser partir avant la nouvelle année, parce qu'il eût été trop triste pour ta mère chérie de se trouver tout-à-coup sous l'arbre de Noël, privée de ses trois fils. Le soir de Noël, tu seras sans doute en pensée au milieu de nous, le coeur ému de joie et de profonde tristesse. Ce sera réciproque. Combien douloureuse est une séparation à telle distance. Mais, courage et confiance en Dieu dans toutes les situations de la vie! On ne saurait tout avoir. Ta tâche est grande, difficile et méritoire. Que cette conviction compense pour toi les nombreuses privations qui pèsent au coeur et à l'âme.“

En même temps, parvenait au prince une lettre de l'empereur Napoléon, ainsi conçue:

„Mon cher Prince,

„Je ne vous ai pas écrit plus tôt parce que je ne voulais pas accréditer le bruit, répandu l'année dernière, permettant de croire que votre résolution de vous rendre dans les principautés, était le résultat d'un plan concerté entre nous; mais aujourd'hui que vous avez été reconnu par la Porte, je suis bien aise de vous dire tout l'intérêt que je porte à votre courageuse entreprise. J'espère que vous parviendrez à faire régner l'ordre et la prospérité dans votre nouveau pays, et je serai heureux d'y contribuer, autant que cela dépend de moi.

„Recevez l'assurance de ma sincère amitié.“

Au commencement de la nouvelle année, le prince eut l'agréable surprise de recevoir la visite de son frère Fritz, qui lui apportait verbalement l'heureuse annonce

des fiançailles de leur soeur, la princesse Marie, avec le
Comte de Flandre, frère du roi des Belges, à qui le trône
de Roumanie avait été d'abord offert, comme on sait.
Pendant son séjour à Bucharest, il put se convaincre de
la grande affection dont jouissait personnellement le prince
Charles, qui organisait justement à ce moment-là une série
de fêtes attrayantes, alternant avec des inspections de
troupes et des manoeuvres militaires.

L'anniversaire de l'entrée solennelle du prince à
Bucharest, le 22 Mai, fut célébré par toute la population
d'une manière grandiose, de nombreux témoignages
d'amour et de respect éclatèrent, en même temps que des
télégrammes apportaient les hommages de toutes les
parties du pays. Après un Te Deum à la Métropolie, une
grande réception eut lieu dans la salle du trône du palais
de Bucharest, et le prince prononça à cette occasion son
premier discours public en langue roumaine. Toutefois,
il fut loin de se méprendre des allocutions et des paroles
louangeuses pour sa gloire dont il dut écouter une inter-
minable série. Il savait lui-même mieux que personne
que les débuts avaient été bien faibles, et que tout se
bornait en quelque sorte jusqu'à présent à une simple
promesse d'avenir. Mais il s'était consacré jour pour
jour à l'accomplissement de cette promesse. Il n'avait
négligé aucun effort pour réaliser une étroite union entre
lui, le prince du pays et le représentant de l'autorité gou-
vernementale, et toutes les classes de la population. Après
s'être familiarisé avec le caractère propre au pays et au
peuple roumain, il en avait soigneusement tenu compte.
Bien qu'ennemi de l'étiquette et de la rigidité exclusive
particulière aux princes, bien qu'affable avec chacun, il
savait cependant maintenir l'autorité de son rang et se
ménager le respect, deux conditions absolument indispensables à l'exécution de ses projets. Il ne négligeait jamais
rien pour se mettre au courant de la situation du pays,

examinant avec attention les demandes et les plaintes
qui lui étaient ,adressées, le coeur rempli d'une chaude
sollicitude pour les malheureux et les opprimés, et dé-
pensant pour eux plus que sa cassette personnelle ne le
permettait. Il aimait à se mêler à la foule, comme par
exemple à la foire annuelle, (Moschi), qui se tient, au milieu
de juin, près de Bucharest; cette fête printanière, où la
population accourt en masse de près et de loin pour ses
achats annuels, est pour elle une occasion de réjoissances
de toute espèce, de cris et de tapage, de danses et de jeux,
que les innombrables bandes de Tziganes accompagnent
du râclement de leurs violons. La rapidité avec laquelle
le prince avait appris la langue du pays lui était en pareil
cas d'une grande utilité, et les visages des paysans s'éclairaient d'une joie franche lorsqu'il s'adressait à eux pour
s'informer de tout ce qui les intéressait.

Le prince Charles ne dédaignait pas non plus de
s'occuper soigneusement de la transformation, nécessaire
sous beaucoup de rapports, de Bucharest même; de nouvelles rues et de nouveaux boulevards furent tracés et
construits, la Dimbowitza, paresseuse petite rivière qui
traverse la capitale et qui précédemment inondait chaque
année les parties basses de la ville, fut peu à peu régu-
larisée, on commença à bâtir des halles pour le marché
et l'on améliora les routes conduisant aux localités avoisi-
nantes, sous la surveillance militaire. Le prince apporta
ensuite un intérêt constant au relèvement de l'enseignement
scolaire, jusqu'alors en fort mauvais état, assistant fréquemment lui-même aux examens, encourageant l'adoption
de nouvelles méthodes; il fit faire à ses frais à Paris —
moyennant une somme de 300 000 francs — un atlas
géographique, le premier publié en langue roumaine et
pour la Roumanie, qui fut distribué gratuitement à toutes
les écoles, puis il veilla à préserver de la ruine les édifices
remarquables par leur valeur historique, sacrifiant des

sommes considérables de sa fortune personnelle. Il accueillit également avec joie la fondation de la Société littéraire, organisée le 13 août 1867, et qui devint bientôt une source d'activité profitable pour l'Académie roumaine. Le but principal de la Société était d'éditer une grammaire roumaine unique et un dictionnaire étymologique roumain, afin de fondre en un domaine intellectuel commun les différentes nationalités roumaines dispersées en Hongrie, en Transylvanie, dans la Bukovine, en Bessarabie et en Macédoine. Le prince réunit chez lui, à Cotroceni, les membres de la Société, dont il avait accepté la Présidence d'honneur, et leur offrit un dîner où l'on discuta longuement des devoirs de la nouvelle Académie. Quand ses loisirs le lui permettaient, il faisait des excursions plus ou moins longues aux différents monastères et aux autres lieux historiques étroitement liés avec le passé séculaire du pays, comme par exemple à Sinaia et à Argesch, parcourant à cette occasion les forêts romanesques et sauvages, les régions montagneuses, qu'aucun prince roumain n'avait visitées depuis bien longtemps. La participation de la Roumanie à l'Exposition universelle de Paris fit déjà mieux connaître quelle évolution sérieuse la jeune principauté accomplissait sous le gouvernement de son jeune prince, et quel désir elle éprouvait de prendre part, hors de ses frontières, aux progrès des nations civilisées.

Mais l'attention du prince se portait de plus en plus sur l'instruction et l'organisation de l'armée. Il fit avec la garnison de Bucharest une manoeuvre de plusieurs jours, pendant lesquels il bivouaqua au milieu de ses troupes; à l'issue de ces exercices, il réunit autour de lui les officiers pour faire la critique, exposant ouvertement les fautes commises et à éviter en cas de campagne, mais en même temps plein d'indulgence pour les officiers, rappelant que jusque là ils n'avaient encore jamais eu occasion d'assister à des exercices de combat ni de s'exercer à conduire des troupes. L'armement fut complété et l'uniforme subit des changements destinés à en simplifier l'extérieur quelque peu théâtral; la bastonnade fut supprimée de l'armée, et les plus grands efforts tendirent à améliorer la discipline. Pendant l'été de 1868 fut votée la loi sur la réorganisation de l'armée, d'après laquelle les forces militaires du pays comprenaient cinq éléments différents: l'armée active et sa réserve, la milice active, la garde nationale et la landsturm. La première catégorie servait 3 ans dans l'armée active et 4 ans dans la réserve; de la deuxième catégorie, un tiers seulement était appelé sous les drapeaux, tandis que les deux autres tiers demeuraient en disponibilité; la troisième catégorie n'était appelée qu'en cas de guerre, la quatrième, sans aucune importance militaire, se recrutait d'après les classes de recensement et élisait elle-même ses officiers; la cinquième comprenait tous les hommes capables de porter les armes depuis 17 jusqu'à 50 ans, en tant qu'ils n'appartenaient pas déjà à l'une des quatre premières catégories. Grâce à cette nouvelle loi, les forces militaires de la Roumanie subirent une augmentation considérable sans que les dépenses annuelles, s'élevant à 16 millions de francs, en fussent augmentés d'une façon sérieuse. Cette réorganisation amena la création de nouveaux régiments actifs et de 33 bataillons de milice, ce qui nécessita la construction de nouvelles casernes. Puis, on établit dans les différents corps de troupe une table commune pour les officiers; et l'instruction des sous-officiers devint l'objet de la plus grande attention. Il importait avant tout de délivrer l'armée des intrigues politiques, afin de l'employer uniquement à son but le plus noble, la défense de la patrie; en ceci encore le prince rompit avec le système existant, en appelant au Ministère de la guerre, pendant l'été de 1868, J. Bratianu, qui n'avait cependant jamais occupé aucun grade dans l'armée. Il voulait montrer par là que l'armée devait se tenir rigoureusement en dehors des partis, car jusqu'à ce moment, dans un pays de régime parlementaire, le droit de disposer de la force armée pouvait se trouver aux mains d'un Ministre appartenant à tel ou tel parti politique, et ce Ministre déjà chef de l'administration militaire, pouvait devenir encore celui de l'armée elle-même.

Si le prince Charles se proposait de préparer militairement la Roumanie à un rôle digne d'elle au moyen d'une armée forte, soigneusement équipée et instruite, il voulut encore la relever économiquement par la construction de chemins de fer. Déjà au printemps de 1867, la Chambre, avait accordé la concession pour la ligne Bucharest-Iassy; pendant l'automne de cette même année, on entra en pourparlers avec un entrepreneur autrichien au sujet d'une ligne Suceava-Iassy-Galatz-Bucharest, qui devait être construite par tronçons. Mais avant la présentation des projets aux Chambres, on apprit de Berlin qu'un consortium s'y était formé avec les ducs d'Ujest et Ratibor, le comte Lehndorff et le docteur Strousberg à sa tête, et que les conditions offertes à l'Etat roumain étaient beaucoup plus favorables que celles de l'entrepreneur autrichien. Chose étrange, le projet de faire traverser la Roumanie par des voies ferrées se heurta à une sérieuse opposition de l'assemblée législative. On redoutait pour le budget des charges trop lourdes, ajoutant que le pays, ne possédant même pas encore de routes suffisantes, n'était pas mûr pour posséder des chemins de fer. Mais le prince se prononça ouvertement en faveur des chemins de fer, répétant sans cesse que l'avenir de la Roumanie était étroitement lié à l'établissement des voies ferrées et que dans cinq ans le pays devait être en communication avec l'étranger par une route de fer. Au commencement du mois d'août 1868, le prince put déjà visiter les travaux de la ligne de Bucharest à Giurgiu, entrepris par une Compagnie anglaise, et au milieu d'octobre, il fit sur le tronçon déjà terminé un petit voyage d'essai, le premier en chemin de fer sur le sol roumain.

Malheureusement, la situation politique intérieure subissait encore de continuelles et graves secousses; de nouveaux Ministères furent formés, souvent après des luttes violentes, et l'on dut procéder à de nouvelles élections législatives qui n'assurèrent cependant pas au gouvernement la majorité désirée. Certes il ne manquait pas à cette occasion de sourdes intrigues de toute sorte contre le gouvernement, rendu responsable, sans en excepter le prince, d'un grand nombre d'abus, surtout à propos de la pénurie financière, car à plusieurs reprises, les crédits avaient manqué pour les dépenses les plus urgentes, et même les appointements des fonctionnaires et des officiers ne pouvaient pas être payés régulièrement. Puis la situation juridique de la population juive suscitait de sérieuses inquiétudes, et fournissait à l'étranger un prétexte à de violentes attaques contre la Roumanie. A ces causes de soucis, d'autres difficultés vinrent se joindre encore, par suite du mouvement insurrectionnel de bandes bulgares, ce qui donna lieu à de faux bruits, répandus à dessein, d'après lesquelles les velléités de révolte des Bulgares étaient favorisées ou soutenues par la Roumanie, d'où un redoublement de méfiance envers ce pays de la part de plusieurs grandes puissances.

Il appartenait au talent politique du prince Charles d'éclaircir et de dissiper tous ces malentendus.

L'esprit de devoir et la gravité avec lesquels le prince envisageait sa mission, ressortent d'une lettre du consul Bamberg, qui séjournait à Bucharest en 1868, et écrivait au prince Charles-Antoine:

„Le prince tient lui-même ses propres archives. A chaque moment de la conversation, il sait exactement où se trouvent telle lettre et tel document ayant rapport au sujet dont on parle. — Le prince appartient à ces natures profondément saines et bien douées pour qui la dure école de la vie est une occasion journalière de se former elles-mêmes. Il a des convictions et des idées arrêtées; il semble se rendre rapidement à celles qu'on lui oppose; mais il possède un rare talent pour se défendre avec finesse et pour revenir à son premier point de départ. Cette disposition d'esprit bien que non exempte de dangers, n'en constitue pas moins la condition primordiale et indispensable de l'individualité indépendante chez un prince régnant. Lorsque je me représente les conditions et les gens de ce pays, le décousu des capacités de travail chez ces natures chaudes, mais un peu molles et que je mets en regard le calme et la patience énormes d'un prince plein d'espoir, dans l'avenir de ces régions favorisées de la nature, j'admire en toute sincérité l'énergie intérieure que suppose une pareille assurance."

Certes, ainsi que le mentionne avec raison cette lettre, le prince Charles avait à traverser la rude école de la vie, car seul et sans appui efficace, il lui fallait parcourir la voie difficile dans laquelle il s'était engagé de son plein gré. Ses sentiments d'alors se reflètent dans les lettres écrites à son père, et nous y lisons au mois de février 1868: „Après l'hiver plein de soucis que je viens de passer, j'éprouve un véritable besoin d'avoir près de moi pour le printemps un des miens ou quelque bon vieil ami, car malgré le travail acharné et la continuelle tension d'esprit, la solitude agit néanmoins sur mon âme. Je n'ai personne à qui je puisse épancher mon cœur, personne qui puisse me distraire. — Voilà l'hiver terminé, Dieu merci, mais je ne voudrais pas en passer un second semblable. Il y a eu des moments, où je me sentais terriblement mélancolique au point d'être incapable de tout travail sérieux. Il y en a eu plus souvent, il est vrai, d'autres où le temps passait trop vite pout tout ce que j'avais à faire."

Dans le cours de cette année-là et pendant l'année suivante, une amélioration considérable se produisit heureu-

Le Prince Charles visite un couvent de Moldavie (1868).

sement dans la situation intérieure, grâce aux dernières récoltes excellentes, qui facilitèrent le paiement des impôts et permirent de combler de forts arriérés. Les finances se relevèrent, et l'on put régler chaque mois les dépenses et attribuer des sommes importantes au fonds de réserve. De même un souffle nouveau sembla animer les diverses branches de l'administration; on travaillait plus régulièrement et plus vite, et si quelques irrégularités et quelques malversations se manifestaient encore de temps en temps, on ne voyait plus d'abus criants. comme autrefois; l'exportation avait triplé, d'importantes conventions postales avaient été conclues avec la Russie et l'Autriche, et le service national des postes fonctionnait avec une plus grande régularité.

La fin de l'année 1868 avait amené, sous la présidence du prince D. Ghika, un nouveau Ministère auquel le prince Charles exprima sa confiance, en manifestant l'espoir qu'il reussirait à écarter toutes les divisions et à grouper autour du trône tous les enfants du pays pour le salut de la patrie. Ce changement de Ministère contribua à améliorer considérablement, au commencement de 1869, les relations de la Roumanie avec l'étranger. On évita tous les conflits, principalement avec la Porte, et les élections du milieu d'avril donnèrent des résultats favorables au gouvernement, car sur 150 députés, 10 seulement de l'opposition avaient été élus.

Aussi, pendant l'été de 1869, le prince Charles pût-il enfin songer à réaliser un désir depuis longtemps caressé, celui de rendre une visite à ses chers parents et à ses frères et sœurs, désir exprimé en termes très vifs dans plusieurs lettres adressées au pays natal. A ce désir, s'en joignait un autre manifesté fréquemment; trouver une compagne qui partageât ses bons et ses mauvais jours. La famille du prince ne cessait de le conjurer de prendre quelque repos; même le prince héritier de Prusse lui écrivit plusieurs fois dans le même sens, lui faisant observer qu'un séjour de quelques semaines dans son pays natal réparerait ses forces et lui donnerait une vie nouvelle pour retourner en

Roumanie et reprendre avec plus d'énergie son œuvre journalière. La lettre faisait également allusion à la fiancée que les princes devaient se choisir personnellement, car un tiers ne pouvait qu'accomplir imparfaitement cette délicate mission.

Le surmenage et les séjours répétés dans des districts insalubres avaient occasionné au prince une violente attaque de malaria, de sorte que sa santé de fer habituelle avait été fort affaiblie. Mais les sempiternelles vissicitudes de la situation tant intérieure qu'extérieure s'étaient toujours opposées à un séjour à l'étranger; la situation meilleure permettait de songer à ce voyage tant désiré. Auparavant, — après s'être rendu au camp de Furceni et avoir entrepris quelques excursions dans des régions montagneuses de la Moldavie — le prince partit dans la seconde moitié du mois d'août pour Livadia afin d'y rendre visite à l'empereur Alexandre II de Russie, qui le reçut de la façon la plus cordiale, et à l'impératrice avec laquelle il était uni par des liens de parenté, Sa Majesté étant une cousine de sa mère. Cette visite, qui dura plusieurs jours, fut empreinte d'une harmonie parfaite; l'empereur à plusieurs occasions s'entretint avec son hôte sur les conditions politiques et économiques de son pays, et le prince Charles put espérer de se voyage des résultats politiques importants. Revenu en Roumanie, le prince assista aux manœuvres et se disposa à partir pour l'Allemagne, après avoir auparavant promulgué une amnistie pour tous les délits politiques et les délits de presse. En partant, il eut la satisfaction d'accomplir sa promesse de ne pas quitter le pays avant de pouvoir voyager sur un chemin de fer roumain, car le 7 septembre, au milieu des cris d'allégresse de la population, il prit à Bucharest un train qui le conduisit en deux heures et demie à Giurgi, d'où il continua son voyage sur son yacht „Etienne le Grand.“

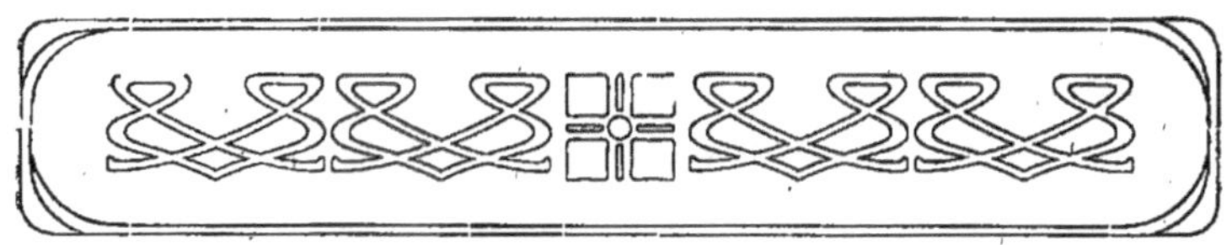

IX.

Voyage de fiançailles et mariage.

Après plus de trois pénibles années, l'heure sonna pour le prince Charles de revoir enfin le pays natal; il partit le cœur plein de joyeuses espérances, en remontant le Danube de Giurgiu à Basiasch, où malgré son incognito, une réception des plus cordiales lui fut réservée par les représentants du gouvernement autrichien et par la population. Ces bruyantes démonstrations éveillèrent chez le prince le souvenir des tristes journées du mois de mai 1866, et des circonstances incertaines, si pénibles, au milieu desquelles il avait séjourné à cette même place, inconnu, à la recherche d'un avenir gros de mystères. A Vienne, l'empereur François-Joseph lui ménagea l'accueil le plus amical, témoignant un vif intérêt pour les efforts du prince en faveur de la prospérité du pays roumain.

Le prince Charles eut également une entrevue avec le comte de Beust. Il savait de quel œil défavorable le Ministre Président suivait ses plans de réorganisation et de relèvement de l'armée roumaine. „Toute la Roumanie ressemble à un arsenal", avait-il dit en s'adressant aux Délégations. Au cours de l'entrevue, le comte de Beust ayant interrogé le prince sur la Roumanie, celui-ci parla de ses troupes et hasarda la remarque suivante: „Nous avons quelques arsenaux, . . . mais pour le moment ils sont vides!" Le chancelier se mordit les lèvres et ne répondit rien.

De Vienne, le prince Charles se rendit à Rheineck, où l'attendaient ses chers parents et ses frères et sœurs bien aimés; après les effusions intimes du premier moment, ils accompagnèrent le nouveau venu au château voisin de Weinbourg où des souvenirs de sa riante jeunesse vinrent en foule assaillir le prince, et où il passa cette fois encore dans le cercle étroit de la famille, des jours pleins de bonheur et de charme.

Pourtant, la politique troubla cette idylle depuis si longtemps désirée. Le 17 septembre, se présenta un délégué des Cortès espagnoles, venu pour offrir la couronne d'Espagne au prince héritier Leopold de Hohenzollern, frère aîné du prince Charles. Au cours d'une promenade au bord du Rhin, le délégué eut pour la première fois l'occasion de s'entretenir avec le prince Charles. Il lui déclara que la première pensée du peuple et du gouvernement espagnol avait été tout d'abord pour lui, car il était allé en Roumanie au milieu de circonstances particulièrement difficiles, le courage au cœur et confiant dans sa propre force, et y avait accompli en très peu de temps des prodiges en faveur de cet Etat. Le prince Charles repoussa avec toute son énergie la pensée d'échanger sa modeste couronne princière contre le trône illustre d'Espagne; le devoir et l'amour de sa nouvelle tâche s'y opposaient d'ailleurs formellement. Quant au prince héritier Leopold, il ne donna au délégué espagnol aucune réponse définitive, sans refuser néanmoins la couronne. Il mettait comme condition à son acceptation l'unanimité de son élection, l'absence de tout concurrent et l'impossibilité de complications politiques pouvant nuire à la maison royale de Portugal, avec laquelle il était étroitement apparenté.

Le séjour du prince Charles au milieu des siens dura

deux semaines, remplies d'agréables souvenirs, occupées par de nombreuses excursions, et terminées par une visite à sa sœur Marie, Comtesse de Flandre, à Bruxelles. Le frère voulait se convaincre par lui-même du bonheur conjugal de sa sœur. De Bruxelles, le prince se rendit à Baden-Baden pour revoir le roi Guillaume et son auguste épouse. Le roi avait conservé pour son neveu l'affectueuse amitié d'autrefois; il le serra dans ses bras, l'embrassa à plusieurs reprises et s'informa en détail de tous les événements importants des dernières années, sans ménager les sages conseils de son expérience politique et militaire.

De son côté, le prince royal de Prusse, toujours animé pour son cousin de la même ancienne et fidèle sympathie, avait exprimé déjà plusieurs fois par écrit, et répétait également de vive voix, son espoir de voir le prince Charles trouver bientôt une compagne digne de lui. Il recommanda de nouveau à l'attention de son cousin la princesse Elisabeth de Wied, qu'il connaissait très bien, et dont il peignit sous les plus vives couleurs l'esprit, le cœur, la noblesse de sentiments, l'instruction profonde et aussi les charmes rares. Il était, affirmait-il, tout disposé à ménager une rencontre, sans que la princesse en soupçonnât le but véritable, ajoutant qu'aucune tranquillité ne pourrait exister pour lui sur le sort de son ami avant de voir le prince Charles uni à une femme égale à lui par la naissance, professant les mêmes idées nobles et la même conception de sa haute mission. Le prince, sur qui ces descriptions enthousiastes n'avaient pas manqué leur effet, acquiesca volontiers à la proposition et exprima l'espoir d'une rencontre avec la princesse à son retour de Paris où il se rendit le 5 octobre.

Dans l'après-midi, il eut déjà à Saint-Cloud sa première entrevue avec l'empereur, qui témoigna à son parent une cordialité parfaite, lui réitérant plusieurs fois l'assurance de sa sympathie chaleureuse et constante pour sa personne et pour la Roumanie. Au cours d'entretiens confidentiels, Napoléon III conseilla au prince de toujours s'appuyer sur les puissances occidentales et de se méfier de la Russie, sans cesse à la poursuite de visées égoïstes en Orient. Le prince fit observer que la Roumanie toute entière professait les sentiments les plus vifs pour la France et qu'on n'y oublierait jamais l'appui politique prêté en maintes occasions par l'empereur et par son gouvernement. L'empereur parut au prince très vieilli et très souffrant; l'impératrice Eugénie ayant déjà entrepris son voyage pour l'inauguration du canal de Suez, il n'y eut pas de grandes fêtes à la cour, ce qui permit au prince de se retrouver plusieurs fois dans l'intimité de Napoléon. Celui-ci conféra à son hôte la grand'croix de la Légion d'honneur. Le jeune prince impérial, alors agé de 13 ans, fit une excellente impression sur le prince Charles, grâce à son air éveillé, à son maintien modeste et à son intérêt surprenant pour toutes les questions militaires. Le prince communiqua également à l'empereur son projet de mariage en lui nommant la princesse qu'il destinait à devenir sa femme. Napoléon III approuva le choix proposé par le prince impérial de Prusse, ajoutant que justement l'éducation des princesses allemandes était toujours excellente et soignée.

De Paris, le prince Charles alla à Cologne, où il rencontra le 12 octobre la princesse de Wied et sa fille, la princesse Elisabeth, dont il avait déjà fait la connaissance à la cour du roi de Prusse quelques années auparavant.

La grâce de la princesse, son abandon exempt de pose et plein de cordialité, sa conversation attrayante, le charme très vif s'exhalant de toute sa personne, captivèrent le prince Charles dès le premier moment, et sa décision ne fut pas longue en faveur d'une union indissoluble avec la princesse Elisabeth, si elle consentait à devenir dans son nouveau pays sa chère et fidèle compagne. Il fit part

de cette résolution à ceux qui l'accompagnaient; ceux-ci
lui conseillèrent de réfléchir encore quelque temps, mais
il repoussa ce conseil, car l'impression avait été trop forte

La Princesse Elisabeth (1866).

et le cœur avait parlé trop haut chez lui. L'hésitation
prolongée n'ayant jamais été son défaut, le prince y céda
encore moins dans cette circonstance, où son instinct
éclairé lui faisait pressentir le bonheur. Mais, de son côté,

le nouveau venu avait produit également une vive impression sur la princesse, car après le départ du prince, elle dit à sa mère: „Quel homme charmant que le prince de Roumanie! Au moins, avec lui, on peut s'entendre!"

Le Prince Charles (1866).

L'occasion d'une acceptation définitive n'allait d'ailleurs pas tarder. En effet, le même soir, le prince Charles se présentait chez la princesse de Wied pour demander la main de la princesse Elisabeth, et avec une joie profonde, il entendit le „Oui" de consécration.

9*

Le prince Charles put encore, pendant une heure et demie, trop rapidement écoulée, déverser les sentiments de son cœur auprès de sa charmante future, puis il lui fallut prendre congé, afin de se rendre par un train de nuit à Paris, où de pressantes affaires l'attendaient encore. Pendant tout le trajet, l'heureux fiancé ne put dormir, les yeux toujours fascinés par l'image gracieuse de la jeune princesse, qui allait partager désormais avec lui les peines et les joies de l'existence.

Si, dans la réalité de la vie, le prince Charles avait constamment montré un coup d'œil perspicace, il en fut de même ici pour son cœur; peu de mortels en effet semblent avoir été mieux créés l'un pour l'autre que la princesse Elisabeth et son fiancé, malgré plus d'une dissemblance de caractère. Comme lui, elle était ennemie de toute fatuité et de toute fausse apparence, comme lui avide d'activité, à la recherche d'un but poursuivi sans relâche, comme lui, elle voyait dans la vie, non un jeu frivole, mais un champ fertile en devoirs imposés par la Providence. Tous deux se rencontrèrent dans une même et profonde inclination pour la nature et l'art, un amour commun de la science et des belles-lettres.

De bonne heure du reste, la princesse avait manifesté ces goûts et ces tendances. Née à Neuwied le 29 décembre 1843, premier fruit de mariage du prince Hermann et de la princesse Marie de Wied, malgré sa vive nature d'enfant des bords du Rhin, elle témoignait un penchant marqué pour les rêveries méditatives, s'exerçant déjà dans son enfance à des poésies, à des contes, à des récits et même à des drames.

La nature s'était montrée d'une générosité prodigue envers elle, et ses parents, tous deux d'un esprit élevé, d'un sens éclairé, aux sensations vives et profondes, n'avaient rien négligé pour donner à leur fille une éducation exempte de tout bagage superflu. La famille princière de Wied passait l'hiver au palais de Neuwied, et l'été au petit château de „Monrepos" au milieu des bois. La forêt et la prairie, la paix et la solitude, murmurèrent leurs délicieux secrets à l'âme enfantine éveillée de la petite princesse. Sa mère, d'une simplicité charmante, exempte de préjugés étroits, pénétrée d'un profond amour du prochain, sérieusement instruite, pieuse sans bigoterie, fut toujours pour sa fille un guide plein d'indulgence et une amie. Le père se consacrait de préférence aux problèmes philosophiques les plus graves et publia plusieurs ouvrages de philosophie très appréciés; il aimait, de concert avec la princesse sa femme, réunir autour de lui des savants et des artistes, et profitait de ses lointains voyages pour recueillir de nouvelles idées et de plus riches expériences.

Afin de procurer quelques distractions à leur fille, les parents, d'une santé parfois délicate, l'envoyèrent à Berlin, à la cour de Prusse, au printemps de 1861; elle y séjourna plusieurs mois et trouva le plus gracieux accueil dans la famille royale, où elle devait apprendre à connaître son futur époux, comme il a été dit déjà, ainsi que la sœur de celui-ci, Marie, aujourd'hui Comtesse de Flandre, dont elle partageait les leçons et avec qui elle se lia d'une étroite amitié.

Puis, la jeune princesse accompagna sa tante, la grande-duchesse Hélène de Russie, à Saint-Pétersbourg, et en 1867, à Paris; ce voyage fut suivi d'une traversée en Suède et ensuite la vie calme et riante des bords du Rhin recommença.

La princesse Elisabeth avait sur le mariage et sur les devoirs de sa nouvelle vie des idées qu'elle exprimait, après ses fiançailles, dans une lettre au prince Charles-Antoine de Hohenzollern, père de son fiancé:

„Très gracieux Seigneur,

La grande bonté que Votre Altesse Royale m'a toujours témoignée, me permet d'espérer en ce jour que vous me recevrez amicalement dans le cercle de vos enfants et que je pourrai de nouveau employer avec amour le mot cher de père, dont je suis privée depuis si longtemps. La grandeur de la tâche que je dois accomplir ne m'effraie aucunement, à côté d'un homme aussi fort, aussi courageux. Je ne demande qu'à être guidée par lui, car je crois fermement que ce qu'il dit est bien.

„La difficulté de notre position et l'isolement qu'elle nous impose ne feront que nous unir plus étroitement et les orages extérieurs ne pourront franchir les portes et troubler la paix de notre maison. Sur le point de la fonder, je vous prie, cher et très gracieux Seigneur, d'accorder Votre amour et Votre bénédiction paternelles à celle qui est dorénavant, de Votre Altesse Royale, la fidèle et obéissante fille

Elisabeth.“

Dans une proclamation adressée de Paris au Conseil des Ministres, le prince Charles avait annoncé en Roumanie ses fiançailles, et le joyeux écho ne se fit pas attendre sous forme de dépêches de félicitations exprimées sur le ton le plus chaleureux. Le 17 octobre, le prince était arrivé à Monrepos auprès de sa fiancée. Ce jour étant un dimanche; il assista au service divin pendant lequel sa future femme tenait l'orgue. Au retour de l'église, il écrivit dans son journal: „L'amour récompense l'amour. Apporte à ton peuple le même amour, la même confiance que tu m'as témoignés: alors ce ne sera plus u n s e u l c œ u r fidèle qui battra pour toi, mais des m i l l i o n s d e c œ u r s s'uniront e n u n s e u l. Quant à moi, je m'estimerai heureux, car tu n'appartiens pas à moi seul — un peuple entier a des droits sur toi, un peuple entier jette sur toi des yeux confiants et assurés; ce peuple te rendra amour pour amour.“

Les fiançailles avaient reçu de toutes parts l'accueil le plus sympathique comme l'attestent les vœux chaleureux des familles princières apparentées ou amies. Madame Hortense Cornu, qui avait toujours affectueusement suivi la carrière du prince depuis sa plus tendre jeunesse, lui adressa de Longpont „les vœux les plus cordiaux et les plus joyeux à propos de son prochain mariage avec une femme digne de régner, c'est-à-dire de travailler, de penser avec vous.“ — Madame Cornu craint pour sa part de ne plus le revoir, attendu qu'à son âge, les années comptent double, mais elle est heureuse d'avoir pu au moins causer quelques heures brèves à Paris avec lui, qu'elle a connu tout enfant et qu'elle a vu homme fait. „Ici, à Paris, vous avez laissé une excellente impression! . . . . Nul doute que votre voyage ne profite à votre pays, en dehors même de la charmante souveraine que vous allez y ramener.“

Le mariage eut lieu à Neuwied le 15 novembre en présence de la reine Augusta — le roi de Prusse avait été malheureusement retenu à Berlin par des travaux urgents — d'un grand nombre de parents et d'hôtes princiers, parmi lesquels le Comte et la Comtesse de Flandre, puis des représentants officiels de l'empereur de Russie, de l'empereur des Français et du gouvernement roumain.

Le jeune couple passa les jours suivants dans l'intimité discrète du petit château de Monrepos, puis se rendit à Coblenz auprès de la reine Augusta chez qui on célébra la fête de naissance de la sœur du prince Charles, la Comtesse Marie de Flandre. Le 18 novembre, il fallut se séparer de Neuwied et des bords du Rhin; la gracieuse fille du vieux fleuve germain partait avec son mari pour sa nouvelle patrie!

L'entrée solennelle des nouveaux époux à Bucharest eut lieu le 24 novembre. Elle s'accomplit au milieu du tonnerre des pièces d'artillerie et du carillon de toutes les églises; la résidence, inondée d'un clair soleil, était richemeut parée. Le cortège n'avançait que lentement, et la foule enthousiaste rompit la haie des soldats pour entourer la voiture qu'elle submergea sous les fleurs. Après un Te deum à la Métropolie, le maire vint présenter ses salutations au couple princier, qui avait pris place sous un dais, dans une tente magnifique dressée près de l'église. Le prince, dans sa réponse, s'exprima en ces termes:

„Je suis très ému par les belles paroles que vous venez de Nous adresser. Je ne saurais assez vous exprimer la joie de Mon coeur en voyant avec quelle satisfaction et quel enthousiasme Mon mariage a été acclamé par la Capitale de la Roumanie, ainsi que par le pays tout entier. Ces sentiments si unanimes et si spontanés constituent un témoignage de plus de l'amour et du dévouement des Roumains pour leur Dynastie. J'espère que les mêmes sentiments rejailliront sur Mon épouse, qui a courageusement accepté de partager Mon dévouement à la grande mission que M'a confiée le peuple roumain."

Ensuite cinquante couples de paysans et de paysannes de toutes les parties du pays, mariés et dotés le même jour aux frais de l'Etat, en l'honneur du mariage du prince, défilèrent devant les souverains. Puis le cortège, accompagné d'une escorte de cavalerie, se rendit de là au palais où le prince conduisit sa charmante épouse dans sa nouvelle demeure. La princesse a raconté plus tard leur entretien: „Voici le palais", me dit le prince. — Je demandai: „Où donc?" — „Mais nous y entrons! me répondit-il en souriant. — „Je compris alors que c'est le souverain qui représente le palais, comme une pierre dans un champ peut aussi servir d'autel.

„Ce palais de Bucharest, construit à la hâte, était une ancienne demeure des Boïards. Le jeune souverain n'avait pas eu le temps de songer à en faire un séjour comfortable, passant ses nuits à examiner et à préparer les travaux amoncelés pendant la journée, — ainsi, le jour même de notre arrivée, je trouvai sur son bureau le premier projet du pont sur le Danube, dont la construction ne fut commencée qu'après vingt mortelles années de patience tenace."

Le prince Charles avait trouvé dans sa femme la vraie compagne digne de lui; leurs idées et leurs aspirations se rencontraient, se complétaient; l'enfant du Rhin à la sensibilité profonde, mais aussi pleine de vivacité et d'imagination, apportait le soleil et la vie dans l'existence jusque là solitaire du prince, toute consacrée au travail et peu féconde en joies. L'esprit sérieux, calme et réfléchi du prince pouvait désormais s'ouvrir à sa fidèle compagne; celle-ci avait conquis dès le premier instant l'amour de tous les Roumains et son âme sensible, poétique, immédiatement saisie par toutes les nouveautés qui l'entouraient, n'oublia jamais cependant la promesse solennelle faite au père de son mari: ,,Les orages extérieurs ne pourront franchir les portes et troubler la paix de notre maison."

X.

Les Années d'épreuves.

L'arrivée de la jeune princesse Elisabeth au modeste palais de Bucharest inaugura une ère nouvelle de vie ensoleillée, dont le reflet se communiqua au prince Charles, si pénétré de la gravité de ses actes et de sa responsabilité. Ne se sentant plus seul, ni livré à lui-même, pour ses idées et ses projets, il trouva chez la princesse sa femme non seulement l'affection d'une épouse, mais encore la fidélité d'une amie, pleine d'intelligence, de sollicitude et de dévouement pour tout ce qui concernait le gouvernement et le pays. Tout d'abord, la princesse s'efforça de se familiariser avec les mœurs et les coutumes de sa nouvelle patrie, car tout lui était ici complètement étranger; son âme sensible et sa tournure d'esprit poétique lui firent justement éprouver un vif intérêt pour toutes ces choses nouvelles. Toutefois, d'amères déceptions l'attendaient avant de parvenir à s'acclimater complètement et à bien saisir certains contrastes. Les souffrances physiques même ne lui furent pas épargnées, car peu après son arrivée, elle fut atteinte de la rougeole. Mais sa bonne constitution la fit triompher rapidement de cette maladie, et elle se consacra avec une ardente joie aux nombreux devoirs de sa position.

Elle faisait de fréquentes visites aux établissements de bienfaisance de la capitale, s'inquiétant des améliorations et des perfectionnements à y apporter; elle aimait à s'entourer d'enfants, à les régaler et à diriger leurs jeux.

La princesse Elisabeth accompagnait également son mari dans les manifestations plus importantes de la vie politique; ainsi, quelques semaines après son arrivée, elle assista avec lui à la séance d'ouverture des Chambres, où le prince exposa en termes clairs et précis la situation générale du pays, les relations de la Roumanie avec les puissances étrangères, les difficultés toujours très graves causées par l'état des finances, les résultats récents, déjà très bons, de la réorganisation de l'armée, la transformation complète des voies de communications, en train de s'effectuer et les progrès importants réalisés dans la construction des routes.

Ainsi qu'il a été dit, le prince consacrait une sollicitude toute spéciale au relèvement de l'enseignement et il éprouva une joie bien légitime en assistant avec la princesse à l'inauguration de l'Université de Bucharest, déjà fréquentée par 400 étudiants, et complétée par la quatrième Faculté de Médecine. Le Recteur ayant fait ressortir avec quel droit on pouvait désormais attribuer à Charles Ier l'ouverture des nouvelles écoles en Roumanie, le prince insista dans sa réponse sur la grande satisfaction qu'il éprouvait à voir la princesse sa femme, juste à ses débuts dans la vie roumaine, participer à l'inauguration d'un temple consacré à la science. Elle et lui espéraient que de ce temple jaillirait une lumière éclatante dont les rayons illumineraient le pays tout entier. Seule, la lumière de la science permet de reconnaître les devoirs du temps présent, tout en indiquant les bases solides d'un avenir moins obscur, plus heureux. L'importance d'un Etat et d'un peuple se mesure au niveau de leur culture intellectuelle, et la force d'une nation augmente avec le développement de son esprit.

Sous ce rapport, il y a encore beaucoup à faire en Roumanie; mais c'est aujourd'hui seulement que commence la mission du corps enseignant, et le prince espère que les maîtres de cette école supérieure deviendront de véritables prêtres de la science, pour animer les âmes de la jeune génération du feu sacré de l'idéal; la princesse et lui joindront avec un cœur joyeux leurs efforts pour seconder cette tâche; son désir est d'employer la puissance reçue de la volonté nationale à répandre l'instruction et à faire de la lumière; elle sera le plus solide appui de son trône.

L'hiver fut cette fois rempli par des fêtes plus nombreuses qu'auparavant; la princesse Elisabeth, par sa dignité enjouée, sa franchise aimable dans son rôle représentatif, gagna rapidement les cœurs. Le prince Charles goûtait un bonheur sans mélange dans l'intimité de sa maison, écartant avec soin de la princesse toute pensée troublante et l'initiant aussi peu que possible aux difficultés de la situation politique intérieure, alors pleine de périls. La question des chemins de fer surtout causait au prince de graves soucis, toujours croissants. Chose étrange en effet, l'établissement de voies ferrées n'était pas populaire dans le pays, et l'opposition exploitant de la pire façon ce sentiment pour faire de l'agitation contre le prince, l'exécution du projet ne marchait pas sans quelques symptômes fâcheux, dûs à la nouveauté et à la dificulté de l'entreprise.

De même, au commencement l'année 1870, de mauvais présages vinrent signaler la situation intérieure des partis. Ceux-ci, en effet, se trouvaient en opposition brutale, et leurs rivalités stériles apportaient le désordre dans les diverses branches de l'administration; l'intérêt personnel passait avant celui de l'Etat. De tous les côtés, chaque occasion était saisie et exploitée pour susciter au prince des désagréments. Il ne manquait pas de courants antidynastiques, dont l'opinion se manifesta par l'élection

Le Prince Charles (1870).

comme député du prince Kusa, chassé du pays. Le langage des feuilles de l'opposition devenait toujours plus haineux et plus violent. A plusieurs reprises, le gouvernement demanda au prince son autorisation en vue de poursuites judiciaires, mais il refusa constamment par aversion pour les procès de presse. A ces tracas, vinrent encore s'ajouter des intrigues panslavistes, dirigées également contre le prince et contre la Constitution.

Toutes ces raisons expliquent suffisamment l'anxiété du prince, qui fixait sur l'avenir des yeux découragés, se demandant s'il lui serait possible d'occuper plus longtemps son trône, puisque ses actes, uniquement inspirés par le sentiment de son devoir, devenaient une source d'insinuations hostiles, de calomnies odieuses contre sa personne et sa conduite. Des gens bien intentionnés lui conseillèrent à plusieurs reprises de changer le caractère par trop démocratique de la Constitution; il repoussa toujours cette idée avec la dernière énergie, voulant demeurer fidèle au serment prêté à cette Constitution. De leur côté, les puissances protectrices ne faisaient absolument rien pour consolider la position du prince, qui leur avait demandé en vain la suppression du pouvoir judicaire des consuls et l'érection de représentations officielles de la Roumanie auprès des cours. On lui refusait même le droit de conclure des traités de commerce, et l'on se réservait celui d'intervenir si le gouvernement montrait des velléités d'indépendance, comme par exemple dans la question des monnaies et même dans la reconnaissance du nom de „Roumanie", affaire de pure et simple formalité

Survint alors la question du trône d'Espagne, qui déchaîna la guerre franco-allemande, et rendit la position du prince Charles doublement difficile.

Pourtant, un rayon de bonheur vint consoler le couple princier au milieu de ces temps de troubles. Le 8 septembre au matin, à Cotroceni, naquit une fille, baptisée

solennellement le 13 octobre 1870, sous le nom de Marie.
Cet heureux événement, et la paix si calme de son intérieur,
furent la seule lueur de clarté pour le prince pendant ces
jours d'épreuve. Les nuages s'accumulaient de plus en
plus sombres sur sa tête et sur le pays; l'idée d'une abdication hanta une fois de plus son esprit. Mais avant
de mettre cette pensée à exécution, il voulut faire con-
naitre aux puissances protectrices les difficultés qui
s'opposaient au relèvement de la Roumanie. Son désir
était de donner à son successeur, revêtu d'une charge aussi
lourde, la possibilité de se rendre plus utile au pays que
lui-même n'avait pu le faire, empêché constamment par la
Constitution d'intervenir personnellement pour changer les
conditions élémentaires. Car le prince Charles se rendait
parfaitement compte de l'impossibilité pour la Roumanie
de jamais atteindre, dans de pareilles conditions, le but
qu'il s'était tracé. Pourtant le pays et le peuple roumain
lui tenaient trop au cœur; il voulait tout essayer, afin que
sa retraite ne devint pas pour l'Etat le signal de complications graves.

Le prince Charles pouvait se décerner en toute tranquillité de conscience le témoignage d'avoir toujours agi
loyalement, avec une bonne foi parfaite, de n'avoir voulu
que le bien de la Roumanie et d'avoir dirigé tous ses efforts
en vue d'assurer au pays un riant avenir. Quelle profonde
humiliation pour lui, si patient et si ferme, quelle amertume,
à la pensée de ne plus pouvoir persévérer dans sa tâche,
de quitter la place occupée de son plein gré.

Dans ses communications détaillées aux souverains
des puissances de garantie, le prince Charles leur dépeignit
la situation en Roumanie, exprimant la crainte de ne plus
être en mesure de résister aux passions de plus en plus
déchaînées des partis, et émettant la proposition de
confier au Congrès en perspective le soin de régler l'avenir
de la Roumanie. Seul, un régime fort était capable d'ap-

porter un remède aux maux intérieurs et extérieurs du pays, condamné à un état des plus lamentables en dépit de ses nombreuses ressources.

Le prince trouvait un encouragement, un conseil et une consolation auprès de son père, le prince Charles-Antoine de Hohenzollern, dont les longues lettres apportaient à son fils l'appui d'une amitié sûre et fidèle. Voici les termes d'une lettre du *22 février* 1871:

„Que tu renonces à une tâche irréalisable, cela ne pourra jamais nuire à ta réputation personnelle. Tu as montré au monde entier ta bonne volonté et tes capacités de gouverner la Roumanie. Tu ne t'es pas imposé, tu as été appelé et élu; tu as créé de grandes œuvres, régénéré l'armée et les voies de communication, répandu le bienfait des chemins de fer, fait d'innombrables dons aux églises et aux pauvres, protégé les arts et les sciences, prouvé la sainteté du mariage par le bonheur domestique, dépensé ta fortune par des libéralités de toutes sortes, tu t'es assuré ainsi, sinon pour l'instant, du moins pour plus tard, une mémoire bénie, même dans le cas où tu abdiquerais; tu auras prouvé à tes contemporains que ce n'est pas l'éclat illusoire d'une vraie couronne d'épines qui t'a ébloui et que le naufrage de tes honnêtes intentions et de ton désir de faire une œuvre utile t'a amené à cette résolution et fait agir en conséquence."

Aux luttes intérieures vinrent encore s'ajouter de graves difficultés du dehors. Stroussberg, l'entrepreneur responsable de la construction des chemins de fer roumains, déclara qu'il ne pouvait ni ne voulait payer le coupon échu des obligations de chemins de fer sous le prétexte — d'ailleurs malicieusement inventé — que l'Etat roumain s'était engagé au paiement des intérêts. Le prince prévit immédiatement les désastreuses conséquences de cette suspension de paiement inattendue: en Allemagne, où des milliers de personnes, sur la seule garantie de son nom, avaient placé leurs économies en titres des chemins de fer roumains — 250 millions de francs en tout — on le rendrait responsable de la crise, et en Roumanie également on ne manquerait pas de forger contre lui de nouveaux griefs, en lui reprochant d'avoir accordé trop de confiance à l'entrepreneur allemand. Aux yeux du prince, l'obligation devenait désormais évidente de rester à son poste, aussi longtemps que ce nouveau coup du destin ne serait pas surmonté et la question des chemins de fer complètement réglée. Profondément découragé, le cœur assailli de craintes funestes, il ouvrit à son père son âme éplorée:

„Si je parviens à triompher de cette monstrueuse affaire, je pourrai me flatter d'avoir subi l'épreuve du feu; mais alors ce sera fini avec ce jeu cruel, et j'espère que tu auras pour moi une petite place où je pourrai reposer mon cœur accablé. En tout cas, un coin bien silencieux et bien retiré où l'on puisse se faire oublier tout à fait pour un certain temps!"

De même la situation financière de l'Etat roumain devenait chaque jour plus critique. Pendant les 13 dernières années, d'après l'exposé du Ministre des finances Sturdza devant les Chambres, les dépenses de l'Etat avaient triplé, mais non pas les recettes.

„L'Etat a atteint l'extrême limite de ses moyens; sur les 84 millions de francs du budget des recettes, 34 millions sont prélevés pour le paiement des intérêts des fonds de l'Etat; il ne reste donc que 50 millions pour les dépenses administratives."

Puis la Prusse devint pressante à cause du paiement des coupons de chemins de fer échus, et dans les sphères de l'opposition, on partageait l'avis de mettre en accusation tous les Ministres ayant trempé dans l'affaire des chemins de fer et de se dédommager sur leur fortune personnelle des pertes éprouvées.

Aucun secours n'était à attendre de l'extérieur, ainsi

que le comte de Bismarck le déclara au prince dans une lettre; le chancelier faisait ressortir la méfiance de la Porte, ajoutant que la bienveillance personnelle de l'empereur de Russie envers le prince était dominée par l'idée traditionnelle de la politique russe, opposée à la réunion des deux principautés. L'Allemagne, elle non plus, ne pouvait intervenir efficacement dans les conditions politiques actuelles. La lettre contenait encore ces mots textuels:

„En tirant la conclusion de toutes ces considérations, je puis seulement avertir Votre Altesse qu'elle n'a a u c u n s e c o u r s à espérer de l'extérieur, mais à en attendre plutôt du mauvais vouloir. Votre Altesse doit donc prendre ses décisions, en se basant uniquement sur les ressources encore à sa disposition dans son propre pays. Si Votre Altesse attend une crise qu'Elle juge impossible à surmonter, il est avant tout de Son devoir et du devoir de Sa maison de ne prendre qu'une résolution indépendante et libre, ne paraissant entachée d'aucune contrainte extérieure, et de mettre clairement en évidence les purs et nobles motifs qui dirigeraient en ceci la conduite de Votre Altesse.“

Dans sa réponse à cette lettre, le prince s'exprima sur le ton inspiré par le sentiment de sa responsabilité:

„Les circonstances sont sérieuses ici; je puis encore au besoin utiliser les intrigues confuses des partis pour me maintenir aussi longtemps qu'il me semblera convenable. Je resterai à mon poste comme un capitaine doit y rester nuit et jour par une mer furieuse. Les vagues ballottent mon navire, l'élevant et l'abaissant tour à tour; mais aussi vrai que je compte sur l'aide de Dieu, je ne le laisserai pas périr! Je n'oublie jamais deux points importants: je ne veux pas non plus être assez dur de cœur et assez exempt de conscience pour laisser après moi le déluge! Cela concerne avant tout la situation financière, dont les conséquences peuvent devenir désastreuses pour le pays et pour l'étranger.“

Sur ces entrefaites, un incident survint dont la nature détermina le prince à envisager de plus près encore sa résolution d'abdiquer.

La colonie allemande de Bucharest célébra par un banquet, comme tous les ans, l'anniversaire de l'empereur Guillaume, le 22 mars; on avait pris la précaution de s'informer si rien n'y mettait obstacle, étant donné les dispositions politiques du moment, et le préfet de police, ainsi que le Ministre Président avaient répondu d'une manière rassurante, se portant garants du maintien de l'ordre. Néanmois, des scènes violentes se produisirent devant le local où se tenait le banquet, les fenêtres furent brisées à coups de pierres et plusieurs convives blessés par les projectiles, la police ne se montra nulle part, et seule l'intervention de la troupe put rétablir l'ordre.

Ces événements transportèrent le prince d'indignation; il la témoigna au consul général d'Allemagne, M. de Radowitz et aussi au Ministre Président Jan Ghika, qui s'était montré si peu à la hauteur de sa tâche. Le prince exprima à ce dernier l'attente de sa démission prochaine, annonçant qu'il convoquerait le lendemain les membres de l'ancien Conseil de Régence, pour leur remettre le gouvernement.

Le prince Charles manda le lendemain également D. Sturdza, pour lui manifester son intention; mais Sturdza, de concert avec les deux autres membres de l'ancien Conseil de Régence, L. Catargiu et N. Goleska — le troisième membre, le colonel Haralambi, était absent de Bucharest — supplia le prince de revenir sur sa décision, qui serait pour le pays une calamité douloureuse, car elle aurait pour conséquences immédiates la banqueroute de l'État et l'anarchie générale. Le prince leur exposa son impuissance à maintenir l'ordre et à améliorer les sombres conditions du pays, malgré sa volonté infatigable et la bonne foi de sa conduite. Mais les trois autres personnages revinrent à la charge pour le détourner de son projet, et

10*

après une longue hésitation, le prince, bien à contre-cœur cependant, déclara qu'il allait réfléchir encore et changer peut-être son intention, si un Ministère solide parvenait à se former pour faire accepter par la Chambre le budget et les lois financières; en cas de refus des Chambres, il quitterait immédiatement le pays. Une surexcitation énorme régnait dans la ville. Les bruits les plus alarmants circulaient, l'opposition redoublait ses attaques, la possibilité d'un conflit sérieux entre les partis était à redouter, les troupes consignées dans leurs casernes, les environs du palais occupés militairement.

La réunion des Chambres eut lieu le 23 mars à midi: Le Ministre Président Ghika leur communiqua sa démission, puis les députés s'assemblèrent en séance secrète, et là, L. Catargiu leur fit part des négociations avec le prince. Cette assemblée secrète fut suivie d'une séance publique où la discussion fut très violente, et où s'échangèrent les attaques et les insinuations les plus haineuses. Toutefois, on décida de s'adresser au prince en le priant de former un Ministère, et le prince chargea L. Catargiu de sa formation, avec ordre de ne choisir que des hommes énergiques, sans avoir égard aux conditions de parti.

A minuit, L. Catargiu vint annoncer au prince la constitution du Ministère, dont il voulait prendre la Présidence, et le lendemain matin le prince pouvait déjà recevoir le serment de ses nouveaux conseillers; à cette occasion, il leur exprima son espoir de devenir bientôt, grâce à leur concours, maître de la situation si difficile du pays. Les jours suivants furent encore marqués à la Chambre par des séances agitées, et dans la capitale, les excitations de la période précédente trouvèrent bien encore çà et là un écho; mais, au cours d'une promenade entreprise par le couple princier à travers les rues encombrées d'une foule compacte, le prince et la princesse reçurent partout les témoignages du plus profond respect; il en fut de même pour le prince lors d'une longue promenade à cheval dans les quartiers les plus animés.

La conduite résolue du prince Charles pendant cette période critique avait produit de toutes parts l'impression la plus favorable, et l'on savait également gré au Ministère de sa ferme intention de maintenir l'ordre, coûte que coûte, dans la capitale et dans le pays, où d'ailleurs les troubles de Bucharest étaient demeurés sans écho.

„L'avenir est impénétrable devant moi, mais plus le danger est grand, moins je me laisserai abattre." Ces paroles, écrites à la fin d'une lettre adressée à son royal oncle pour lui dépeindre tous ces événements critiques, reflètent l'énergie intérieure du prince. Pendant ces heures pleines d'angoisse, il conserva intact son sang-froid, sans se laisser entraîner à quelque démarche hâtive, signal de complications incalculables pour le pays. Après un temps très court d'hésitation, il entendit demeurer ferme et solide à son poste, peu enviable il est vrai tout d'abord, surtout à cause des profondes émotions que les démonstrations des rues avaient produites sur la princesse. Mais une fois sa décision prise, le prince Charles l'exécuta avec une résolution énergique; fidèle et constant, sage et persévérant, juste et exempt de préjugés, il continua à diriger le vaisseau de l'Etat, sans tenir compte des causes qui l'avait si profondément mortifié.

XI.

Le Calme après la Tempête.

Comme un orage vient rafraîchir l'air après des journées de chaleur accablante, de même les tristes événements dont on vient de lire le récit contribuèrent puissamment à éclaircir la situation politique de la Roumanie. Le printemps amena une amélioration sensible des conditions jusque là si tendues, les partis s'étant rendu compte de la responsabilité encourue pendant les dernières semaines. Le navire de l'Etat avait été à deux doigts de sa perte, et seule, la main énergique du prince Charles, ferme au gouvernail malgré la fureur de la tempête, l'avait préservé du naufrage. En effet, si dans un accès de douloureux désespoir suscité par les injures lancées contre lui, le prince Charles eût quitté le pays, ce dont personne n'aurait pu de bonne foi lui faire un reproche, une occupation turque et peut-être même une occupation russe, eussent très vraisemblablement suivi son départ. L'indépendance de la Roumanie, si longtemps désirée et obtenue après des luttes si pénibles, se fût ainsi trouvée remise en question. La conduite du prince au milieu de toutes ces alarmes n'avait pas manqué son effet durable. Les yeux se portèrent de nouveau vers lui avec une nouvelle confiance; dans la certitude désormais acquise, que lui seul pouvait garantir au peuple et au pays la stabilité nécessaire, on voulut accomplir les progrès espérés, et ne pas risquer une intervention des puissances de garantie, dont la méfiance contre la Roumanie, loin de disparaître, avait été encore ranimée par les récents événements.

Ce revirement de bonne augure se manifesta clairement dans la seconde moitié du mois d'avril 1871, au cour d'un long voyage entrepris par le prince et la princesse en Moldavie; le succès en fut éclatant et l'impression produite dans le pays entier excellente. La position du prince et du gouvernement fut consolidée encore, ainsi que l'étranger put s'en convaincre, par le démenti formel donné aux bruits d'une rupture de l'union des deux principautés et d'un nouveau réveil des visées ambitieuses du parti moldave.

Les élections législatives donnèrent des résultats satisfaisants et prirent une tournure plus calme que d'habitude. Le prince en exprima sa joie le 4 juin dans son discours d'ouverture de la session extraordinaire des Chambres, accueilli par des applaudissements unanimes. Il pria les représentants du peuple de soutenir le gouvernement dans l'accomplissement de sa tâche difficile, et affirma sa volonté infatigable de consacrer tous ses efforts à son auguste mission, ajoutant que la vraie liberté n'a rien de commun avec la licence sans frein et l'anarchie, car il n'existe pas de droit sans devoir, ni de liberté sans bon ordre. Le prince employa des termes analogues, lors de la remise de l'adresse des Chambres en réponse au discours du trône; il s'anima surtout, en rappelant combien ses intentions avaient été méconnues pendant l'hiver précédent; n'ayant jamais eu, déclara-t-il, la pensée de s'imposer au pays, il avait songé un instant à quitter son poste. Mais aujourd'hui, ou la nation lui avait donné des preuves si nombreuses de sa ferme confiance, il sentait revivre en lui un nouvel espoir, certain d'accomplir sa mission avec succès, grâce à l'appui patriotique de toutes les classes de la population.

A l'intérieur, la consolidation s'effectua encore au moyen d'un nouvel emprunt de 75 millions de francs, que l'Etat parvint à réaliser dans le pays même, preuve éclatante des ressources énormes de la nation et de la confiance des classes aisées, désormais assurées du maintien de l'ordre public.

Les troubles et les soucis des derniers mois écoulés avaient altéré la santé si robuste du prince; une fièvre violente s'empara de lui, et il dut garder le lit. De même la princesse ne s'était pas bien trouvée du séjour d'été dans les appartements mal aérés du monastère de Cotroceni, dont on avait rendu l'intérieur habitable, mais dont les environs étaient marécageux. Aussi le couple princier mit-il à exécution un projet conçu depuis longtemps, celui de se transporter à Sinaia avec la petite princesse au commencement du mois d'août. On pouvait voyager par chemin de fer jusqu'à Plojeschti, la ligne étant terminée, et de là on prendrait une voiture découverte. La princesse donnait libre cours à sa joie très vive suscitée par la variété des impressions qui venaient s'offrir à ses regards. De toutes parts, la population accourait en foule, les petits garçons et les petites filles, dans leurs costumes multicolores, apportaient dans les villages des bouquets et des fruits, des enfants tziganes en haillons se livraient à des démonstrations bruyantes et à des cabrioles effrénées, et, sous le bâton d'un montreur d'ours barbu, maître Martin exécutait en grognant ses plus jolis tours de force. La route allait sans cesse en montant et, tantôt à droite, tantôt à gauche, la Prahova, dans son large lit de rochers, roulait ses flots grondants et impétueux, surtout au printemps. De romantiques vallées ouvraient leurs riantes perspectives, puis les rochers aux cîmes rebelles se resserraient, laissant un passage à l'écume jaillissante des eaux de la rivière,

indifférente à tous les obstacles, insouciante des troncs
d'arbre déracinés et des blocs de pierre massifs, poursuivant,

Le Prince Charles et la Princesse Elisabeth avec leur fille
la Princesse Marie (1872).

en dépit de tout, son cours traversé çà et là par quelques
troupeaux de buffles aux longues cornes. Puis soudain,

surgissait la masse sombre d'une magnifique forêt d'arbres séculaires, dominée à l'horizon par l'imposante majesté des cimes dentelées aux reflets bleus, couronnées de neige scintillante, du Buceciu, ce roi incontesté des Alpes de Transylvanie.

Le géant semble considérer gravement à ses pieds le monastère de Sinaia, établi sur un large contre-fort, et dont les bâtiments peu élevés, les galeries toutes blanches, les toitures sombres et l'église si pittoresque, se dressent au-dessus des sinuosités des vallées silencieuses et de la mugissante Prahova, grossie juste au-dessous de la croupe de la montagne par les flots pressés de la Pelesch.

Mais le monastère ne présente pas un aspect imposant seulement à distance; il offre encore un charme attrayant dans son voisinage immédiat. Il se divise en deux parties: la première et la plus ancienne, sorte de forteresse carrée, entoure de petits bâtiments, noyés sous le lierre et le feuillage, une cour au milieu de laquelle se dresse la petite chapelle aux murs jaunis, bâtie en 1695, comme l'indique une inscription de la paroi, flanquée de colonnes décorées d'ornements et de figures d'anges. Mais longtemps avant cette date, un établissement monacal avait déjà existé là, jusqu'au moment où Michael Cantacuzène, de l'illustre famille princière byzantine émigrée en Valachie, mit à la disposition des moines de l'argent et des terres pour construire et entretenir une chapelle et un monastère, qu'il baptisa du nom de Sinaia, en souvenir du mont Sinaia et de son célèbre couvent. En dépit de sa solitude, le monastère de Sinaia fut souvent le théâtre de combats sanglants, livrés par des Turcs et des Russes, des Autrichiens et des Hongrois, même par des brigands et des soldats rebelles, pour sa possession, qui domine la route d'invasion de Hongrie en Roumanie. La chronique dit même que plus d'une fois les moines prirent les armes et défendirent courageusement leur propriété.

Mais une paix complète régnait à l'arrivée du prince et de la princesse. Dans le cloître, des vases vermoulus aux formes antiques étaient remplis de fleurs épanouies, des hirondelles nichaient sous les toits en saillie, les pinsons prenaient leurs ébats joyeux dans l'épais enchevêtrement des feuilles, tandis que l'eau d'une fontaine coulait en clapotant dans un bassin profond. Les moines, en longues robes noires, la tête coiffée du haut bonnet de velours noir, d'où pendaient leurs longs cheveux, firent une réception solennelle au couple princier et l'accompagnèrent, après un court service divin, célébré dans l'église claustrale, aux appartements qui lui étaient destinés.

Peu après son avénement au trône, le prince Charles avait visité ce lieu et y avait ressenti un tel sentiment de bien-être, que plusieurs fois il était venu s'y reposer quelque temps, pendant les fortes chaleurs de l'été, en priant les moines de lui donner l'hospitalité, car il n'existait aucun autre logement. Celui du prince, situé dans une des galeries latérales, consistait en quelques petites chambres au rez-de-chaussée, la plus grande de huit mètres carrée, tandis que les chambres à coucher, avec un lit étroit, une table de toilette et une chaise, se trouvaient remplies. C'est là où le prince introduisit la gracieuse fille des princes rhénans, au cœur enjoué, à l'esprit délicat; mais elle, près d'un époux chéri et d'une petite fille toute mignonne, ne prit pas garde, au milieu de cette contrée féerique, aux désagréments d'une installation un peu trop primitive.

Plus tard, la situation s'améliora après la construction du bâtiment neuf à droite de la grande église, avec six chambres, encore petites cependant; mais elles étaient plus confortables et plus spacieuses quand même, toutes donnant sur une galerie supportée par de minces colonnes en bois d'où les yeux enchantés et ravis embrassaient ce paradis terrestre. En bas, l'étroite vallée boisée de la Pelesch et celle plus large de la Prahova, d'où s'élevait le bruit tumultueux et retentissant des eaux; en face, les chaînes de hauteurs du Piscu Cainelui, couvertes de forêts ombragées, au-dessus desquelles planent en cercle l'aigle et le faucon; au nord, les maisonnettes des villages de Poiana, de Tatului et de Busteni; enfin, au sud, les hauteurs de Sinaia et à leur pied, un joli hôtel dans le style suisse, déjà existant à cette époque.

La solitude parfaite et le repos solennel de ce séjour enchanteur convenaient à merveille au prince et à la princesse, accompagnés seulement de quelques fidèles, et tout au bonheur ensoleillé par la présence de leur petite fille, au sujet de qui le prince écrivait alors à son père: „C'est un vrai plaisir de voir comme notre chère enfant se développe", et une autre fois: „Dès que j'ai un moment de libre, je joue avec elle; cette charmante petite est toute ma joie!"

De fréquentes et longues excursions au loin entremêlaient cette existence de famille, et tandis que le prince partait de bon matin pour chasser l'ours, la princesse se rendait à midi avec ses dames d'honneur à un lieu de rendez-vous convenu, afin d'offrir aux chasseurs affamés un bon repas et des boissons rafraîchissantes. Certain jour, un ours s'en vint pousser une petite pointe jusque dans le voisinage du monastère; il rencontra une jeune demoiselle d'honneur qui faisait par là sa promenade, et accourut toute tremblante d'effroi raconter son aventure.

Les années qui suivirent accélérèrent le développement pacifique de l'Etat, et marquèrent de grands progrès dans la culture générale du pays. La fâcheuse question des chemins de fer avait été réglée par une loi, et la construction des voies ferrées en Roumanie se trouvait désormais assurée; l'enseignement scolaire témoignait d'une amélioration sensible, ainsi que l'organisation de la justice, et l'administration des prisons; dans le domaine ecclésiastique même, des changements décisifs étaient survenus.

Mais le prince Charles consacrait avant tout un soin particulier à l'instruction de l'armée, et dirigeait chaque automne
des manœuvres d'une grande envergure. Ces manœuvres
imposaient de dures fatigues aux troupes dont la tenue
et les efforts obtinrent la satisfaction du prince qui bivouaqua à plusieurs reprises au milieu de son armée.

La loi militaire avait été étendue; le prince Charles
procédait toujours personnellement aux inspections,
non-seulement à Bucharest, mais aussi dans les grandes
villes, l'armement faisait d'importants progrès, des écoles
militaires furent fondées, de nouvelles casernes bâties, et
un nombre considérable de bataillons de la milice ainsi
que la garde nationale réorganisée prirent part aux manœuvres d'automne.

Un voyage à l'étranger, entrepris par le couple princier
pendant l'été de 1873, fut suivi d'un nouveau séjour pro-
longé au milieu des bois silencieux de Sinaia, où le prince
fit l'acquisition d'un vaste terrain destiné à la construction
d'un château. La reine Elisabeth aime encore beaucoup
aujourd'hui parler de ces temps de bonheur sans mélange,
où la famille princière ne disposait pas même au début
d'une salle à manger, mais prenait ses repas dans le couloir,
en attendant que les moines quittassent le réfectoire. Ce
couloir était si sombre qu'il fallait, pour y voir clair, laisser
la porte ouverte, car il n'existait pas de fenêtres. Le
mobilier se réduisait à une table en sapin et à quelques
chaises de bois, les murs étaient badigeonnés de blanc,
et le soir, l'éclairage consistait en deux bougies suspendues
dans des lanternes. La princesse dut également renoncer
au luxe d'un salon; la chambre à coucher était divisée
en deux par un rideau blanc, et dans la moitié de devant,
on avait pu installer un piano; très-souvent, les voix
fraîches des demoiselles d'honneur retentissaient dans le
silence des nuits étoilées, ou bien toutes chantaient en
chœur des airs populaires roumains et allemands: „Les

murs semblaient s'élargir d'eux-mêmes, l'imagination nous montrait les objets d'art les plus merveilleux, nous étions jeunes et dévorés d'enthousiasme pour notre idée, pour notre vie de sacrifice, et nous ne trouvions aucune incommodité trop grande".

La vie du prince et de la princesse était surtout illuminée par leur petite fille Marie, appelée familièrement „Itty" et de jour en jour plus gentille. Pourtant, ce bonheur devait trouver un terme au printemps de 1874. Le dimanche de Pâques même, la petite princesse tomba malade; quelques jours auparavant, elle avait été avec sa gouvernante visiter, comme souvent, l'asile Hélène, près de Cotroceni, un grand orphelinat où l'enfant aimait à jouer avec les petits compagnons de son âge. C'est là sans doute qu'elle contracta la fièvre scarlatine, qui se déclara avec une extrême violence. Le 9 avril de grand matin, la charmante petite fille, qui avait supporté en silence les tourments de son mal, s'endormit du sommeil éternel. „Dans ces moments-là, il n'y a pas de consolation", écrivait à son fils le prince Charles-Antoine. Les parents profondément affligés trouvèrent à peine une consolation dans la participation générale de tout le pays, qui se manifesta par des preuves touchantes d'amour et de dévouement. Le 10 avril à midi, la petite princesse Marie fut conduite à sa dernière demeure près du monastère de Cotroceni, au milieu de la consternation d'assistants appartenant à toutes les classes de la population.

Le prince Charles adressa à son peuple des paroles de remercîment émues pour ce deuil général, seul capable d'apaiser sa douleur: „Le souvenir le plus doux que notre fille défunte nous a laissé comme un trésor précieux, c'est son amour sans bornes pour le pays de sa naissance; amour si vif, qu'en dépit de son âge si tendre, notre chère petite sainte fut saisie de la nostalgie du pays, lors de son premier séjour à l'étranger. La religion de notre enfant bien-aimée, la langue qu'elle parla, ont reçu pour nous une consécration nouvelle, car chaque mot roumain venant frapper nos oreilles, nous apportera comme un écho de sa voix muette désormais pour nous sur cette terre. Le lien le plus étroit de l'intimité de notre famille est rompu, mais un lien d'autant plus solide nous unit avec notre grande famille, le peuple roumain, qui pleure avec nous notre enfant et le sien".

La poésie fut pour la princesse Elisabeth une douce consolation au milieu de son affreuse douleur. Son chagrin profond s'exhala dans maint poème empreint de tristesse, écrit dans son journal, et destiné seulement à elle et au prince son mari. Ce fut le poète roumain V. Alexandri qui l'encouragea à traduire en allemand une série de légendes et de contes roumains mis par lui en vers aux rimes harmonieuses. La princesse se mit à l'oeuvre, avec son ardeur habituelle pour tout ce qui l'intéresse; elle forma également le projet de traduire en roumain les plus beaux morceaux de la poésie allemande et écrivit à ce propos à sa mère: „N'est-il pas admirable que le ciel, en m'enlevant d'une main ceux que j'aime, fasse naître de l'autre dans mon sein l'épanouissement le plus noble et le plus pur, quelle façon délicieuse et attrayante de servir mon pays en lui faisant connaître par une traduction en langue roumaine les trésors spirituels de ma patrie!"

Au-delà des frontières de la Roumanie, l'importance de l'oeuvre civilisatrice et élevée du prince Charles était de jour en jour mieux comprise, comme il ressort d'une lettre de l'éminent linguiste Max Müller, professeur à Oxford, qui avait rencontré le prince et la princesse lors de leur séjour sur le sol anglais pendant l'été de 1874. Après avoir exprimé sa joie d'avoir eu le bonheur de faire la connaissance de deux personnages aussi dignes de leur rang, aussi nobles de coeur que le prince et la princesse, après avoir insisté sur l'estime particulière dans laquelle il tient le prince à cause de sa qualité rare — rare surtout dans nos conditions sociales faussées, purement artificielles — d'avoir le courage de se montrer tel qu'il est, le savant professeur continue en ces termes: „La grandeur de l'oeuvre entreprise par Votre Altesse apparaît maintenant à mes yeux dans toute sa lumineuse clarté. Cette oeuvre exige l'héroïsme le plus sublime, l'héroïsme de la patience! Pour semer sans espoir de récolter, il faut une foi bien rare de nos jours. Si j'étais plus jeune, j'offrirais avec enthousiasme mes services a u m a r g r a v e d e l a c i v i l i s a-t i o n e u r o p é e n n e s u r l e s r i v e s d u D a n u b e, et je n'aurais pas de repos avant que les écoles et les Universités ne fussent devenues l'orgueil de son peuple et le modèle de l'univers entier! — Les canons, les chemins de fer, sont nécessaires, mais plus nécessaires encore sont les écoles: elles constituent le plus saint des devoirs. Aimer ou améliorer notre prochain est une tâche souvent difficile; aimer et améliorer les générations qui nous succèderont immédiatement est une mission à la portée de tous. Quand le budget de l'amour (l'éducation) sera à la même hauteur que le budget de la haine (la guerre), alors la Marche de l'orient pourra demeurer, même sans traités, sous la protection de l'Europe."

L'année 1875 fut également marquée en Roumanie par une nouvelle phase heureuse de développement calme et réfléchi.

Le budget de l'Etat avait atteint le chiffre de 100 millions, c'est-à-dire presque le double de celui de 1866. La situation économique du pays éprouva une autre amélioration, par suite de traités de commerce conclus peu à peu avec les principales puissances, en commençant par l'Autriche-Hongrie, sans se préoccuper, comme dans les autres questions importantes, des protestations ni du consentement de la Turquie. Résolutions d'une immense portée, car elles renfermaient le germe de l'indépendance de la Roumanie. D'autres progrès furent également réalisés dans un autre sens, notamment à Bucharest même, où l'on s'efforça avec succès de transformer la capitale et de la rendre de plus en plus digne de son titre.

Pendant ses nombreux voyages dans le pays, le prince Charles consacra un soin particulier à la conservation des monuments commémoratifs encore existants, qui avaient eu fortement à souffrir de l'indifférence et de la négligence précédentes. C'est ainsi qu'il inspira la restauration de l'église de Arges, étroitement liée à un grand nombre de souvenirs historiques, et en confia l'exécution à un éminent architecte français parfaitement familiarisé avec les phases diverses de l'art architectural byzantino-oriental.

Dans ce même été, le *22* août, après des difficultés techniques innombrables, enfin surmontées, eut lieu la pose de la primière pierre du „Castell Pelesch". A cette occasion, en frappant les trois coups de marteau, le prince exprima le voeu suivant: „Puisse ce château surgir de ses fondations et s'achever heureusement, afin de devenir un jour le berceau de ma dynastie et de celle du pays!"

La préparation de l'armée en vue de la guerre formait l'objet du zèle le plus constant du prince. Lors de l'inauguration du monument équestre de Michel le Brave, célèbre à la fin du 16e siècle par ses glorieuses victoires sur les Turcs, le premier monument roumain consacré à un héros national, le prince Charles prononça de prophétiques paroles. Après avoir attribué à Michel le Brave l'esprit militaire dont l'armée roumaine était animée et qui pénétrait de son souffle la nation entière, il poursuivit en ces termes: „Je suis fermement convaincu que le temps de l'énergie virile n'est pas encore passé, et que la Roumanie se lèvera comme un seul homme au moment du danger pour faire son devoir. Puisse Dieu me donner ce jour là la force de répondre aux espérances du pays, afin de graver dans l'âme de la génération future un nouvel élan de reconnaissance envers les défenseurs du sol roumain!"

Cet avertissement n'était pas donné sans raison, car il fallait envisager la possibilité d'une tournure fâcheuse de la situation en Orient, et se préparer à de sanglants conflits. Une agitation de mauvais augure fermentait au Monténégro, en Bosnie, en Herzégovine, en Bulgarie et en Serbie. Dans les territoires turcs des Balkans, habités par une population chrétienne, des insurrections préparées de longue main éclataient de toutes parts, réprimées ici avec une cruauté barbare par les troupes turques, renaissant là avec une fureur nouvelle. L'attitude de la Roumanie envers la Turquie était également tendue, la Porte se refusant à faire les moindres concessions. Le prince prévoyait même une mobilisation de son armée, conférant sur les détails avec le Ministre de la guerre et se rendant compte lui-même de l'existence des approvisionnements et munitions nécessaires.

A l'automne, il écrivit à son père et lui dépeignit avec une sage perspicacité la situation politique en Orient: „Les troubles de la Péninsule des Balkans, bien qu'apaisés en apparence, sont encore loin de leur fin. L'insurrection fait en silence de grands progrès et se propage comme un avalanche. Comme elle n'avait nullement, au début, de but national ou politique, et n'était qu'une protestation contre le poids écrasant des impôts, dont les paysans chrétiens espéraient s'affranchir par la force des armes, la tranquillité ne pourra être rétablie avant que des réformes radicales n'aient mis un terme aux agissements des Pachas. L'Orient chrétien est fatigué de la mauvaise administration turque. Sans l'entente des grandes puissances, on en serait arrivé, depuis longtemps déjà, à de sérieuses complications. Ces complications sont pour le moment ajournées, mais non pas supprimées. La haute diplomatie est impuissante à résoudre la question orientale, qui ne peut-être tranchée qu'en Orient même, sur le théâtre de la guerre, avec le concours des peuples directement intéressés. La politique de la Roumanie a actuellement pour but de tirer profit des événements."

Quelques mois plus tard, le prince écrivait encore: „Mon chemin est tout tracé et je n'ai qu'à le suivre, sans m'en laisser détourner par les orages ni par les tempêtes."

En effet, les orages et les tempêtes allaient bientôt fondre sur le pays; ils trouvèrent le prince Charles à son poste, en fidèle et clairvoyant margrave de la civilisation européenne sur les rives du Danube, comme l'avait qualifié Max Müller dans le lettre cité plus haut, en gardien vaillant des droits de la Roumanie et en protecteur puissant du peuple roumain.

XII.

La Guerre russo-turque; l'indépendance de la Roumanie proclamée.

L'année 1876 vit s'accumuler sur l'Orient des nuages menaçants, préludes des violentes tempêtes qui allaient bientôt éclater. Une agitation constante fermentait dans différentes régions des Balkans, et tous brûlaient du désir de secouer la domination turque dans une lutte décisive. La population chrétienne de Bosnie et d'Herzégowine s'était soulevée et avait pris les armes, avec l'appui secret de la Serbie et du Monténégro. Les Turcs ne disposant que d'un petit contingent de troupes dans les deux provinces en question, les insurgés remportèrent d'abord d'assez nombreux succès, propres à stimuler l'humeur belliqueuse des patriotes serbes et monténégrins. De même, l'insurrection s'alluma sur des points très divers du territoire bulgare, mais elle fut bientôt réprimée avec la dernière énergie par les Turcs, non sans donner lieu à des scènes de la plus révoltante cruauté. Dans le courant de l'été, la Serbie et le Monténégro déclarèrent la guerre à la Porte. Tandis que les Monténégrins, remplis du feu sacré de l'enthousiasme et conduits par leur prince Nicolas, aussi vaillant qu'habile homme de guerre, remportaient plusieurs victoires sur les Turcs, l'armée serbe, placée sous le commandement du général·russe Tschernajew, et comptant dans ses rangs de nombreux „volontaires" russes, fut repoussée sur divers points par les troupes ottomanes.

Le contre-coup de ces événements ne manqua pas de se faire sentir en Roumanie. On était convaincu de l'intervention de la Russie dans les troubles de l'Orient au moment décisif, et de l'imminence d'une guerre entre. l'empire du Tzar et la Turquie. Du côté russe et autrichien, comme, aussi du côté turc, on ne s'était pas fait faute de sonder la Roumanie sur ses intentions. Mais le prince Charles évita tout d'abord de se prononcer définitivement, en évoquant les décisions de la Conférence de Paris, et en prenant toutes les mesures dictées par une sage prévoyance. Son principal souci était d'avoir l'armée prête à faire la guerre; aussi entreprit-il de nombreuses inspections des divers corps de troupe, des magasins d'approvisionnement militaires, des casernes, des écoles militaires, constatant partout d'importants progrès pour lesquels il exprima sa profonde satisfaction dans des ordres du jour élogieux.

La situation difficile de la Roumanie apparut bientôt dans le mécontentement de la Russie, furieuse du refus opposé par la Roumanie, en vertu de son attitude rigoureusement expectante et des traités fidèlement observés, de laisser libre passage aux volontaires russes et aux divers transports dirigés sur le théâtre de la guerre turco-serbe. D'autre part, la Turquie, pleine de méfiance, accusait la Roumanie, bien à tort d'ailleurs, de soutenir ouvertement les Serbes.

On aurait pu croire que, pendant cette phase critique, les partis roumains alleaient se grouper autour du prince et de l'étendard de la patrie. Il n'en fut rien malheureusement; les dissensions de parti éclatèrent de plus belle, sous la forme la plus violente souvent, les élections eurent un résultat défavorable au gouvernement, et plusieurs Ministères durent être successivement formés

D'autres soucis non moins graves étaient suscités au prince par la situation financière accablante, car elle compromettait les crédits déjà accordés et indispensables pour l'équipement de l'armée. Les banques ne voulaient mettre à la disposition de l'Etat les fonds nécessaires qu'au taux de 12 pour cent, et il fallut recourir à une émission de 16 millions de francs de bons du Trésor, remboursables au moyen d'un emprunt des chemins de fer précédemment autorisé.

Le 22 mai, fut célébré solennellement le 10ᵉ anniversaire de l'avènement au trône du prince Charles. Après le Te Deum, chanté à la Métropolie, eut lieu une revue, puis dans l'après-midi des réceptions officielles, et le soir, un dîner réunit au palais les Ministres actuellement en fonctions, les anciens Ministres ainsi que de nombreux dignitaires. Dans un discours chaleureux, le primat métropolitain exprima au prince les sentiments de reconnaissance et de dévouement du pays pour tout le bien accompli par lui jusqu'alors. Le prince, très ému, répondit: „Tout en envisageant les difficultés d'une si grande tâche, Je n'ai vu, dans le puissant appel qui M'était fait, qu'un devoir à remplir, une belle mission à réaliser: celle d'aider un noble peuple, éprouvé et tourmenté par des souffrances et des luttes séculaires, à s'assurer une existence nationale indépendante et à conserver intacts ses droits antiques et sacrés. Je suis fier de pouvoir dire aujourd'hui que Je ne Me repens pas de l'impulsion de Mon coeur et que la confiance mise par Moi dans la nation roumaine à été pleinement justifiée.“

Et, à ces paroles chaleureuses, il ajoutait, plein du sentiment de sa haute mission:

„Il appartient maintenant à l'énergie et au dévouement de tous les fils de ce pays, il appartient à la prudence politique des corps de l'Etat, il M'appartient à Moi aussi, — permettez-moi cette affirmation — il appartient à Mon

zèle, à Mon activité, et à Mes efforts infatigables, de faire
que la nouvelle situation politique de la Roumanie reçoive
une consécration européenne.‟

En dépit des nombreuses désillusions, le prince Charles
n'en était pas moins autorisé à envisager d'un oeil satisfait
les résultats déjà obtenus depuis ces dix années. L'étranger
comptait très sérieusement avec l'importance politique
et militaire de la Roumanie, et malgré les luttes des partis,
le prince savait que la population, autrefois sur la réserve
ou même hostile à son égard, avait apprécié, et appréciait
encore à sa juste valeur, avec reconnaissance, ses incessants
efforts pour le bien du pays. On s'était de plus en plus
délivré de la vassalité à l'égard de la Turquie et l'heure de
l'indépendance complète semblait prête à sonner.

Pendant le printemps et l'été de cette même année, un
double changement de Sultan s'était produit à Constantinople.
A la fin du mois de mai, le Sultan Abdul-Asis avait été
déposé, et son neveu, proclamé sous le nom de Mourad V.
Mais il ne conserva le trône que pendant trois mois, fut
déclaré atteint d'aliénation mentale et remplacé par son
frère Abdul-Hamid II. Tous ces événements avaient été
inspirés par un Ministère composé de Vieux-Turcs. Sur
le théâtre de la guerre turco-serbe, les troupes turques
avaient été victorieuses partout et la route de Belgrade
leur était ouverte. L'empereur Alexandre II crut le moment
venu d'intervenir. Le 30 octobre, il fit déclarer à la Porte
que si elle n'accordait pas aussitôt une suspension d'armes,
il considérerait ses relations diplomatiques comme rompues
avec la Turquie; cette dernière puissance accepta la proposition russe. En même temps, sur l'instigation de l'Angleterre, une conférence à laquelle devaient participer les
représentants de toutes les grandes puissances, fut con-
voquée à Constantinople pour régler d'une façon pacifique
les troubles de l'Orient. Mais avant la réunion de la conférence, l'empereur Alexandre déclara réserver sa pleine

indépendance d'action, pour le cas où la Porte ne remplirait pas les garanties qu'il exigeait d'elle.

C'etait là une manifestation éclatante des intentions belliqueuses de la Russie et l'on comprend sans peine à quel point la situation politique devenait tendue. Telle fut également l'impression de la députation envoyée par le prince Charles à Livadia, au commencement d'octobre, sous la conduite du Ministre Président Bratianu, pour y saluer le Tsar; le comte Ignatiew et le prince Gortschakow exprimèrent l'un et l'autre le désir de la Russie de conclure avec la Roumanie une convention militaire dénuée de tout caractère politique, la Russie ne pouvant pénétrer en Turquie que par le territoire roumain. Bratianu ayant fait remarquer qu'une entente entre les deux Etats pouvait facilement se réaliser si la Russie entreprenait la guerre avec le consentement des puissances de garantie, Gortschakow riposta sur un ton tranchant que la Roumanie devait accorder sans condition le passage des troupes russes, car autrement on se verrait dans l'obligation de considérer la principauté comme partie intégrante de l'empire ottoman et de l'occuper sans retard.

Bratianu objecta très habilement que la défaite infligée à une armée chrétienne, ne serait pas pour la Russie un commencement bien heureux d'une guerre déclarée en vue de libérer ses frères chrétiens du joug musulman; il déclara, en outre, que l'armée roumaine s'opposerait de toutes ses forces, sur le Pruth, à l'invasion des troupes ennemies.

Bratianu fit, plus tard, observer au comte Ignatiew que le ton menaçant et aigre employé par le prince Gortschakow, rendrait plus difficiles les négociations éventuelles. Le comte Ignatiew répondit qu'il ne fallait pas prendre au tragique les paroles du chancelier.

Lorsque Bratianu prit congé du prince Gortschakow, celui-ci lui dit: „Si la guerre éclate, nous nous entendrons sûrement." Bratianu lui répondit: „qu'une entente était dans l'intérêt des deux Etats et qu'il était à la disposition du prince Gortschakow pour discuter la question plus amplement."

Bratianu ayant rendu compte de sa mission au prince Charles, celui-ci écrivit à son père: „La mission envoyée à Livadia a été reçue avec une grande distinction. Cependant, les Russes ont manifesté leur étonnement de nous voir si tranquilles et si indifférents en présence des événements d'au-delà du Danube. L'appel des réserves a produit néanmoins une bonne impression et a obligé les Grecs à s'armer. Il paraît qu'en Russie, la surexcitation contre la Turquie est extraordinaire; tous poussent à la guerre. Seul, l'empereur reste debout, comme un bloc de bronze au milieu de cette grande agitation, on peut dire nationale, et à lui seul, il cherche à exercer une influence conciliante, pour arriver à une solution pacifique de la question orientale. Il veut assurer aux chrétiens de Turquie un sort meilleur. S'il ne réussit pas à réunir les grandes puissances dans ce but, il prendra les armes."

En attendant, le prince Charles faisait tous ses préparatifs pour le cas d'un conflit sérieux. Les réserves appelées au mois d'octobre furent maintenues sous les drapeaux au-delà du temps fixé, des exercices de combat répétés alternèrent avec des inspections des corps de troupe établis hors de la capitale. Des alertes furent données dans différentes garnisons, et le matériel de guerre se trouva complété avec une sage prévoyance, grâce aux 4 millions de francs accordés à cet effet par les Chambres à la fin de novembre. En même temps, on créa un certain nombre de nouveaux régiments, on fit tous les préparatifs en vue de la mobilisation, les points stratégiques les plus importants du Danube furent fortifiés et les garnisons renforcées, afin de pouvoir s'opposer énergiquement à une invasion des Turcs.

La situation périlleuse de la Roumanie en cas de guerre fut discutée au Conseil des Ministres dans la deuxième moitié du mois de décembre. La majorité des Ministres se déclara nettement pour la neutralité, quelques-uns opinèrent pour une entente avec la Russie; le prince Charles s'exprima en faveur de ce dernier avis. L'inquiétude augmentait dans le pays. La pénurie d'argent devenait de jour en jour plus sensible, beaucoup d'affaires restaient en suspens et les bruits d'une campagne imminente et d'une attaque des Turcs paralysaient le commerce et les transactions.

La Conférence s'était réunie à Constantinople à la fin de l'année 1876, et le même jour, 23 décembre, la Porte publia la nouvelle Constitution, toute pleine de beaux projets et de belles promesses. Mais cette Constitution, où était inscrit entre autres choses le libre exercice de la religion, ne fit que redoubler les velléités belliqueuses de la Russie; en effet, il était à présumer que les chrétiens prêts à se soulever en territoire turc, mettaient leur espoir dans la paix religieuse; ainsi le mouvement révolutionnaire en train d'éclater se trouverait étouffé, ce qui ne faisait pas naturellement l'affaire de la Russie. D'un autre côté, la proclamation d'une Constitution dans l'empire jusque là si autocratique des Sultans ne pouvait manquer d'exercer un contre-coup sur la population russe, dont la partie intelligente et libérale poussait depuis longtemps à l'adoption d'un régime constitutionnel. La Roumanie elle-même se ressentit de l'événement, car la nouvelle Constitution turque parlait de la dépendance des „Provinces privilégiées", indissolublement unies à l'empire ottoman, et pour toujours vassales du Sultan avec les princes placés à leur tête. La Roumanie vit avec raison dans ce passage une atteinte portée à son autonomie, et répondit par une note d'énergique protestation. Cette provocation de la part de la Turquie causa une grande effer-

vescence dans le pays et contribua à porter l'humeur belliqueuse à son comble.

L'année 1877 s'ouvrit sous un jour sombre et incertain.
On sentait que l'heure de la décision solennelle approchait,
et, du côté roumain, on la désirait ardemment, car l'incertitude dont se ressentaient les relations économiques les
plus importantes, la crise financière chaque jour plus aiguë
et pesant lourdement sur les esprits, tout cela était plus
dur à supporter que la perspective d'événements graves et
décisifs. Il fallait compter de plus en plus avec l'éventualité d'une guerre inévitable.

La Conférence de Constantinople s'était séparée sans
résultat le 20 janvier, la Porte ayant refusé, ainsi qu'il
convenait à son intégrité de souscrire aux deux exigences
capitales des grandes puissances: leur participation à la nomination des Gouverneurs dans les provinces chrétiennes,
et la création d'une Commission de surveillance composée
de plénipotentiaires des grandes puissances. En acceptant
de pareilles conditions, le Sultan pouvait s'attendre à une
révolution dans la capitale turque, car les chefs du clergé
musulman avaient déclaré: „Nous avons soumis les chrétiens et conquis le pays par l'épée; nous ne voulons pas
partager avec eux l'administration de l'empire, ni les
laisser participer à la direction des affaires du pays."

La Russie chercha à retarder jusqu'au printemps
l'ouverture directe des hostilités contre la Turquie, par
toutes sortes de négociations diplomatiques avec les puissances occidentales, mais en poursuivant dans ses régions-
frontières les préparatifs de la campagne, ainsi que les
pourparlers déjà entamés à la fin de 1876 avec la Roumanie,
en vue du passage des troupes russes par la principauté.
Entre temps, des officiers russes conclurent sur le territoire roumain différents contrats pour la livraison du matériel
de pont, de bois et d'approvisionnements; de même, avec
l'autorisation du prince, ils visitèrent les travaux de dé-

fense des points fortifiés du Danube. Des officiers de l'état-major, soumirent également au prince le plan du dispositif de la marche des Russes, et firent savoir que l'administration de l'armée russe fournirait à la Roumanie des pièces lourdes de position pour la défense et des chevaux pour l'artillerie.

Le 14 avril, le prince Charles convoqua un nouveau Conseil des Ministres, auquel furent appelés d'anciens Ministres et des hommes d'Etat éminents du pays. La majorité se prononça pour la neutralité de la Roumanie, mais le prince réitéra énergiquement ses arguments en faveur d'une action commune avec la Russie, et fit adopter une résolution ordonnant la mobilisation de toute l'armée. En outre, de nouveaux transports de troupes furent effectués vers le Danube; le prince assista au départ, réunit les officiers autour de lui, et leur exprima son entière confiance et la conviction que chacun ferait fidèlement son devoir, en servant l'Etat avec zèle et en cherchant à se distinguer.

De son côté, la Turquie n'avait rien négligé non plus en prévision d'une guerre; ses troupes en Bulgarie avaient été considérablement augmentées, et les fortifications du Danube renforcées en toute hâte et munies de grosse artillerie. On apprit que l'effectif de l'armée turque à Vidin et dans les environs s'élevait à 40 000 hommes, attendant le moment de franchir le Danube et d'envahir la Roumanie, alors que la garnison roumaine de Calafat ne comptait que 900 hommes, et qu'il en fallait 20 000 pour repousser l'attaque projetée par les Turcs.

Dans la seconde moitié du mois d'avril, le prince Charles avait signé le traité russo-roumain pour le passage des troupes russes par la Roumanie. Ce traité, comprenant 26 articles en tout, débutait par une déclaration du gouvernement russe, où était exprimé son désir de respecter l'intégrité territoriale de l'Etat roumain. De plus, le gouvernement russe prenait l'engagement formel de maintenir les droits politiques de la Roumanie, en veillant à leur observation conformément aux lois du pays et aux traités existants, c'est-à-dire de ,,maintenir et de protéger l'intégrité actuelle de la Roumanie".

Tandis que la princesse Elisabeth se préparait activement à ses futurs devoirs pour le soin des blessés, visitant les hôpitaux et étudiant l'organisation de la Croix Rouge, le prince Charles se rendit le 19 avril à Giurgiu, inspecta les différents points stratégiques du Danube, puis revint à Bucharest pour y travailler avec le Ministre de la Guerre à la répartition des troupes. Le 20 avril, l'anniversaire de la naissance du prince, fut célébrée avec tout le sérieux exigé par la gravité de la situation; le Ministre Président Bratianu se fit l'interprète des vœux du Ministère, rappelant que juste dix ans plus tôt, ce même jour, le prince avait répondu à l'appel de la nation roumaine dans des circonstances très difficiles; aujourd'hui comme alors, ajouta le Ministre, le peuple entier lève vers le prince des regards pleins d'une ferme confiance, assuré de voir cette fois encore son souverain détourner de lui les graves dangers qui le menacent.

Une période de lourde responsabilité s'ouvrit pour le prince Charles. Prise entre deux feux, la Roumanie courait facilement le risque de devenir victime dans la lutte sanglante de ses deux puissants voisins, disposés peut-être à sacrifier le petit Etat, en le considérant comme prix de la victoire, et en faisant la paix par dessus son dos. A ces craintes s'ajoutait la déplorable pénurie financière, telle que la liste civile n'avait pas été payée depuis longtemps; mais le prince prit cependant 100 000 francs sur sa cassette particulière afin d'avancer aux officiers un mois de l'indemnité de guerre non encore votée par les Chambres.

Enfin, la décision si impatiemment attendue arriva: la Russie déclara la guerre à la Porte. Le prince Gortschakow la fit connaître aux puissances le 24 avril, en donnant pour raison la résistance insurmontable du gouvernement turc à toutes les propositions élaborées entre les deux cabinets. Le Tzar avait donc résolu d'accomplir seul une mission, pour laquelle il réclamait auparavant le concours des grandes puissances; il remplissait un devoir ainsi dicté par les intérêts de la Russie dont les troubles d'Orient paralysaient sans cesse le développement pacifique, certain de se conformer par cette conduite aux intentions de l'Europe.

Les événements se succèdent alors rapidement. La déclaration de guerre de la Russie fut suivie d'un télégramme du Grand-Vizir, adressé de Constantinople au prince Charles pour le sommer, au nom du Sultan, en vertu des articles du traité de Paris y relatifs et de l'accord conclu en 1858 entre la principauté et la Sublime Porte, de se mettre en relation avec le gouvernement ottoman pour les mesures militaires communes de défense du territoire roumain. Le prince Charles chargea le Ministre des Affaires étrangères de répondre que la demande de la Porte devait être préalablement soumise à l'approbation des pouvoirs législatifs, convoqués pour le 26 avril. Il s'agissait avant tout pour le prince de bien affirmer dès le premier moment en face de la Russie l'indépendance de la Roumanie. Aussi le prince repoussa-t-il l'idée d'un plan d'opération commun des troupes russes et roumaines, d'après une proposition soumise par un aide-de-camp du grand-duc Nicolas, généralissime de l'armée russe. Le prince Charles voulait sauvegarder le point de vue de l'action parfaitement indépendante de l'armée roumaine, maintenue sous son propre commandement. La pensée d'une coopération des deux armées se manifesta encore dans la suite de la correspondance du grand-duc, mais le prince Charles ne cessa d'observer une attitude pleine de réserve, désireux d'obtenir des conditions fermement stipulées en vue d'une

action commune. Il soutint très énergiquement cette
manière de voir dans plusieurs occasions, même au cours

Le Prince Charles (1877).

d'une entrevue personnelle avec le grand-duc le 14 mai
1877. Le grand-duc insista encore une fois lui-même sur

une réunion des deux armées russe et roumaine, prétendant que les forces placées sous ses ordres ne suffiraient pas à la réalisation du but immédiatement poursuivi; il comptait donc sur l'appui des troupes roumaines, dont le concours se bornerait d'abord à occuper la rive gauche du Danube, afin de mettre le déploiement de l'armée russe à l'abri de tout danger.

Le prince Charles répondit en réitérant son intention absolue de conserver le commandement en chef de ses troupes; naturellement, celles-ci resteraient dans leurs positions sur le Danube, car son armée et lui étaient animés du seul désir de pouvoir intervenir bientôt militairement, après s'être entendus au préalable avec le quartier-général russe. Le chef d'état-major russe félicita le prince pour les mesures de prévoyance adoptées par l'administration militaire roumaine, mesures d'une utilité capitale pour la marche en avant des Russes; il exprima le vœu de se mettre en relation avec le chef d'état-major de l'armée roumaine afin de prendre les dispositions exigées dans la suite par l'intérêt des opérations communes. Pendant ce temps, des vaisseaux de guerre turcs avaient déjà bombardé quelques villes ouvertes du Danube, comme Braïla et Reni; d'Oltenitza et de Calafat, les batteries roumaines avaient répondu au feu des batteries turques établies sur la rive opposée.

La Porte, informée des événements de Roumanie, ayant donné le 8 mai ses passeports à l'agent diplomatique roumain à Constantinople, la Roumanie déclara la guerre à la Turquie cinq jours plus tard; après des délibérations en Conseil des Ministres et aux Chambres, l'indépendance de la Roumanie fut résolue, et cette grave décision proclamée solennellement le *22* mai au milieu des transports de joie. Après un Te Deum, chanté à la Métropolie, les Ministres, les généraux et les fonctionnaires civils vinrent apporter leurs congratulations au palais. Dans des allocutions débordantes d'enthousiasme, le prince Charles fut proclamé le premier prince et le premier soldat de la Roumanie. D. Bratianu alla même plus loin en saluant déjà en Charles le premier roi de Roumanie, et le président de la Chambre Rosetti rappela les paroles prononcées, onze ans plus tôt, par le prince à son arrivée à Bucharest, déclarant qu'il était devenu Roumain, qu'il avait quitté son pays et sa famille pour partager aujourd'hui comme citoyen, demain au besoin, comme soldat, le bon et le mauvais destin de sa nouvelle patrie. L'orateur conclut en exprimant son admiration pour la fidélité inviolable du prince à remplir cette promesse. Le prince Charles, profondement ému, répondit qu'en ce grand jour, où la Roumanie effaçait le dernier vestige de sa dépendance, il regrettait encore moins d'avoir quitté autrefois sa patrie; la Roumanie, maintenant indépendante, pourra désormais, espérait-il, se consacrer sans obstacle à sa haute mission et la remplir pour son propre bonheur et pour le bien de l'Europe.

Le prince Charles venait d'atteindre son premier but en acceptant la couronne de Roumanie. Le pays avait conquis son indépendance, lui-même se trouvait dès lors à la tête d'un Etat libre, un peuple entier marchait à sa suite, plein d'une ferme confiance. Le gouvernement étroitement uni s'était attiré la considération de ses voisins, et onze années de longs et pénibles efforts en faveur de la Roumanie avaient enfin porté leurs fruits. La Russie venait de reconnaître l'impossibilité de disposer à loisir, comme autrefois, de la principauté danubienne; elle avait également constaté que les Turcs ne s'étaient pas senti l'audace d'occuper „l'Etat vassal".

La difficulté consistait pour l'instant à maintenir vis-à-vis des Russes cette indépendance si péniblement acquise. Que de tact et d'énergie, de prudence et de fermeté, ne fallait-il pas afin d'accomplir cette tâche pour le plus grand bien du pays. La patience du prince, naturellement désireux d'intervenir avec son armée dans les événements militaires, allait être mise à une rude épreuve. Tandis que le grand-duc Nicolas comptait de son côté sur l'appui des troupes roumaines, l'empereur Alexandre avait fait déclarer à la fin de mai par le représentant diplomatique de la Roumanie à Saint-Pétersbourg, le général Ghika, que si l'armée roumaine voulait franchir le Danube et risquer à ses frais la guerre avec la Turquie, c'était à la seule condition de placer les troupes roumaines sous le commandement en chef des Russes.

A la communication écrite du gouvernement roumain, exprimant l'idée d'une participation effective de l'armée roumaine aux opérations militaires, le prince Gortschakow avait répondu par une longue note dont le fond était le suivant: „La Russie n'a nullement besoin du secours de l'armée roumaine, les forces qu'elle mobilise contre la Turquie sont plus que suffisantes pour atteindre le but pour lequel l'empereur a entrepris cette guerre." En outre, la déclaration précédente du Tzar Alexandre s'y trouvait encore répétée. Le grand-duc Nicolas exprima plus tard au prince Charles sa divergence d'opinion d'avec celle du chancelier russe, en se plaignant de l'immixtion par trop flagrante de la diplomatie dans des affaires qui ne la regardaient nullement.

Un enthousiasme indescriptible agitait la Roumanie entière. Les dons en faveur de l'armée se succédaient avec profusion, un grand nombre de particuliers mettaient des chevaux à la disposition de l'administration militaire, suivant en ceci l'exemple donné par le prince Charles lui-même; les volontaires, appartenant en partie aux meilleures familles, accouraient en masse sous les drapeaux.

Par un ordre du jour du 8 mai, la mobilisation ayant été terminée la veille, le prince prit le commandement en chef de l'armée. Celle-ci comptait 50000 hommes et 180 pièces

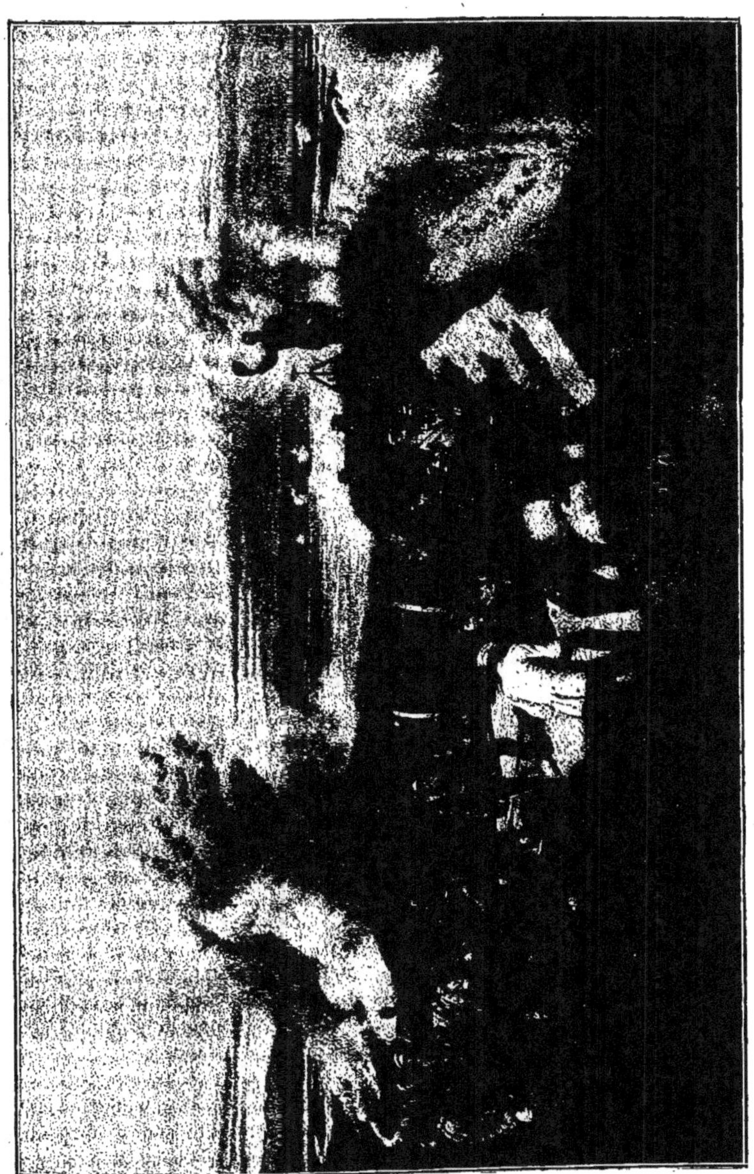

Le Prince Charles à Calafat (27. Mai 1877).

de canon, mais l'effectif total des forces du pays avec les contingents, non encore appelés, des différentes classes de la milice et la garde nationale, s'élevait à 70 000 hommes. Chaque jour, le prince procédait à des inspections très détaillées, accompagné plusieurs fois par la princesse, préoccupée, avec un zèle infatigable, de l'installation des ambulances, des hôpitaux, et de l'organisation des soins à donner aux blessés. Les troupes roumaines brûlaient d'un vif enthousiasme guerrier; partout où le prince se montrait, la population lui préparait des ovations sans fin, comme à Crajowa, le 26 mai, et dans d'autres villes où le prince visitait les régiments.

Le 27 mai, il arriva à Calafat, et alla immédiatement visiter les fortifications de campagne, le camp et les batteries; puis, à sept heures du soir, il se rendit sur le point le plus élevé de la ligne de défense, à la batterie Carol, d'où il ordonna de tirer sur Vidin, situé en face sur le Danube. Les Turcs ripostèrent aussitôt et firent preuve d'habileté dans le tir, car cinq bombes tombèrent dans la batterie Carol; trois firent explosion à proximité du prince, faisant voler au loin leurs éclats en sifflant. Sans quitter sa place, le prince salua les projectiles ennemis en agitant son képi, les soldats se répandirent en bruyants hourras, répercutés jusque dans le camp où les musiques se mirent à jouer. Le prince se retira de la position au bout d'une heure seulement, après avoir constaté l'efficacité du feu de sa batterie, et établit son quartier général dans une localité avoisinante.

Le grand-duc Nicolas, étant arrivé avec son état-major à Plojeschti, avait déjà fait sa première visite au couple princier le 15 mai à Bucharest, et des rapports très amicaux s'établirent entre lui et le prince Charles. Celui-ci fut invité à plusieurs reprises à prendre part au conseil tenu par l'état-major russe. A la première occasion qui s'offrit, le prince insista sur l'importance stratégique de Plewna comme noeud de routes, et conseilla aux Russes d'occuper cette

La Garde d'honneur défilant devant l'Empereur Alexandre II de Russie à Bucharest (8. Juin 1877)

ville le plus vite possible avec des forces suffisantes, après leur passage du Danube; ce conseil ne fut pas suivi, au grand détriment des opérations de l'armée russe, comme le grand-duc Nicolas le confessa plusieurs fois dans la suite.

A Plojeschti, le 7 juin, le prince Charles put saluer également l'empereur de Russie; ce dernier lui fit l'accueil le plus aimable et, dans une conversation en tête-à-tête, manifesta son bon vouloir en faveur de la Roumanie; ce pays n'avait à attendre de lui que du bien, et la guerre ayant éclaté, le Tsar désirait ardemment qu'une période de temps meilleurs s'ouvrît pour tous les peuples chrétiens de l'Orient. Le prince Charles répondit en exprimant l'espoir assuré de voir la Roumanie sortir à jamais indépendante de cette guerre et l'armée roumaine prendre une part glorieuse à la campagne, pour l'honneur du jeune Etat roumain.

Le lendemain, l'empereur Alexandre, accompagné de ses trois fils, parmi lesquels le prince héritier, du grand-duc Nicolas, du prince Gortschakow et de toute sa suite militaire, rendit au prince sa visite à Bucharest. Une réception solennelle lui avait été préparée par le prince, par la princesse et par toute la population, et le cortège traversa les rues, richement décorées. Dans la première voiture, le Tsar avait pris place près de la princesse, tandis que le prince se tenait dans la seconde à côté de l'héritier du trône de Russie. Devant le palais, l'empereur Alexandre, debout entre le prince et la princesse, fit défiler devant lui la garde d'honneur, formée d'une compagnie de chasseurs avec la musique, puis un déjeuner réunit le couple princier et ses hôtes illustres. Toute la réception et le ton général de la cour du prince produisirent la plus favorable impression sur les grands personnages russes.

Cette visite impériale, que le prince et la princesse rendirent peu après à Plojeschti, avait eu un effet immense sur la population, habituée de temps immémorial à voir ses princes traités d'une toute autre façon. Le changement radical accompli et la situation du prince vis-à-vis des plus puissants monarques apparaissaient ainsi sous leur véritable aspect.

A la fin d'avril, les Russes s'emparèrent du pont du chemin de fer important sur le Sereth, non loin de Braïla, laissé intact par les Turcs on ne sait pour quelle raison, et barrèrent le Danube, près de cette dernière ville, au moyen de torpilleurs; dans le courant du mois de mai, plusieurs cuirassés turcs furent détruits sur le Danube dans une attaque de nuit poussée très hardiment avec des torpilles. Enfin, dans la seconde moitié de juin, les Russes franchirent le Danube près de Galatz et de Simnitza, assurant ainsi à leurs troupes une base d'opération pour l'occupation de la Dobrudscha. Le quartier général impérial resta encore quelque temps à Plojeschti, d'où l'empereur Alexandre fit le 24 juin une seconde visite au couple princier à Cotroceni, heureux de se retrouver dans la famille du prince et transporté d'admiration pour le beau parc du couvent, dans lequel le dîner fut servi.

Quelques jours auparavant, le prince Charles avait eu à Plojeschti une conversation très importante avec le Chancelier russe prince Gortschakow. Celui-ci s'exprima en termes élogieux sur l'armée roumaine, suppliant le prince de ne plus exposer sa personne comme récemment au bombardement de Calafat, car il se devait à son pays; puis il ajouta que certainement la Roumanie avait besoin des bouches du Danube pour son développement politique et économique, mais il réclama pour la Russie le bras de Kilia. Le prince répondit que ces questions appartenaient au Congrès européen; pour lui, son but principal était de maintenir l'intégrité de la Roumanie garantie par les traités; en cas d'issue victorieuse de la campagne, il espérait bien étendre les frontières du pays, mais c'était là une affaire dont la solution viendrait plus tard. Le prince Gortschakow fit entrevoir son espérance d'une courte et glorieuse campagne; toutefois, il ne partageait pas l'avis du quartier général en faveur d'une coopération de la Roumanie. Dans sa réponse, le prince exposa son désir de voir pourtant la Roumanie prendre une part active à la guerre, car elle ne pouvait sceller son indépendance que sur le champ de bataille, et dans tous les cas, il devait conserver seul le commandement en chef des troupes roumaines. Peu de temps après, lorsque le prince Charles rendit compte des points les plus importants de cette conversation, pénible pour lui à plusieurs égards, au grand-duc Nicolas, ce dernier témoigna son mécontentement des déclarations de Gortschakow, ajoutant que la diplomatie se mêlait un peu trop de choses où elle n'avait rien à voir.

De son quartier-général de Pojana, le prince retourna à Calafat et put fournir au grand-duc Nicolas d'importants renseignements militaires sur les mouvements des Turcs. Le quartier-général russe ayant demandé l'occupation par un certain contingent de troupes roumaines de la forteresse de Nicopolis, prise par les Russes le 16 juillet après un jour de bombardement, ainsi que la surveillance et le transport des prisonniers turcs par l'armée roumaine, le prince refusa catégoriquement, malgré la prière adressée télégraphiquement par le général Ghika au nom de l'empereur Alexandre. Il considérait, disait-il, son armée comme beaucoup trop bonne pour „un service de gendarmerie.“

En revanche, il se déclara prêt à occuper Nicopolis, et à marcher avec les Russes sur Plewna à la tête de ses troupes; mais il essuya un nouveau refus de la part du quartier-général russe.

Pourtant, la tournure critique que la situation allait prendre presque aussitôt devait forcer les Russes à accepter avec joie le concours dont ils semblaient faire fi, car l'espoir du prince Gortschakow de voir la guerre se terminer rapidement par une victoire décisive, était encore loin de se réaliser.

XIII.

Jours décisifs.

La deuxième moitié du mois de juillet vit les luttes sanglantes de la passe de Schipka et devant Plewna, où
Osman Pacha battit les Russes dans les journées des 19 et
20 juillet. On chercha même à imputer au prince Charles
la responsabilité de ces défaites, en prétendant qu'une
partie importante des troupes russes étaient retenues par
l'occupation de Nicopolis, mais on ne lui en adressait pas
moins la prière instante de se charger désormais de ce soin.
La situation sur le théatre de la guerre en Bulgarie était des
plus graves et une nouvelle défaite des Russes pouvait
facilement transporter la guerre sur le territoire roumain:
le prince Charles donna donc son consentement, et le
29 juillet, les premières troupes roumaines, au nombre de
quatre régiments, franchirent le Danube pour occuper
Nicopolis. Le commandant en chef russe, à la tête de son
état-major, fit aux nouveaux alliés l'accueil le plus cordial
et ordonna de hisser le drapeau roumain sur la forteresse.
Mais le prince reçut avis du quartier-général russe que
l'établissement d'un pont sur le Danube pour le gros de
l'armée roumaine n'était pas possible sans des torpilles
destinées à écarter le monitor turc stationné près de Calafat,
et qu'il fallait d'abord se procurer ces torpilles; puis, loin
de se disperser, l'armée roumaine devait s'assurer une base

d'opérations propre en Bulgarie; naturellement, le commandement en chef roumain devait agir en parfait accord avec le généralissime russe.

Le 31 juillet, le prince Charles apprit par une dépêche télégraphique la défaite complète des Russes devant Plewna; malgré la bravoure des troupes, elles avaient dû se retirer sur toute la ligne avec des pertes considérables. La panique s'était même emparée d'une partie de l'armée, le quartier-général du grand-duc avait dû être déplacé, et l'empereur Alexandre se disposait déjà à regagner le pont le plus voisin sur le Danube, quand la nouvelle de l'inaction d'Osman Pacha le rappela. Le soir de ce même jour, le prince reçut du grand-duc Nicolas un télégramme envoyé de Tirnova et conçu en ces termes:

„Prince Charles de Roumanie.

A l'endroit où se trouve le quartier-général roumain.

„Les Turcs, ayant réuni de grandes masses à Plewna, nous abîment. Prie de faire fusion, démonstration et, si possible, passage du Danube que Tu désires faire. Entre le Jiu et Corabia, cette démonstration est indispensable pour faciliter mes mouvements.

Nicolas."

Le prince Charles comprit dans quelle fatale situation l'armée russe se trouvait devant Plewna. Si Osman Pacha la pressait avec le gros de ses forces, les Russes étaient rejetés sur le Danube et couraient risque d'être anéantis complètement, leurs troupes n'étant pas en nombre suffisant pour opposer aux Turcs une résistance énergique. Pourtant, le prince hésitait encore à se laisser entraîner dans cette lutte funeste, sans avoir conclu avec les Russes un traité formel; il télégraphia donc au grand-duc que sans attendre sa nouvelle, il avait renforcé la garnison de Nicopolis et fait passer le Jiu à une division, et qu'il était disposé en outre à entreprendre les démonstrations désirées; toutefois, on n'avait pas encore reçu les torpilles impatiemment attendues pour protéger le passage, et il avait donné l'ordre à ses troupes de défendre Nicopolis.

Le prince écrivait à la princesse Elisabeth le 2 août: „La situation des Russes en Bulgarie est pour le moment grave et périlleuse; il a été commis de grandes fautes stratégiques, difficilement réparables maintenant. Je ne suis pas sans inquiétude de ce côté. En tout cas, la guerre va traîner en longueur, ce qui est très regrettable. On n'arrivera jamais à Constantinople. La perte de la bataille de Plewna est un événement dont l'influence militaire et morale se fera sentir sur tout le cours de la campagne. Les pertes russes sont énormes, et les Turcs menacent de reconquérir Nicopolis."

De même, au-delà des Balkans, à la passe de Schipka, les affaires des Russes allaient également très mal, car le général Gurko, vivement pressé par Suleiman Pacha, avait été forcé de battre en retraite; il s'était établi sur les passages des Balkans, et la Roumélie se trouvait par là dégarnie encore une fois de troupes russes. Pendant ce temps, les Turcs continuaient à fortifier Plewna, et le quartier-général russe comprit qu'aucune entreprise contre la place n'offrait de chance de succès avant l'arrivée de renforts considérables de Russie; il s'ensuivit un arrêt dans les opérations de l'armée russe.

Le prince Charles, dont le quartier-général était établi à Corabia, avait formé avec ses troupes une armée d'observation et une armée d'opération. Dans une nouvelle lettre, le grand-duc Nicolas réitérait sa conviction sur la nécessité d'une action commune des armées russe et roumaine; considérant le moment venu, il recommandait le passage du Danube par l'armée roumaine près de Nicopolis.

Cette lettre prouva au prince Charles que le quartier-général russe ne voulait toujours pas octroyer à l'armée roumaine un rayon d'opérations propre, et pour ce motif, il résolut de retarder encore provisoirement le passage du Danube. Bientôt arrivèrent de nouvelles correspondances du grand-duc, témoignant de quelle importance le secours militaire des Roumains serait pour les Russes, très inquiétés par les attaques énergiques de Suleiman Pacha, à Schipka, et dont la situation pouvait devenir extrêmement périlleuse, si le Pacha parvenait à forcer un passage des Balkans. Cependant, malgré les prières réitérées, malgré l'exposé de l'embarras menaçant des Russes, faute de la coopération de l'armée roumaine, malgré l'espoir continuellement exprimé d'une réponse prompte et favorable du prince, malgré la promesse du grand-duc de laisser à l'armée roumaine sa situation particulière, le prince Charles hésitait toujours, car ses désirs nettement exprimés à plusieurs reprises n'avaient point été remplis jusque là.

Le 22 août au matin, le prince Charles reçut du grand-duc la dépêche suivante adressée la veille au soir de Gornja Studena: „Quand peux-Tu passer? Fais-le aussitôt que possible. — On s'acharne à Schipka. Plusieurs attaques sont repoussées depuis le matin 9 août. Combat continue malgré nuit." Mais cet instant appel ne modifia en rien les résolutions du prince. Il s'en expliqua dans une lettre au grand-duc avec qui il désirait vivement une entrevue afin de conférer avec lui sur les mesures à prendre. Entre temps, le prince Charles avait appris par son Ministre le revirement dans les idées du Chancelier prince Gortschakow; celui-ci avait en effet manifesté sa joie du passage prochain du Danube par les Roumains, car il se rendait parfaitement compte maintenant de la situation critique de l'armée russe.

La dépêche suivante du grand-duc Nicolas arriva dans la soirée du 24 août:

„Je suis très sensible pour Ta bonne lettre que Gherghel m'a apportée. Je suis heureux que par l'arrivée de Bratianu tout se soit éclairci, et que nos vues soient complètement identiques. J'attends Ton passage le plus tôt possible. J'espère Te revoir bientôt. Je télégraphierai l'endroit et le jour, car je suis fort occupé avec l'affaire de Schipka. Malgré quatre jours continuels de combats et d'assauts, nous tenons bon. Mes renforts envoyés là-bas arrivent tous les jours. L'Héritier attaqué hier de divers côtés à la fois a été repoussé. Le soir, nos troupes fatiguées se sont retirées à Sultankivi devant un ennemi supérieur. Le combat continue des deux côtés.“

Nouveau télégramme du grand-duc le lendemain:

„L'empereur et moi désirons Te voir aussitôt que possible. Je serais venu moi-même à Ta rencontre à Nicopolis, mais les événements dont je T'ai parlé dans mon précédent télégramme m'empêchent de bouger. Nous T'attendons avec impatience. Réponds-moi le jour de Ton arrivée et si ce sera par Nicopolis ou Simnitza. J'espère qu'à Ton arrivée le temps nous permettra de visiter les troupes ensemble.“

Le 28 août au soir, après de touchants adieux à la princesse trois jours auparavant, le prince Charles arriva après un long voyage au quartier-général impérial russe à Gornja-Studena sur le sol bulgare, où il reçut le plus cordial accueil de l'empereur Alexandre et du grand-duc Nicolas. Le Tsar, dont les traits fatigués portaient la trace évidente des soucis des dernières semaines, réitéra plusieurs fois au prince la joie qu'il éprouvait à le savoir enfin au-delà du Danube; il espérait voir toutes les difficultés bientôt aplanies, s'informant en détail de la position et de la force de l'armée roumaine et du moment où elle pourrait franchir le fleuve. Le prince répondit qu'il serait venu déjà plus tôt; mais les préparatifs du passage du Danube l'avaient retenu; dans deux jours, espérait-il, il serait en Bulgarie avec un corps d'armée, dont une division avait même eu en grande partie de petits engagements avec les Turcs.

Le grand-duc Nicolas demanda alors au prince s'il avait l'intention de prendre personnellement le commandement de son armée. „Mais, tout naturellement!" fut la réponse. Le grand-duc objecta que cette décision menaçait d'entraîner beaucoup de difficultés, le prince Charles ne pouvant pas être placé bien entendu sous les ordres d'un général russe. „C'est là chose impossible, en effet, répliqua résolûment le prince; mais on pourrait facilement mettre dix généraux russes sous mes ordres."

L'empereur avait écouté cette conversation sans mot dire; il s'offrit lui-même à accompagner le prince au logement choisi pour lui, et le conduisit dans une vaste tente, confortablement aménagée, et voisine du quartier impérial — une modeste maison bulgare. Cette tente était un présent du Tsar et il pria le prince de l'accepter.

Pendant que le nouveau venu s'occupait à secouer la poussière du voyage dont il était encore couvert, le grand-duc Nicolas se présenta pour lui offrir, de la part du Tsar, le commandement en chef de toutes les troupes devant Plewna. Cette proposition, à laquelle il ne se serait jamais attendu, causa au prince une vive surprise; il demanda à réfléchir, désireux avant de prendre une décision, d'avoir préalablement des données certaines sur la force des troupes russes réunies devant Plewna. C'était chose facile à constater, d'après l'avis du grand-duc, qui fit appeler le chef d'état-major général; celui-ci indiqua un chiffre d'effectif de 30 000 hommes. Ce renseignement rendit le prince perplexe, car lui-même ne disposait tout d'abord que d'un nombre de troupes à peu près égal. Mais après quelque hésitation, et sur les instances pressantes du grand-duc, il se décida à accepter un poste aussi honorable que grave. Le même soir, le prince se rendit chez l'empereur Alexandre afin de lui exprimer sa gratitude pour cette grande marque de confiance; comme il insistait sur le sentiment très net de la lourde tâche assumée ainsi, le Tsar répondit: „Dieu nous protégera!" Au dîner qui suivit, tous les généraux russes adressèrent leurs félicitations au prince, que l'empereur accompagna ensuite de nouveau jusque dans sa tente, en prenant congé de lui sur un ton d'amitié tout paternel.

Cette première nuit passée au quartier impérial fut pour le prince Charles une nuit sans sommeil; de sérieuses pensées, des considérations d'une gravité exceptionnelle l'agitaient. Certes, il envisageait avec une satisfaction profonde sa nouvelle mission, témoignage d'une confiance sans bornes dans ses capacités militaires et de déférence pour son titre princier, dont cette démonstration rehaussait l'éclat; c'était également une glorieuse marque d'estime pour son armée, considérée jusque là avec une certaine hauteur par les Russes et pour son pays, doublement fier désormais de son prince et de son chef. Non-seulement son but, ardemment poursuivi, de voir ses troupes sur un pied d'égalité avec les troupes russes, se trouvait atteint, il allait encore conduire lui-même l'armée russe au combat. Mais l'orgueil bien légitime d'une mission aussi élevée n'était pas exempt de nuages; une question grosse d'inconnu se dressait devant lui: serait-il capable de remplir l'espérance, l'attente fondées sur lui? Le monde entier allait fixer sur chacune de ses actions des yeux pleins d'anxiété! Puis, le prince ne pouvait se dissimuler la situation déplorable, périlleuse, des forces russo-roumaines réunies devant Plewna. Les Turcs disposaient de masses considérables dans une position fortement retranchée, leurs précédents succès ayant augmenté chez eux le sentiment de leur valeur, au contraire de l'armée russe et de son quartier général, où l'on ressentait la gravité du désastre éprouvé et l'arrêt survenu dans les opérations militaires. Si au-delà des Balkans, après l'insuccès du général Gurko, Suleiman Pacha parvenait à établir son union avec Mohamed Ali et Osman Pacha, la ligne de retraite des Russes se trouverait menacée et, pris entre deux feux, ils risquaient d'être anéantis complètement.

Mais au milieu de ces heures d'angoisse et de décision solennelle, le prince n'en conserva pas moins son calme résolu, son inébranlable courage. Il avait consenti, il voulait maintenant consacrer tout son être, toute son énergie, toute sa capacité. à la réalisation heureuse de son but; dans cette nuit mémorable, il pesa froidement ce qu'il fallait faire tout d'abord pour donner une base sûre à la situation militaire compromise et pour attacher à ses drapeaux les glorieux lauriers de la victoire!

Le coeur plein d'un dévouement énergique, l'âme débordante d'une ardeur raisonnée, le prince Charles reçut dès le lendemain matin, 25 août, de très bonne heure, la visite de l'empereur Alexandre, dont la nuit avait été également sans sommeil, et il commença les démarches nécessaires à la réussite de la tâche difficile qu'il avait assumée. Il conféra en détail avec le Ministre de la guerre russe, Miljutin, sur l'ensemble de la situation militaire, sur l'organisation des forces, l'effectif des troupes disponibles et l'envoi de renforts. Miljutin, lui aussi, considérait la situation comme menaçante et saluait avec une joie manifeste l'intervention de l'armée roumaine. Il en était de même des autres généraux russes, ainsi que des attachés militaires étrangers; ceux-ci se présentèrent bientôt après officiellement au prince et ne lui cachèrent pas leurs sérieuses inquiétudes sur les graves difficultés de l'armée russe devant Plewna.

A dix heures du matin, un conseil militaire se réunit en plein air à l'ombre d'un arbre; au cours des débats, le prince Charles comprit que dans ces circonstances périlleuses, il devait renoncer aux opérations indépendantes de sa propre armée et la réunir le plus rapidement possible aux forces russes. Il n'entendit pas, sans éprouver de gros scrupules, la proposition des généraux russes de rompre

le pont près de Corabia après le passage de l'armée roumaine,
et de le rétablir près de Nicopolis; pourtant, il donna son
adhésion, en décidant la suspension provisoire de tout
mouvement offensif contre Plewna, où Osman Pacha avait
rassemblé des forces beaucoup plus nombreuses que celles
dont les Russes disposaient actuellement. Au déjeuner,
l'attitude abattue du Tsar Alexandre frappa de nouveau le
prince; elle s'expliquait malheureusement par les très
mauvaises nouvelles reçues de la passe de Schipka et du
théâtre de la guerre en Asie.

Après le repas, le prince Charles prit congé de l'empereur et retourna sur le Danube, souvent retardé dans sa
route par les nombreux convois de blessés et par les colonnes
interminables d'approvisionnement et de munitions. Il
passa la nuit à Simnitza, visita dans la matinée les blessés
russes, et n'arriva qu'à cinq heures du soir à Corabia, siège
de son quartier-général, où lui parvint la dépêche suivante
du grand-duc Nicolas: ,,Pressant. Depuis neuf heures du
matin le 31 août, les Turcs attaquent Zgalevica et Pelischat.
Il est indispensable que Ton armée roumaine passe le Danube
immédiatement et marche en avant sur Plewna pour
attaquer les Turcs. Fais savoir à Zotow la direction et
l'heure de Ta marche. Tes troupes, qui ont déjà passé le
Danube, doivent s'avancer sans retard. Nicolas."

Dans le conseil militaire immédiatement réuni par le
prince Charles, la majorité des officiers roumains opinaient
pour retarder le passage du Danube; mais le prince refuta
ces idées et ordonna le passage pour le lendemain, après
quoi le pont serait détruit et rétabli près de Nicopolis. Il
voyait bien qu'en cas d'une victoire des Turcs, sa situation
et celle de l'armée russe deviendraient extrêmement critiques, car toute communication avec la Roumanie allait
être interrompue pendant plusieurs jours. Pourtant,
l'imminence du danger était telle que la moindre hésitation
pouvait amener une catastrophe irréparable.

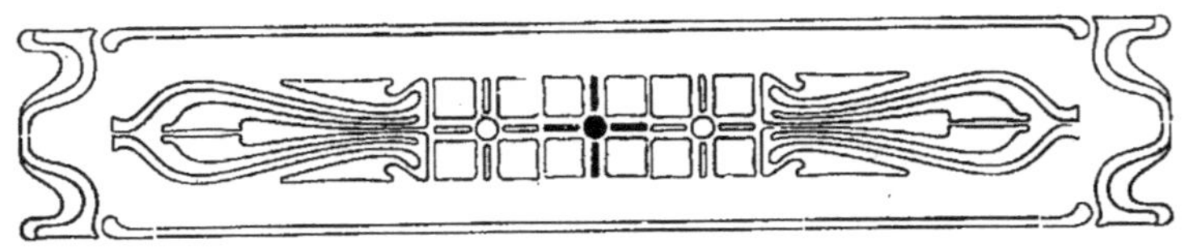

XIV.

Le Prince Charles commandant en chef devant Plewna.

Le lendemain matin, 1ᵉʳ Septembre, l'ordre du jour suivant fut adressé aux troupes:

„Soldats,

„Depuis plus d'un an, la lutte au-delà du Danube, entre Turcs et chrétiens, met en danger nos frontières.

„Pour leur défense, le pays a fait appel à vous. A sa voix, vous avez quitté vos foyers, avec l'entrain d'hommes qui ont conscience que le salut de l'Etat roumain dépend de leur dévouement.

„Tant que les armées opéraient au loin et que nous n'étions menacés que de l'invasion de quelques bandes de pillards, nous pouvions nous borner à la défense de nos rives. Mais maintenant, la guerre se rapproche de nos frontières et, si les Turcs demeuraient vainqueurs, il est évident qu'ils envahiraient notre pays, en apportant avec eux le massacre, le pillage et la dévastation.

„Dans cette situation, et afin que le pays échappe aux sauvageries des envahisseurs, il est de notre devoir d'aller les combattre sur leur propre territoire.

„Soldats roumains, vous savez combien votre patrie a souffert depuis plus de 200 ans, pendant lesquels on vous avait enlevé les moyens de défendre vaillamment vos droits sur les champs de bataille.

„Aujourd'hui, vous avez de nouveau l'occasion de montrer votre vaillance, et l'Europe entière a les yeux fixés sur vous.

„En avant, soldats! Ayez l'âme roumaine, et que le monde nous juge d'après nos actions!

„Nous recommençons aujourd'hui les luttes glorieuses des ancêtres, à côté de la nombreuse et brave armée d'une des première puissances du monde. L'armée roumaine, quoique petite, saura se distinguer, j'en suis convaincu, par sa bravoure et sa discipline. Elle rendra ainsi à la Roumanie le rang qu'elle avait autrefois et qui lui revient parmi les nations européennes.

„Telle est aussi la conviction de l'auguste Empereur de toutes les Russies. C'est pourquoi, non-seulement les Roumains vont combattre à côté des Russes, sur le même champ et pour le même but, mais encore le commandement supérieur des deux armées devant Plewna M'est confié, à Moi.

„C'est là un honneur qui revient au pays, à vous.

„Faites donc que le drapeau roumain flotte à nouveau avec gloire sur les champs dè bataille, où vos ancêtres furent, pendant des siècles, les défenseurs de la religion et de la liberté.

„En avant, soldats roumains, en avant avec vaillance, et bientôt vous rentrerez dans vos

Défilé des troupes roumaines devant le Prince Charles au passage du Danube (1er Septembre 1877).

familles, dans votre pays rendu libre par vous-mêmes, couverts des applaudissements de la nation entière ! Charles."

Le même jour, à midi, après la célébration d'un service divin et la bénédiction donnée aux troupes par le célébrant, le prince Charles adressa à ses soldats des paroles enflammées, se plaça à leur tête, puis se dirigea au galop vers le pont de Corabia pour y prendre sa place. Bratiano et Rosetti vinrent trouver le prince pour lui exprimer leurs sentiments de profonde émotion; jamais ils n'auraient osé espérer, déclarèrent-ils, voir luire ce jour à jamais solennel, où la jeunesse roumaine en armes marcherait contre l'ennemi héréditaire sur le propre territoire de celui-ci. Le prince resta exposé pendant plusieurs heures aux ardeurs d'un soleil brûlant, tandis que chaque régiment défilait devant lui aux accents d'une musique guerrière, couverte par de retentissants et interminables hourras.

Le lendemain, le prince passa à son tour le Danube dans un canot à vapeur; sur le sol bulgare, il fut reçu par le général Stolypin accompagné de son état-major; une garde d'honneur avec le drapeau s'y trouvait et la musique jouait l'hymne national roumain. Le prince monta aussitôt à cheval et se rendit à la vieille forteresse de Nicopolis au milieu des acclamations des troupes, formant la haie sur son passage. Sur le plateau dominant la ville, le prince, rayonnant de fierté, fit défiler différents corps de dorobantzi et d'artillerie. De là, il descendit dans la vallée de l'Osma, accompagné seulement de quatre aides-de-camp et de son escorte, et atteignit, en toute hâte, Poradim, où il établit son quartier-général. Dans ce misérable village, distant de Plewna d'environ 15 kilomètres, et à 7 kilomètres seulement des retranchements turcs, le prince choisit pour logement une petite maison, et se mit immédiatement en rapport personnel avec le général russe.

Débarquement du Prince Charles à Nicopolis (2. Septembre 1877).

Le quartier du prince offrait un aspect étrange. La maison, à un seul étage, tombait à moitié en ruines; elle n'avait ni porte ni fenêtres, et la pluie pénétrait librement dans la chambre, où l'on avait dressé un lit de camp. Peu à peu, on procéda pourtant aux améliorations les plus indispensables; le plancher absent fut remplacé par des nattes de paille, et des journaux servirent à boucher les cadres béants des fenêtres. Le jour suivant, on dressa dans

Le premier quartier-général du Prince Charles à Poradim.

la cour une tente distinée aux délibérations et aux repas en commun. Parfois, l'odeur putride des cadavres en décomposition sur les champs de bataille de Plewna devenait insupportable, les Turcs n'ayant pas autorisé l'ensevelissement des morts, et les mouches voltigeaient en essaims si épais, que les parois intérieures de la tente disparaissaient complètement sous cette sombre tapisserie.

Le prince adressa la proclamation suivante aux troupes russes placées sous son commandement:

„Officiers et soldats!

„Sa Majesté l'Empereur a bien voulu me confier le commandement des IVième et IXième corps de l'armée impériale. Mon armée roumaine, dont une division se trouvait déjà sur le champ d'action, vient de traverser le Danube pour se joindre à vous et combattre à vos côtés.

„J'ai pleine confiance que chacun fera son devoir, et Je suis fier de commander à des troupes, qui ont déjà donné tant de preuves de bravoure et de discipline.

„Officiers et soldats! Nos deux pays ont pris les armes contre un ennemi commun. Sainte est notre cause. Dieu nous protégera et nous donnera la victoire!

Charles."

De grand matin, après cette première nuit à Poradim, le grondement du canon réveilla le prince qui monta à cheval, parcourant les bivouacs des troupes — en nombre bien inférieur à ses prévisions — visita les avant-postes et les points stratégiques les plus importants, puis adressa au grand-duc Nicolas une dépêche pour le prier instamment de suspendre toute attaque contre Plewna jusqu'à réunion de forces suffisantes. Le lendemain, le prince reçut avis de l'occupation par les troupes roumaines des positions assignées; d'autres nouvelles lui parvinrent sur la prise de possession de Lowtscha, effectuée la veille, action d'une importance considérable, car elle écartait tout danger de jonction entre Osman Pacha et Suleiman Pacha. Le prince donna ensuite ses ordres pour l'établissement des troupes dans leurs positions offensives; depuis l'arrivée des Roumains, l'effectif total s'élevait à 75 000 hommes avec 442 pièces de canon et 8000 chevaux. Toutefois ces forces ne paraissaient pas encore suffisantes pour une attaque énergique sur Plewna, et il s'en ouvrit au grand-duc Nicolas dans l'après-midi, à Radenitza, réitérant le conseil de n'entreprendre aucune attaque. Mais le grand-duc répondit en insistant sur la nécessité d'une prompte action, Plewna devant être pris avant l'arrivée des renforts attendus par Osman Pacha.

Le bombardement de la ville fut donc ordonné et commença le matin du 7 septembre; le prince Charles se

Tente du Prince Charles dans son quartier-général de Poradim.

rendit auprès des batteries en action et salua un peu plus tard l'empereur Alexandre, venu de son quartier-général pour assister au bombardement, en ce jour anniversaire de son couronnement.

Le feu de l'artillerie continua pendant deux jours encore avec une extrême violence; les batteries roumaines y prirent part avec 84 pièces, se rapprochant de plus en plus des positions turques et essuyant d'assez nombreuses pertes. Au déjeuner, le 9 septembre, l'empereur Alexandre porta un toast à l'armée roumaine qui venait de recevoir si brillamment le baptême du feu. Le Tsar fit distribuer un grand nombre de croix de Saint-Georges aux troupes roumaines, en témoignage de son admiration; la veille, en effet, elles avaient montré une téméraire bravoure en s'emparant d'un ouvrage fortifié des Turcs, et s'y étaient maintenues contre toutes les tentatives faites pour le reprendre. Dans le conseil militaire réuni après le déjeuner, le prince fit adopter son avis de surseoir à l'attaque projetée pour le lendemain, afin de porter les batteries plus en avant, dans le but de mieux soutenir les colonnes d'assaut; toutefois, il ne put obtenir qu'un seul jour de sursis, et se rendit aux désirs pressants du grand-duc Nicolas, surtout par crainte de voir interpréter ses scrupules comme un trop grand souci de ménager ses propres troupes. Mais le prince ne se fit pas faute d'exprimer son peu d'espoir dans le succès. Jusqu'à une heure avancée de la nuit, il prit ses dispositions d'attaque pour le 11 septembre, ordonnant l'ouverture du feu à 3 heures du soir seulement, car si les Turcs obtenaient la victoire, ils ne pourraient ainsi l'utiliser à cause de l'obscurité tombante.

Les fortifications turques autour de Plewna, ville située dans un fond, consistaient en trois lignes de redoutes, au nombre de plus de vingt, élevées sur les points les plus favorables avec une merveilleuse intelligence. Reliées entre elles par des fossés et des chemins couverts, ces redoutes étaient formidablement armées, protégées de front et de flanc par des retranchements et des tranchées-abris.

L'effectif des troupes d'Osman Pacha au commencement de septembre s'élevait à 45 ou 50 000 hommes; mais il est permis d'admettre avec certitude que le Pacha disposait de 65 000 combattants environ. Les Turcs étaient donc à peu près égaux en nombre aux forces russo-roumaines.

Le 11 septembre était le jour de naissance de l'empereur Alexandre. Placé avec son état-major à proximité de la route de Roustschouk à Plewna, à 4 kilomètres du village de

Le Prince Charles commandant en chef à Plewna (1877).

Griwitza, le Tsar reçut les félicitations du prince Charles, et y répondit avec la plus grande cordialité, en le serrant avec émotion dans ses bras. Au milieu du Te Deum solennel, chanté en plein air pour obtenir du ciel la victoire, et auquel tous assistaient à genoux, le tonnerre des pièces éclata, car 256 bouches à feu avaient ouvert déjà le bombardement.

Le temps était défavorable, un brouillard épais empêchait la vue de pénétrer à plus de cent pas, ce qui gênait considérablement le tir. Vers onze heures, une vive fusillade partie de l'aile gauche vint, au grand étonnement du prince, se mêler à la voix d'airain des pièces d'artillerie. Les Russes avaient-ils commencé l'attaque trop tôt? Les Turcs avaient-ils entrepris un retour offensif? C'est ce que l'état troublé de la température ne permettait pas de distinguer. Des officiers d'ordonannce apportèrent bientôt la nouvelle que les troupes du général Skobeleff se trouvaient engagées dans une lutte meurtrière et avaient déjà subi des pertes considérables. Le prince Charles ne ménagea pas son blâme pour cette manière arbitraire d'agir, qui compromettait encore davantage le résultat de l'attaque générale imminente.

A deux heures, le prince, demeuré jusque là auprès de l'empereur Alexandre, prit congé du Tsar en termes pleins de cordialité, et après le baiser d'adieux, monta à cheval pour se diriger avec son état-major vers un point en amont du village de Griwitza, clef de la position turque du nord à cause de ses fortes redoutes, et que devaient attaquer onze bataillons roumains, soutenus par trois bataillons russes venus en même temps du nord-est. Sous la protection du feu violent de leurs batteries, les troupes roumaines se mirent en mouvement un peu avant trois heures, gravissant le versant du plateau vers la redoute ennemie et l'atteignant, sans avoir essuyé le feu des Turcs. Arrivées sur la hauteur, elles s'aperçurent seulement alors qu'une vallée longue de 600 mètres, aux pentes escarpées, les séparaient encore des retranchements ennemis. La descente fut rapidement franchie, et il s'agissait de se montrer aussi alerte pour grimper les hauteurs opposées; mais le terrain étant défoncé, les soldats devaient s'accrocher aux buissons ou s'appuyer sur leurs baïonnettes. Tout à coup, le feu des Turcs éclata

Le Prince Charles pendant le combat de Griwitza (11 Septembre 1877).

avec une violence effroyable, fauchant comme des épis les assaillants; mais ces braves, animés d'un irrésistible élan, chassèrent l'ennemi des premières tranchées, tandis que le reste des troupes accourait. Une terrible surprise attendait ces héros: on vit à ce moment, chose ignorée de l'état-major russe, qu'il y avait là deux redoutes, reliées entre elles par un fossé long de 300 mètres environ; leur conquête exigeait des masses de troupes bien autrement nombreuses; pourtant personne ne songea à la retraite. „En avant, mes enfants!" crie le colonel Ipatesku en s'élançant à la tête de ses bataillons, foudroyés par le feu meurtrier de l'artillerie et de trois lignes superposées d'infanterie turque. „A moi, les gars!" dit le capitaine Maracineanu à ses soldats; et pour leur donner l'exemple, il saute le premier dans le fossé où il tombe aussitôt percé de balles et de coups de baïonnette; mais ses hommes poursuivent l'élan ainsi donné pour atteindre la redoute au-dessus d'eux, dont le feu terrible les décime. Les autres troupes montrent la même intrépidité en accourant au secours de leurs camarades. Alors seulement, voyant la moitié de son effectif détruit, et convaincu de l'impuissance des trois bataillons encore engagés à donner victorieusement l'assaut, le commandant de la division ordonna la retraite.

De même, malgré la bravoure admirable déployée par l'infanterie et les chasseurs, l'attaque de la colonne de la 4e division sur le front Est des redoutes avait également échoué, non sans des sacrifices considérables. Vers quatre heures, une deuxième attaque fut tentée, drapeaux déployés et tambours battants; mais elle n'eut pas plus de succès et fut repoussée avec de grandes pertes. Le prince Charles, près de qui les obus turcs avaient éclaté, ne put rester plus longtemps en place; il descendit le coteau pour se porter vers les troupes, et les encourager à un nouvel effort, car le sang répandu à flots ne devait pas avoir coulé en vain.

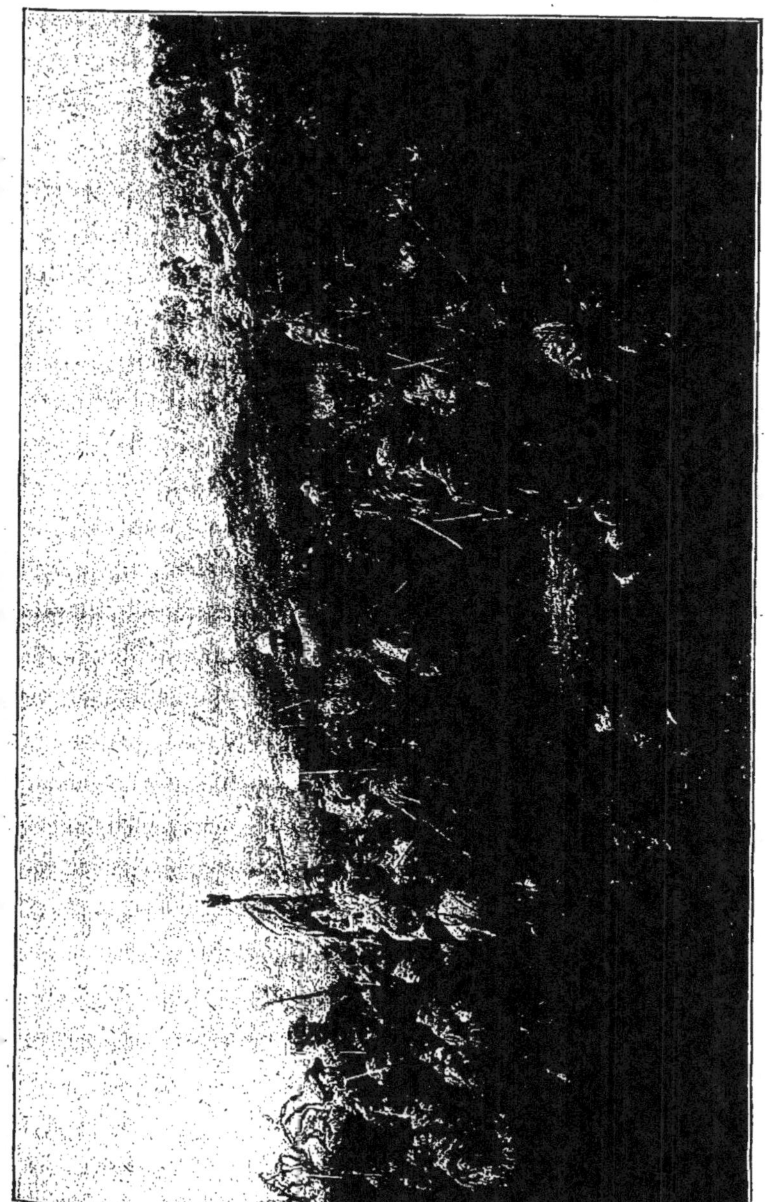

Le Prince Charles à l'assaut de la redoute de Griwitza (11 Septembre 1877).

Le lieutenant-colonel Vacarescu raconte dans son livre sur cette campagne: „Le prince se porta au-devant de la quatrième division, et rencontra d'abord un groupe de soldats du 2ᵉ bataillon de chasseurs. Harassés par les fatigues de la lutte, décimés par les projectiles de l'ennemi, ces braves s'étaient étroitement serrés autour de leur drapeau, en face de la redoute, d'où partaient encore de temps à autre quelques coups de canon ou de fusil. „Que faites-vous là, mes enfants?" leur cria le prince. Un sergent, le visage enflammé par les fatigues et les émotions de la lutte, répondit dans son naïf langage: „Que pouvons-nous faire, Votre Altesse? Ces païens nous ont anéantis, voyez ce qui reste de nous!" — „Comment? répliqua le prince, vous êtes tous de solides gaillards, bien portants, et j'aperçois là-bas d'autres de vos camarades. Allons! ralliez-vous et en avant, mes braves! La victoire sera à vous et vous sauverez l'honneur de la journée!"

Les intrépides chasseurs saluent cette apostrophe par un formidable hourra; ils reforment leurs rangs, le bataillon se rallie et, brûlant d'une nouvelle ardeur, tous marchent encore une fois au feu. Le prince donna au commandant de la 4ᵉ division l'ordre de tenir à tout prix la position conquise, de s'y retrancher, et au cas où, pendant la nuit, l'ennemi se relâcherait dans sa vigilance, de profiter de l'occasion pour une nouvelle attaque. Après avoir informé tous les commandants de corps de l'emplacement de son bivouac, en amont de Griwitza, entre les lignes russes et roumaines, le prince Charles se rendit aux ambulances, où les blessés s'entassaient par centaines. La résignation et la patience de ces hommes étaient admirables. Ceux qui pouvaient encore parler, loin de gémir sur leur sort, s'efforçaient uniquement de prouver qu'ils avaient rempli leur devoir de soldat. „Monsieur le docteur, disaient-il au médecin, quand celui-ci se disposait à examiner leurs blessures, tenez, voilà mon fusil! Emportez-le avec vous; comme ça, on ne dira pas que je l'ai jeté ou que les Turcs me l'ont pris!"

Abrités derrière une colline, les bataillons roumains firent une courte pause. Vers cinq heures seulement, ils remarquèrent l'approche d'une colonne russe, chargée d'attaquer en même temps qu'eux, mais qui s'était égarée dans le brouillard. Aussitôt les officiers s'écrièrent: „Vite, vite, enfants, marchons en avant! Autrement les Russes vont prendre la redoute et nous rougirons de honte!" Pour la troisième fois une furieuse attaque est tentée dans la direction Ouest, tandis que les Russes pénétrent à l'Est. Mais l'assaut est encore repoussé et de nouvelles victimes s'entassent par monceaux: plus de 20 officiers et de 1000 soldats roumains avaient payé de leur vie cet héroïque, mais inutile effort. Sur les autres points, les Russes, conduits par les généraux Krylow et Skobelew n'avaient pas été plus heureux et leurs pertes étaient également énormes.

Vers 6 heures du soir, le prince Charles quitta la ligne de feu, où il avait consolé les blessés, et se rendit auprès de l'empereur Alexandre, qui l'accueillit par cette question anxieuse: „Eh bien! comment cela va-t-il?" Le prince, avec la conscience d'avoir constamment déconseillé cette attaque, raconta les tristes événements de la journée, ajoutant qu'il espérait du moins la prise de la première redoute Griwitza, car il avait ordonné un dernier assaut. L'anniversaire de la naissance de l'empereur, sans être célébré par une victoire décisive, apporterait cependant l'annonce d'un succès.

Pendant cette conversation, qui avait profondément troublé l'empereur, un officier de cosaques, sur un cheval couvert d'écume, arriva précipitamment pour annoncer que les Turcs étaient sortis de Plewna et se portaient en masse sur la route de Griwitza. On assaillit le Tsar de supplications pour lui faire regagner son quartier-général, où il se rendit sous la protection de son escorte. Peu de temps après, on apprit que c'était une fausse alerte. Le grondement du canon roulait encore, la fusillade crépitait au loin, quand survint la nuit, une nuit troublée, oppressante, pleine d'inquiétude et de doute.

Le prince Charles et le grand-duc Nicolas avec leur suite s'étendirent près d'un grand feu. Pas un mot ne fut échangé; chacun se renfermait dans ses sombres pensées, mesurant l'état critique de la situation. Tout à coup, vers neuf heures, un officier arriva, bride abattue; il apportait une nouvelle inespérée, quoique désirée ardemment: les troupes roumaines, composées du 2e bataillon de chasseurs, des 14e et 16e régiments de dorobantsi et du 5e de ligne, s'étaient emparées de la première redoute de Griwitza et en avaient chassé les Turcs, après une mêlée sanglante; un drapeau et cinq pièces de canon formaient les trophées de cette victoire, chèrement achetée d'ailleurs.

Le grand-duc serra le prince dans ses bras, et ce dernier dépêcha immédiatement un messager à l'empereur pour lui annoncer l'heureux événement. Tous deux passèrent la nuit tout habillés, sous une pluie froide et pénétrante, à leur point d'observation, le coeur déchiré par les sourds gémissements des blessés, tandis que le canon et la fusillade retentissaient au loin, les Turcs ayant tenté pendant la nuit de reprendre la redoute de Griwitza; mais cette attaque avait été repoussée par les troupes roumaines. Vers quatre heures du matin, des officiers d'ordonnance apportèrent des renseignements plus détaillés sur les différents combats, où avaient péri 16 000 hommes, dont 2600 Roumains et 59 officiers. Les troupes se trouvaient dans le plus complet état d'épuisement, et l'on se demandait avec inquiétude ce qu'il faudrait faire, si Osman Pacha s'avisait maintenant d'entreprendre une vigoureuse attaque.

L'empereur arriva bientôt, embrassa le prince Charles avec affusion et lui exprima son entière admiration pour la bravoure intrépide de la jeune armée roumaine.

Les troupes roumaines prennent d'assaut la redoute de Griwitza (11. Septembre 1877).

Le prince, qui n'avait pas quitté son poste de toute la journée, afin de donner les ordres nécessaires, passa cette nuit là à Poradim, et visita le lendemain le champ de bataille, où des scènes de désolation navrantes s'offrirent à ses regards; en effet, les ambulances étant insuffisantes pour secourir tous les blessés, beaucoup de ces malheureux durent passer plus de quarante heures en plein air; d'autres, en grand nombre, étaient restés encore à portée du feu de l'ennemi sans pouvoir être secourus, car Osman Pacha avait rejeté toutes les propositions d'une courte suspension d'armes pour relever les blessés et enterrer les morts. Puis le prince inspecta ses troupes, dont les acclamations enthousiastes le saluèrent au passage; de là, il eut une entrevue avec l'empereur, et, dans le conseil militaire, il se prononça avec la plus vigoureuse énergie pour une attitude purement défensive devant Plewna jusqu'à l'arrivée des renforts nécessaires. L'état-major russe comprit alors la justesse de l'avis exprimé par le prince dès le premier moment, c'est-à-dire l'impossibilité de s'emparer d'assaut d'une ville entourée de 20 fortes redoutes comme Plewna. En comptant les premiers combats livrés, les succès obtenus jusque là, bien faibles cependant, n'avaient pas coûté moins de 25 000 hommes.

Le prince écrivit à la princesse Elisabeth jusque fort tard dans la nuit pour lui rendre compte de cette journée sanglante: „Dès le grand matin, je quittai mon quartier-général afin d'arrêter encore une fois avec les commandants des corps les dispositions que j'avais signées la veille au soir. L'empereur arriva; au milieu d'une forte canonnade, un Te Deum fut chanté. La cérémonie était émouvante, rehaussée par des chants magnifiques. Nous nous agenouillâmes tous et priâmes Dieu de nous donner la victoire; L'empereur pleurait. Après le service divin, nous nous embrassâmes. On servit sur le même lieu le dêjeuner; je bus à la santé de l'empereur qui porta ensuite

Le premier drapeau turc remis au Prince Charles en présence du Grand-duc Nicolas de Russie après
la bataille de Griwitza (12. Septembre 1877).

un toast à l'armée roumaine, disant que celle-ci a brillamment passé sa première épreuve du feu ! Je répondis par un toast à la brave armée russe. A 2 heures, je montai à cheval et me rendis sur le point où les rapports devaient m'arriver. A mon départ, l'empereur et le grand-duc Nicolas me serrèrent cordialement la main. Le brouillard s'était transformé en une pluie désagréable, mais qui n'empêchait plus de voir. A 3 heures, l'attaque commença de tous les côtés. C'est avec des battements de coeur que je suivais chaque mouvement et observais tout. Le feu était terrible sur toute la ligne. Le tonnerre des canons et le bruit de la fusillade étaient assourdissants ; trois magasins à poudre sautèrent en l'air. Nos colonnes s'élançaient de toutes parts, décimées par le feu de l'ennemi ; bientôt, le champ de bataille était couvert de milliers de nos braves ; à plusieurs reprises, les Turcs repoussèrent l'attaque et c'est seulement à la tombée de la nuit, que la dernière attaque réussit. Mais les pertes ne furent pas en rapport avec les maigres résultats, car si nous avons réussi à prendre la redoute avancée, nous pouvons la perdre facilement, puisqu'elle est dominée par une puissante ligne fortifiée. La journée qui n'est pas une victoire, mais seulement un s u c c è s m i l i t a i r e , nous coûte au moins 14 000 hommes, dont 2000 soldats et 50 officiers appartenaient à l'armée roumaine ; le chiffre exact n'a pas encore pu être établi. Mais les deux armées se sont battues héroïquement. Vers le soir, je visitai les lieux de ralliement roumains, qui présentaient un tableau à fendre le coeur. A 6 heures, je me rendis chez l'empereur auquel je ne pouvais communiquer que de tristes nouvelles ; il était profondément ému. Sur ces entre-faites, la nouvelle nous arriva que la cavalerie turque avait rompu nos lignes. On insiste pour que l'empereur retourne à son quartier-général ; on l'y reconduit. Le grand-duc et moi restons devant Plewna, toute la nuit, en vêtements mouillés sous une pluie incessante. On allume un grand feu,

autour duquel nous nous séchons autant que possible;
pour nous couvrir, de toute surprise, on fit avancer un
bataillon de réserve. La nuit fut orageuse, et notre campe-
ment désagréable. Des milliers de cadavres couvraient le
champ de bataille, et les ambulances travaillaient toute la
nuit, infatigables."

Si douloureuses que fussent pour le prince Charles les
pertes effroyables subies par son armée, il n'en était pas
moins d'autre part rempli d'un légitime orgueil pour la
vaillance de ses troupes, allant pour la première fois au
combat et pourtant nullement inférieures aux soldats russes
éprouvés dans maintes guerres. Elles n'avaient cessé de
marcher en avant sans laisser un seul instant faiblir leur
courage, et une gloire éclatante entourait désormais
l'étendard de la Roumanie. L'empereur Alexandre fut le
premier à le reconnaître en conférant personnellement au
prince la Croix de Saint-Georges; il accompagna ce témoignage honorifique d'un rescrit glorifiant le courage
héroïque déployé par les soldats roumains dans les combats
des 11 et 12 septembre.

Ce courage ne se démentit pas à l'attaque dirigée le
18 septembre contre la deuxième redoute de Griwitza, d'où
l'ennemi renouvelait sans cesse ses tentatives afin de reconquérir la première. Trois bataillons marchèrent à l'assaut;
après une courte lutte à la baïonnette, ils chassèrent les
Turcs de leurs lignes retranchées et parvinrent jusqu'au
fossé de la redoute, où s'engagea une sanglante mêlée,
terminée par une nouvelle victoire. Mais toutes les tentatives pour escalader le mur élevé, à pic, vinrent se briser
contre le feu meurtrier des Turcs, très supérieurs en nombre
et bien abrités, pour exécuter leurs salves foudroyantes.
Plusieurs attaques se répétèrent successivement; toutefois
la funèbre moisson devenait trop affreuse, et le prince, qui
avait suivi d'une hauteur voisine les phases de la lutte, donna
l'ordre de la retraite. 5 officiers, 123 hommes tués, 15

officiers et 420 blessées, tel était le bilan de cette malheureuse affaire.

De son côté, la cavalerie roumaine, opérant à l'Ouest de Plewna pour nettoyer la contrée de forces ennemies et empêcher l'entrée de renforts et d'approvisionnements dans la place, avait obtenu différents succès. Elle put envoyer au commandant en chef un étendard pris aux Tscherkesses. Les jours suivants furent consacrés à des inspections par le prince, dont l'oeil perspicace voyait juste et qui donna ses instructions pour hâter la mise en état de défense, déjà ordonnée par lui, des positions russes et roumaines, afin d'enserrer Plewna dans un cercle de fer et de fermer toute issue à Osman Pacha. Mais en dépit de ces mesures, des renforts et des colonnes d'approvisionnement parvinrent néanmoins dans Plewna, le prince Charles ayant vainement demandé l'envoi de nouvelles troupes russes. Celles-ci n'arrivèrent qu'à la fin de septembre et au commencement d'octobre; leur présence délivra le prince du souci pesant, causé par la crainte de succomber à une attaque d'Osman Pacha. Une pareille éventualité eût pu devenir en effet très critique dans ce moment-là, car de violents orages avaient détruit le pont jeté sur le Danube près de Nicopolis, ce qui retardait considérablement l'envoi des renforts et des approvisionnements. Un temps affreux persista sans interruption pendant plusieurs semaines; la pluie et la neige avaient transformé le terrain en un véritable marécage, les troupes durent bivouaquer en plein air sous un froid de plus en plus vif et des maladies nombreuses sévirent dans leurs rangs.

Le prince écrivait à ce propos à la princesse: ,,On ne peut pas s'imaginer le temps que nous avons ici depuis trois jours; pluie et neige fine, violent vent du Nord et terrain tellement détrempé que c'est à peine si l'on peut bouger. Les pauvres troupes souffrent terriblement; si le temps ne s'améliore pas, nous aurons tant de malades, que les renforts arrivés récemment suffiront à peine pour combler les vides. En Europe, on ne se fait aucune idée des difficultés d'une guerre en Bulgarie; les fatigues, les privations, les peines et les soucis sont si grands, qu'une campagne ici équivaut à trois guerres dans l'Occident. Je commande maintenant les troupes de toute la ligne Selwi-Nicopolis, près de 100 000 hommes, et j'espère que, dans trois ou quatre semaines, Plewna sera forcée de se rendre, quoique les Turcs fassent venir des renforts. La poste et la télégraphie sont interrompus depuis trois jours et le pont sur le Danube est fortement endommagé; les provisions commencent aussi à tirer à leur fin . . . Le temps qu'il fait à présent est pour nous un avertissement de ne pas nous laisser entraîner dans une guerre d'hiver; le grand-duc espère toujours passer les fêtes de Noël à St. Pétersbourg. Puisse-t-il avoir raison! Mais j'en doute! Dans les cercles militaires russes, on attend avec impatience le fin prochaine de la guerre, et une victoire sous Plewna. La Russie entière, et on peut dire l'Europe entière, a les yeux fixé sur ce nid bulgare qui a coûté déjà trop de sang."

Heureusement, la santé du prince n'avait pas été ébranlée par les fatigues énormes de ces derniers temps. Il restait souvent à cheval toue la journée, sans cesse occupé du bien-être des troupes, et visitant aussi les positions extrêmes des avant-postes, sans crainte de s'exposer aux projectiles de l'ennemi.

Enfin, dans la deuxième moitié d'octobre, le temps s'améliora, et comme de nouveaux renforts étaient arrivés, le cercle formé autour de Plewna put se resserrer de plus en plus, et toutes les communications d'Osman Pacha en arrière furent coupées. Le 26 octobre, l'empereur Alexandre transporta son quartier-général à Poradim où le prince mit immédiatement à la disposition du Tsar sa propre maison; lui-même alla se loger à l'extrémité du village dans une misérable cabane couverte de chaume, consistant en deux petites pièces humides et basses, sans planchers, tandis que sa suite s'établissait tant bien que mal dans des baraques voisines.

Le temps laissé libre par les occupations et les événements militaires était mis à profit par le prince pour une correspondance suivie avec la princesse; il la conjurait de se ménager, car elle se vouait entièrement au soin des blessés et des malades dans les hôpitaux de Bucharest. Le prince lui écrivait le 14 octobre:

„Pendant huit jours, le temps a été affreux et les troupes en ont beaucoup souffert. Leurs bottes s'enfonçaient dans de la neige fondue et plusieurs soldats ont les pieds couverts d'engelures; les hôpitaux ne sont pas suffisants pour contenir tous les malades; dans l'armée de l'Ouest, il y en a plus de 2000! Par un temps horrible, je visitais tous les lazarets et ambulances, et consolais les malheureux dont plusieurs sont couchés sur de la paille humide. D'autres sont morts pendant le transport. Environ 300 chevaux ont péri et les routes sont semées de leurs charognes. La guerre se présente ici sous la forme la plus affreuse, et on doit avoir des nerfs résistants pour la supporter. J'ai visité les troupes roumaines dans les tranchées, où elles restent dans l'eau et la boue jusqu'aux genoux! En outre, les parapets se sont effondrés sur plusieurs points, de sorte que nos soldats sont exposées à la fusillade des Turcs; aussi avons-nous eu, ces jours derniers, beaucoup de blessés. Malgré tout, on travaille et on installe de nouvelles batteries. J'ai fait tirer les premiers coups de l'une d'elles, à 600 mètres; les Turcs, qui ont éprouvé quelques pertes, ont répondu aussitôt par une fusillade; comme celle-ci devenait trop vive, j'ai quitté la batterie pour ne pas m'exposer inutilement. Le colonel Gaillard, qui m'accompagnait, m'a fait ensuite des reproches à ce sujet et m'a déclaré que désormais il m'empêcherait d'aller dans les tranchées. Une demi-heure plus tard, un sous-officier d'artillerie, décoré de la médaille

Visite du Prince Charles à la redoute roumaine de Plewna.

militaire et avec lequel j'avais causé, a été tué sur la même place où je m'étais trouvé. Tout le monde a été plus au moins malade; moi seul je me porte bien, Dieu merci! Je suis habitué aux fatigues; je suis donc dans mon élément; souvent je reste toute la journée à cheval, ce qui étonne même les Russes."

Les hauteurs les plus importantes autour de Plewna ayant été emportées dans les semaines suivantes, on n'avait plus à craindre de voir Osman Pacha s'échapper. La seule éventualité possible était une sortie, et pour y parer, le prince prit les mesures dictées par la plus sage prévoyance, faisant renforcer les lignes encore trop faiblement occupées ainsi que les divers retranchements. Tandis que devant Plewna, on se renfermait dans l'expectative, le prince Charles, afin d'enlever à Osman Pacha sa dernière chance de recevoir du secours du Nord-ouest ou du Sud-ouest, avait ordonné à ses troupes de s'emparer de la ville forte de Rahowa, située sur le Danube et pouvant servir de point de concentration pour la Bulgarie occidentale.

L'ordre fut exécuté avec la plus grande bravoure par les troupes roumaines les 19 et 20 novembre, et le drapeau roumain fut hissé sur les murs de la forteresse conquise.

Le prince avait exprimé le désir que les garnisons de Rahowa et de Nicopolis fussent fournies par les Roumains, son voeu fut réalisé; c'était un témoignage rendu aux succès éclatants des armes roumaines, un évènement d'une grande importance, non seulement au point de vue militaire, mais encore au point de vue politique.

Le prince Charles continuait à déployer une activité infatigable pour empêcher tout relâchement dans le service d'observation de la part des troupes devant Plewna; il visitait régulièrement les positions extrêmes, exposant même plusieurs fois sa vie aux plus graves dangers.

Tous ses moments libres étaient consacrés à sa correspondance avec la princesse, ne fût-ce que pour donner le plus léger signe de vie; pourtant les importants devoirs de sa situation étaient nombreux au point de lui laisser seulement quelques heures pour le repos de la nuit. Le prince suivait avec une attention soutenue les autres opérations militaires dirigées contre la Turquie, manifestant ouvertement sa joie pour chaque succès important obtenu. C'est pourquoi il adressa ses félicitations les plus cordiales au grand-duc Michel Nicolaiewitch à Tiflis, pour son attaque victorieuse à Kars, et le 18 novembre, il écrivait les lignes suivantes au prince de Monténégro, qui avait conduit personnellement les fils des Montagnes noires au combat, en se couvrant de gloire à leur tête:

„Monseigneur! Afin de perpétuer le souvenir de la mémorable confraternité d'armes qui bien que sur deux théâtres distincts de la guerre, s'est établie entre nos deux armées, qui combattent un ennemi commun, pour une même, grande et sainte cause, je désire prouver à Votre Altesse la haute estime et l'admiration que m'inspirent les glorieux faits d'armes, accomplis par les troupes monténégrines, sous le commandement de leur Prince valeureux: aussi je viens prier Votre Altesse d'accepter ma médaille pour la valeur militaire. Cet insigne, destiné à récompenser dans mon armée les actes de bravoure et de dévouement, ne saurait être mieux porté que par le Souverain d'un peuple de héros, et je suis heureux de l'offrir à Votre Altesse, comme témoignage de la sincère et fraternelle affection qui nous unit, nous et nos pays. Le sang généreux que versent aujourdhui les soldats monténégrins et roumains, pour le triomphe de la justice et de la civilisation chrétienne, sera l'indestructible ciment d'une éternelle amitié entre le Monténégro et la Rou-

manie, et je suis fier de pouvoir envoyer, des
collines de Plewna, les saluts de l'armée roumaine
à la vaillante armée monténégrine, dans les
montagnes de l'Albanie. Je forme les vœux les
plus ardents pour la continuation des éclatants
succès qui sont si familiers à vos braves soldats
et qui causent l'admiration du monde entier.
Veuillez agréer, Monseigneur, l'expression de la
cordiale amitié et de l'inviolable attachement
avec lesquels je demeure, de Votre Altesse, le
bon frère. Charles.“

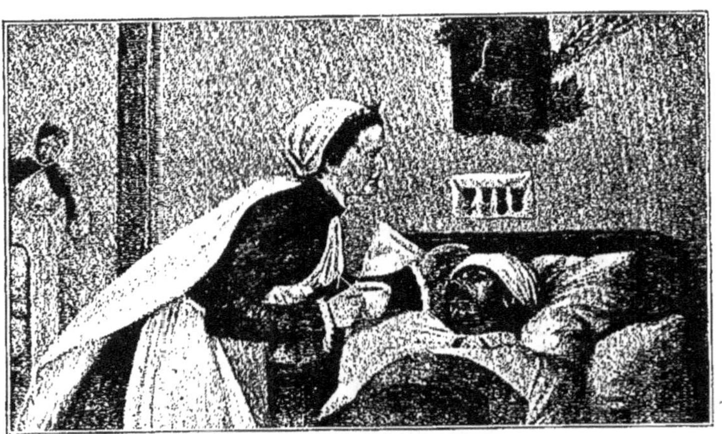

La Princesse Elisabeth soignant les blessés des hôpitaux de Bucharest.

Les moments de vrai bonheur du prince, toujours
infatigable dans l'accomplissement de ses devoirs militaires,
lui étaient apportés par les lettres de la princesse Elisabeth.
Il la remercie une fois en ces termes:

„Ta chère lettre m'est arrivée hier; j'en ai
été heureux comme un voyageur dans le désert,
voyant, après la nuit, venir l'aurore. Je relis

plusieurs fois chacune de tes paroles et je les porte sur moi."

Une autre fois, il lui écrit:

„Hier, en se rendant au Te-Deum, l'empereur m'a dit: „J'ai reçu un charmant télégramme de la princesse, et je suis vraiment touché de cette gracieuse attention de sa part." J'ai répondu que nous prenions cordialement part à toutes ses joies et qu'il en est de même de la victoire en Asie. L'empereur a répliqué: „Je le sais bien! Je dois vous dire que j'ai une grande affection pour la princesse; j'éspère qu'elle est complètement rétablie et qu'elle ne se fatigue pas trop."

Et à la date du 26 novembre:

„Hier il y a eu déjà trois mois que nous sommes séparés, et dans quelques jours, un trimestre se sera écoulé depuis que je suis avec l'armée en Bulgarie. Si dure que soit, pour le moment, cette séparation, ce temps toutefois est et restera plein d'événements et laissera sur notre esprit une empreinte ineffaçable. Aies seulement du courage et de la patience, car bientôt nous serons à nouveau unis. As-tu vu Bratianu? Il est très heureux des résultats obtenus et m'appelle „étoile de la Roumanie." Toi, tu es certainement „l'ange de la Roumanie!"

Le mois de décembre commença par de violentes tempêtes qui détruisirent les communications avec l'arrière; les troupes eurent donc à souffrir du manque de vivres; le foin et le bois faisaient également défaut, les convois ne pouvant plus arriver régulièrement. Le misérable logement du prince Charles offrait l'aspect le plus lamentable. Dès qu'on essayait de le chauffer, les pièces étroites se remplissaient de fumée, et la pluie ainsi que la neige pénétraient à plusieurs endroits. Les routes étaient défoncées, il fallait mettre pour avancer trois fois plus de temps que d'habitude. Le prince ne cessa de s'opposer aux instances réitérées du grand-duc Nicolas pour entreprendre d'énergiques attaques contre Plewna. En effet, Osman Pacha ne pouvait plus

Deuxième quartier général du Prince Charles à Poradim.

tenir longtemps désormais, et l'on eut sacrifié inutilement des existences précieuses. Là encore, sa prévoyance se manifestait d'une manière admirable.

Le 10 décembre au matin, le prince Charles fut averti de forts mouvements des troupes turques, permettant de conclure à une sortie. Il se fit immédiatement conduire en voiture à Griwitza, où il apprit que les Turcs avaient évacué la deuxième redoute, déjà occupée maintenant par les Roumains; le prince donna alors l'ordre à la deuxième division de se porter en avant sur toute la ligne. L'heure de la décision finale semblait près de sonner. De différents côtés, éclata la canonnade à laquelle se mêlait le crépitement des salves de l'infanterie. Le tonnerre des pièces et le bruit de la bataille devinrent de plus en plus assourdissants. Apprenant que les Turcs s'étaient emparés d'une redoute russe, le prince Charles fit marcher sa 4e division contre l'ennemi. D'une hauteur dominante, il embrassait de l'oeil tout le terrain, donnant continuellement ses ordres et informant sans cesse par un court télégramme l'empereur Alexandre de la marche de la bataille.

Les Roumains attaquèrent de nouveau avec une vigueur et une bravoure sans égales; ils enlevèrent Opanetz et prirent deux redoutes; leur élan énergique amena la capitulation des troupes turques occupant la troisième redoute, soit 7000 hommes avec 6 canons. Cette nouvelle causa au prince une joie profonde. Sur plusieurs points, les Turcs avaient néanmoins obtenu de sérieux avantages, mais finalement ils furent repoussés par les forces des alliés, avec de grandes pertes, auxquelles contribua le feu ininterrompu des batteries.

Peut-être l'attaque d'Osman Pacha eût-elle été couronnée de succès si l'on eût suivi ses dispositions. Il avait réparti son armée en deux groupes de 20 000 hommes chacun; le premier, sous sa propre direction, devait chercher à percer les lignes ennemies au-delà du Wid; l'autre groupe ne devait se mettre en marche que deux heures plus tard, et couvrir jusqu'à ce moment-là les flancs et les derrières du premier. Osman Pacha resta exposé à une véritable grêle de balles; il eut un cheval tué sous lui et fut lui-même blessé au pied. Vainement il attendit l'arrivée du second groupe, afin de se joindre à lui et de pousser ensuite en avant; ce groupe était trop fortement engagé dans une série de combats avec les Roumains et ne tarda pas à s'apercevoir de l'inutilité de la résistance. En effet, les troupes roumaines avaient repoussé les Turcs de Plewna dans une vallée située entre la ville et la rive droite du Wid, vallée encombrée de milliers de voitures et d'une foule compacte formée par la population de la ville qui avait voulu se joindre à l'armée d'Osman Pacha. Les obus des batteries roumaines, en tombant au milieu de cette masse, y augmentèrent le désordre dans des conditions effroyables. Des fractions entières de l'armée turque mirent bas les armes; la panique augmenta de plus en plus, surtout après que la mort d'Osman Pacha, atteint d'une grave blessure, se fût, à tort, répandue.

Le prince Charles avait quitté son poste d'observation à midi pour se rendre sur le lieu du combat entre Bukowa et Opanetz, où le tableau saisissant et profondément émouvant du tumulte de la bataille s'offrit à ses yeux.

A ce moment, sur un cheval blanc d'écume, un officier vint annoncer au prince qu'Osman Pacha voulait capituler avec toute son armée. Le général en chef turc avait fait cette communication au colonel roumain Cerchez, commandant le 3ᵉ de ligne, qui avait atteint sur la rive droite du Wid la cabane où gisait le Pacha blessé, et y avait fait de nombreux prisonniers turcs.

Le prince Charles se porta alors avec son état-major à ce pont du Wid, salué de tous côtés par les cris de joie et les acclamations enthousiastes des troupes roumaines victorieuses. Mais si le général en chef éprouvait une fierté bien naturelle pour le nouveau succès des armes roumaines, la misère affreuse à laquelle il se heurta partout, saisit son cœur d'une pitié sincère pour les héros ennemis. On n'avançait que lentement, en croisant de longues files de prisonniers, au milieu des morts et des blessés. Près du pont du Wid, escortée par un détachement du 3ᵉ régiment roumain de Calarasch, s'avançait une voiture découverte dans laquelle se trouvait Osman Pacha, le général ennemi prisonnier. A la nouvelle que le prince Charles approchait, le Pacha se leva malgré sa douloureuse blessure; le prince

Entrevue du Prince Charles avec Osman Pascha à Plewna (10 décembre 1877).

lui tendit la main en pressant fortement la sienne, exprima en termes émus son admiration pour la vaillante conduite du Pacha et de ses troupes, et s'informa de l'état de sa blessure. A ce moment, survint également le grand-duc Nicolas; il embrassa avec émotion le prince, puis se tournant vers Osman Pacha, lui renouvela les mêmes sentiments de haute estime pour les héroïques défenseurs de Plewna. Le Pacha blessé poursuivit alors sa route, pendant que le prince et le grand-duc arrêtaient les dispositions les plus urgentes, après quoi le prince Charles reprit le chemin de Plewna, au milieu d'une foule compacte de prisonniers, d'habitants en larmes, de soldats de l'armée victorieuse. Partout des plaintes, des appels, des gémissements, des cris, des supplications, partout aussi des cadavres, des blessés, des voitures renversées, des armes jetées à terre; et tout cela dominé par les lamentations des femmes, les pleurs des enfants, entremêlés des ovations des troupes russes et roumaines à la vue du prince, et des accords éclatants de la musique des bataillons en marche vers leurs cantonnements.

La ville de Plewna elle-même faisait l'effet d'une vaste nécropole. Dans les rues étroites, petites, on avait peine à se retrouver, l'obscurité tombait et l'on trouvait difficilement une issue; de temps à autre, quelques coups de feu éclataient encore, çà et là; il fallait bien en effet compter avec le désespoir des soldats turcs restés dans la ville, et cette idée remplissait l'entourage du prince de sérieuses inquiétudes. Enfin, un gamin bulgare indiqua le bon chemin conduisant à Griwitza, et un peu avant d'y arriver, le prince monta dans la première voiture venue, son propre équipage ainsi que son escorte s'étant perdus au milieu de l'obscurité et du désordre. On avança dans le nuit sombre avec mille précautions, à travers des obstacles de toute espèce, parmi les morts et les blessés, dont beaucoup imploraient désespérément à l'aide, et au milieu d'un chaos de pièces, de caissons et de voitures renversés.

Le prince n'arriva à Poradim qu'un peu avant dix
heures et se rendit immédiatement à la maison occupée par
l'empereur; celui-ci dormait déjà, mais le prince le fit
réveiller pour lui annoncer la grande victoire, impatiemment
désirée depuis si longtemps. Le Tsar, très ému, serra dans
ses bras ce messager de la bonne nouvelle en s'écriant tout
joyeux: „Avec de la persévérance, on arrive toujours au
but!“; puis il se fit faire un récit exact et détaillé des événements.

Mourant de froid et de faim, car il n'avait rien pris de
toute la journée, épuisé de fatigue, le prince Charles rentra
dans son logement; néanmoins, il ne put dormir, tant son
agitation était grande. La chute de Plewna et la capitulation
d'Osman Pacha constituaient en effet l'événement décisif
de toute la campagne, bientôt terminée probablement,
car les masses énormes réunies devant Plewna pouvaient
être dirigées sur un autre point du théâtre de la guerre, et
changer la situation toujours critique à la passe de Schipka.

Le lendemain, la portée immense du succès apparut
dans toute sa plénitude: 40 000 prisonniers, parmi lesquels
10 Pachas, 128 officiers supérieurs et 2000 officiers subalternes, 77 pièces de canon, des armes et des drapeaux en
grand nombre, étaient tombés aux mains des alliés. Dans
la matinée, fut célébré un Te Deum, à l'issue duquel le prince
Charles accompagna le Tsar à Plewna. L'empereur lui
avait conféré auparavant la croix de Saint-André, distinction extrêmement rare, en lui disant: „Vous l'avez bien
méritée, et je Vous suis profondément reconnaissant de Votre
précieux appui.“ Dans la ville, on disposa pour le monarque
une maison bourgeoise où l'empereur et sa suite déjeunèrent;
à cette occasion, le Tsar porta un toast chaleureux au prince
Charles et aux troupes roumaines, en les appelant: „nos
alliés.“ L'empereur reçut également, en présence du
grand-duc Nicolas et du prince, la visite d'Osman Pacha,
à qui il rendit son épée en témoignage de sa haute estime.

Comme le nombre énorme des prisonniers n'était pas sans inspirer quelque crainte à l'entourage de l'empereur, ce dernier chargea le prince Charles d'exprimer de sa part sa reconnaissance aux troupes victorieuses. Accueilli partout avec un enthousiasme indescriptible pendant l'accomplissement de cette mission, le prince ne rentra que fort tard dans la soirée à Poradim, le cœur profondément troublé par toutes ces scènes émouvantes.

Pendant les jours qui suivirent, d'innombrables télégrammes de félicitations affluèrent chez le prince de toutes les parties du monde. Le Tsar Alexandre lui adressa également une lettre officielle pour confirmer l'octroi de l'ordre de Saint-André avec épée, en souvenir de l'habileté déployée par le prince dans son commandement, en témoignage de l'amitié particulière de l'empereur et comme couronnement de la prise de Plewna, après cinq mois de résistance.

L'empereur d'Allemagne décerna au prince la plus haute distinction prussienne pour faits d'armes, l'ordre Pour le Mérite, en lui adressant en même temps des paroles élogieuses empreintes de la plus affectueuse cordialité.

Avant de quitter définitivement le sol bulgare, l'empereur Alexandre passa, le 3 décembre, à Plewna une grande revue de toutes les troupes, parmi lesquelles 16 000 Roumains, en présence du prince Charles. Le Tsar exprima à celui-ci sa joie de pouvoir saluer encore une fois les vaillants régiments roumains. Le soir, après le dîner, l'empereur eut dans son cabinet une longue conversation avec son allié, l'assurant qu'à la conclusion prochaine de la paix, la Roumanie trouverait largement son compte; quant à lui, il n'oublierait jamais les sacrifices faits par ce pays, sacrifices dont il appréciait entièrement la portée et l'étendue; il avait en outre, pendant la période mémorable passée en commun, appris à aimer le prince et se plaisait à reconnaître ses éminentes qualités. Le prince Charles remercia en termes émus l'empereur pour ses paroles bienveillantes,

Le Prince Charles, à la tête des troupes roumaines, défilant devant l'Empereur Alexandre II de Russie à Plewna. (3 décembre 1877).

et exprima l'espoir de voir la Roumanie prendre part aux négociations de paix. Le Tsar se contenta d'exprimer un peu évasivement son intention d'assurer à la Roumanie ses droits d'Etat politique, certain d'ailleurs en ceci du consentement de l'Europe entière; puis il prit congé de son allié en l'embrassant avec effusion. Toutefois, le lendemain matin à 7 heures, le prince Charles ne manqua pas d'accompagner encore à cheval l'empereur sur un assez long trajet.

Il s'exprimait comme il suit dans une lettre à son père: „La chute de Plewna est et restera le facteur le plus important de cette guerre sanglante, et je suis fier de ce que ma jeune armée y ait coopéré et que ce soit moi qui aie eu le commandement des armées. Aussi, l'empereur Alexandre a-t-il pleinement reconnu que nous avons été à la hauteur de notre tâche. Lorsque je revins de Plewna, vers 10 heures du soir, pour lui communiquer les détails de la grande victoire, il m'embrassa cordialement et me dit entre autres: „Je vous remercie de votre concours et de la persistance que vous avez mise dans cette période difficile . . .“

Le prince Charles se sépara dans un ordre du jour très cordial des troupes russes jusque là sous son commandement, et adressa le 14 décembre à ses propres soldats la proclamation suivante:

„Soldats,

„Vos efforts, les souffrances nobles et héroïques que vous avez endurées, les généreux sacrifices que vous avez faits de votre sang et de votre vie, tout a été récompensé et couronné le jour où la terrible Plewna est tombée devant votre bravoure, le jour où la plus belle armée du sultan, son plus illustre et son plus brave général, Osman l'invincible, ont été vaincus et ont déposé les armes devant vous et vos frères en gloire, les soldats de S. M. l'Empereur de Russie.

„L'histoire des faits du passé a été enrichie par vous du récit des faits que vous avez accomplis récemmeut et le livre des siècles conservera, sur ses pages ineffaçables, les noms de ces exploits.

„Sous peu, vous rentrerez dans votre pays, portant chacun sur votre poitrine le signe du courage du soldat et de son dévouement à la patrie, la croix pour le „Passage du Danube“, et la médaille „Aux défenseurs de l'indépendance de la Roumanie.“ Lorsque vous arriverez dans vos foyers, dans les villes, les villages et les hameaux où vous êtes nés, vous direz à vos parents, à vos frères, aux vôtres, ce que vous avez fait pour votre pays. Les vieillards vous écouteront en se rappelant les époques de grandeur de la race roumaine, dont ils ont entendu parler par leur père et leurs aïeux; les jeunes gens verront en vous l'exemple vivant de leurs futurs devoirs. La Roumanie peut envisager, fière et calme, son avenir, tant qu'elle aura des fils au cœur chaud et aux bras vigoureux.

„Au nom du pays, votre Prince et votre chef vous remercie.“

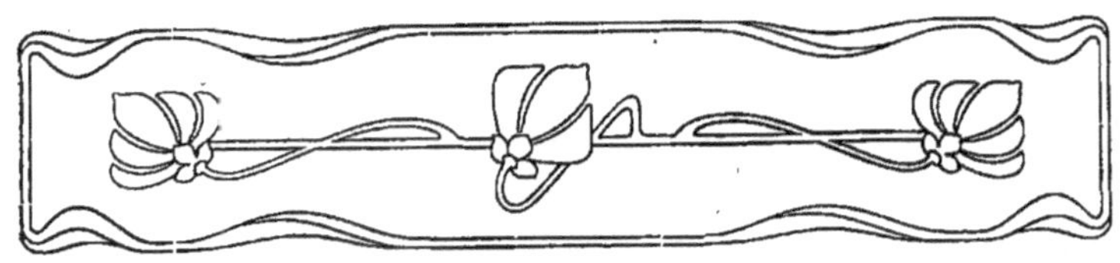

XV.

Le Retour.

D'effroyables tourmentes de neige retardèrent le départ du prince Charles; puis, le pont situé près de Nicopolis étant rompu, et par suite l'approvisionnement plus difficile, il fallut diminuer les rations, même au quartier-général. Par tous les joints et les fentes des murs et du toit, la neige pénétrait dans la misérable cabane à peine capable de résister à la fureur des éléments, qui servait d'habitation au prince. Un froid glacial régnait dans les chambres, envahies par une épaisse fumée, et pendant la nuit, il fallait renverser une chaise de campagne sur la couverture du lit, pour empêcher celle-ci de s'envoler. Le prince songeait avec tristesse à ses pauvres soldats, en ce moment en marche avec des transports de prisonniers à conduire jusqu'au Danube, et exposés sans abri aux horreurs de cette glaciale température. A Poradim, on ne pouvait même pas songer à un mouvement quelconque; des paysans et des conducteurs de voitures, morts de froid, gisaient dans la rue du village, ainsi qu'un grand nombre de bêtes de trait, victimes de la rigueur de la saison.

Enfin, les jours de neige cessèrent; et le *22* décembre au matin, par 18 degrés de froid, le prince quitta Poradim

Le Prince Charles sur la route de Nicopolis. (22 décembre 1877).

pour se rendre à Nicopolis. Sa voiture — on n'avait pas pu trouver de traîneau — bien qu'attelée de huit chevaux, n'avançait que pas à pas, au milieu de l'épaisse couche de neige. On avait peine à distinguer la route et l'on passa souvent à travers champs. Tout le long du parcours, on voyait des cadavres de Turcs morts de froid; les longues files de prisonniers se traînaient péniblement, au milieu des gémissements et des plaintes des malheureux succombant à la fatigue, sans qu'il fût possible de leur porter secours, car les hommes de l'escorte devaient craindre eux-mêmes pour leur vie, et plus d'un brave soldat roumain trouva là une fin misérable. Ce spectacle déchirant était au-dessus des forces du prince, qui, à deux heures de l'après-midi, préféra monter à cheval pour ne pas écraser avec sa voiture les pauvres gens tombés d'épuisement, et pour fuir plus rapidement l'aspect de cette effroyable misère. Mais plus il avançait, plus le nombre des morts et des mourants augmentait; à certaines places, le sol était jonché des cadavres de malheureux ayant cherché quelque repos dans un fosse ou autour d'un maigre feu, où la mort les avait surpris. Le cheval du prince se cabrait devant les corps morts encombrant la route; hideux spectacle que l'imagination, même la plus sombre, aurait peine à se représenter. Le prince aurait bien voulu fermer les yeux, mais il lui fallait au contraire apporter toute son attention pour ne pas tomber; souvent il descendait de cheval et marchait à pied un certain temps, car la bise glaciale arrêtait pour ainsi dire le sang dans les veines. Ces heures lui parurent interminables, laissant bien loin derrière elle les horreurs sanglantes des combats précédents. Plus on se rapprochait de Nicopolis, plus l'affreux cortège s'allongeait, les cadavres formant une sorte d'allée lugubre que le prince dut parcourir, le cœur déchiré par une douloureuse angoisse.

Au coucher du soleil, on atteignit enfin la forteresse, où le prince reçut un accueil chaleureux, enchanté de se retrouver parmi ses officiers, fiers eux-mêmes de voir au milieu d'eux le chef qui les avait conduits à la victoire. Pourtant, la joie était assombrie chez ce dernier par des scènes de désolation. Autour des fossés de la forteresse, où l'on avait parqué des milliers de prisonniers turcs, s'élevaient, pendant la nuit, les cris et les plaintes de ces infortunés, sans abri, sans vêtements chauds, sans feu et sans pain, de sorte qu'aux rigueurs du froid s'ajoutaient les horreurs de la faim. Les malheureux durent rester en plein air par 22 degrés de froid, et l'on pouvait redouter de leur part quelque acte de désespoir, les 11 000 prisonniers n'étant gardés que par 1800 soldats roumains.

Le lendemain, 23 décembre, comme le pont n'était pas encore rétabli, le prince passa le Danube dans un canot à vapeur, par une forte débâcle; les glaçons pressés s'entre-choquaient en grinçant et en craquant, menaçant de détruire le frêle esquif, et en prévision de ce danger de tous les instants, le prince se tenait prêt à sauter sur un des glaçons. Cette périlleuse traversée dura plus d'une heure, suivie du regard, sur la rive roumaine opposée, par une foule immense de peuple anxieux et par le Ministre Bratianu. Aussi l'enthousiasme toucha-t-il au délire, lorsqu'après une si longue absence, le prince Charles mit enfin le pied sur le sol de la patrie; tous l'entouraient avec des démonstrations de joie bruyante et des cris redoublés.

On passa par Turnu-Magurele, où le prince visita les ambulances, par Costeschti et Piteschti; les mêmes scènes de touchante ivresse se renouvelèrent partout, et l'on arriva à Titu, où après quatre longs mois de pénible séparation, la princesse Elisabeth attendait son époux. Tous deux tombèrent dans les bras l'un de l'autre, et une heure plus tard, à midi, le 27 décembre, le prince et la princesse faisaient leur entrée triomphale à Bucharest, au milieu des maisons brillamment pavoisées et d'une population accourue en rangs pressés pour acclamer le retour du vainqueur.

Après un Te Deum solennel chanté à la Métropolie, le couple princier se rendit à la Chambre, où les représentants du peuple accueillirent les deux époux par des démonstrations enthousiastes. Debout sous un dôme, le prince, profondément ému, adressa aux députés une allocution dans laquelle il jetait un coup d'oeil rétrospectif sur les onze années de son règne, en insistant sur l'orgueil causé par la réalisation de ses voeux les plus chers de l'année 1866: „En 1866, lorsque Je mis le pied sur le sol roumain, Je vins d'abord au milieu de la représentation nationale, dire au pays que, dès ce jour-là, nous allions partager la bonne et la mauvaise fortune. Onze ans se sont écoulés depuis. Nous avons eu à surmonter beaucoup de difficultés, beaucoup de peines. Depuis six mois, de grands et importants événements se sont produits; Ma place, dans ces circonstances, était à la tête de l'armée qui défendait la patrie roumaine, son honneur et son indépendance. Le pays sait comment cette armée a fait son devoir, comment elle a réalisé les espérances mises en elle, en justifiant ainsi Ma confiance inébranlable; Je sais et J'ai senti que dans tous les graves événements par lesquels nous avons passé, le pays et Moi étions unis dans une même pensée et avons tressailli de joie, en apprenant les victoires de notre armée. Je suis fier d'avoir été à sa tête lorsqu'elle versait son sang pour l'indépendance de notre chère patrie. Que Dieu bénisse la Roumanie indépendante et qu'il soutienne toujours notre brave armée!"

C. A. Rosetti répondit à ces paroles au nom de la Chambre en remerciant le prince de tous ses actes en faveur du pays qui lui avait confié ses destinées, à lui, le descendant d'une race de héros; il apparaissait clairement en ce jour aux yeux de tous que l'aigle engendre l'aigle, que le chêne produit le chêne, et que le prince appartient à cette phalange prédestinée des hommes habiles dans la conduite des peuples. L'histoire ne sera pas seule à enregistrer la gloire

militaire acquise par le prince, celle-ci sera inscrite encore
„dans les annales des peuples comme un exemple unique;
on y lira en effet comment le souverain d'un petit pays a
su maintenir à celui-ci ses libertés et ses droits envers et
contre tous, malgré l'envahissement d'une grande armée
étrangère et les dures exigences d'une longue campagne".
L'orateur terminait son discours par des paroles de bienvenue pour le vaillant général de retour parmi les siens,
et de remercîment pour la princesse, „cette douce conso-
latrice de nos blessés."

En prononçant ce dernier mot, le président de la
Chambre venait de trouver la note juste, car pendant
toutes ces pénibles semaines, durant ces longs mois d'angoisse, la princesse avait déployé une infatigable activité
dans le soin des blessés et des malades. Oublieuse de son
titre princier pour devenir simple soeur de charité, on
l'avait vue, du matin au soir, apporter ses secours et ses
consolations aux malheureux soldats, insensible à la fatigue,
et assistant les médecins dans les opérations graves, elle, la
femme tendre et délicate par excellence.

Les premiers jours de l'année 1878 apportèrent la
nouvelle du passage des Balkans par les Russes après les
combats victorieux de la passe de Schipka. De même, les
troupes roumaines séjournant sur le territoire bulgare
trouvèrent une nouvelle occasion de se distinguer glorieusement dans le courant de janvier, en s'emparant de la forteresse bien retranchée et fortement occupée de Widdin. Les
diverses redoutes furent emportées d'assaut, et après de
sanglants combats les 24 et 25 janvier, la ville, cernée de
toutes parts et bombardée, capitula le 24 février.

Le 4 février, un armistice avait été conclu à Andrinople
entre la Russie et la Turquie, sans qu'on invitât le plénipotentiaire roumain, en dépit des demandes instantes.
Cette façon d'agir confirmait des bruits en circulation depuis longtemps déjà, d'après lesquels la Russie revendiquait

pour elle, comme prix de la paix, les trois districts de la Bessarabie échus à la Principauté Roumaine par le traité de Paris. Ces bruits furent bientôt confirmés par les dépêches du représentant de la Roumanie à St. Pétersbourg, à qui le prince Gortschakow avait déclaré dans un entretien sur cette question de la Bessarabie: „Quelques arguments que vous puissiez invoquer, vous ne changerez rien à nos résolutions, car elles sont inébranlables. Que voulez-vous. C'est une nécessité politique!“ L'empereur Alexandre avait fait des déclarations dans le même sens, ainsi que le comte Ignatiew, résidant encore à Bucharest.

La nouvelle de la demande russe souleva en Roumanie une agitation profonde dans toutes les classes de la population. Les Chambres, réunies en séance secrète, décidèrent que la Roumanie devait défendre les armes à la main l'intégrité de son territoire jusqu' à la dernière extrémité. Cette décision fut également proclamée dans la séance publique du 11 février, où l'on invoqua la convention conclue avec la Russie, en vertu de laquelle celle-ci s'était engagée à respecter l'intégrité de la Roumanie. Dans cette même séance, l'assemblée vota à l'unanimité une déclaration en faveur de l'intégrité du territoire roumain, sans aliénation d'aucune de ses parties, et sans compensation ni indemnité d'aucune sorte.

Dans le peuple, l'opinion hostile à la Russie trouvait de jour en jour de nouveaux partisans; il fallut toute la modération et la sage expérience politique du prince Charles pour empêcher la situation de devenir grave; il s'efforça constamment en effet d'éviter toute provocation contre la Russie et d'en détourner également ses conseillers. D'autre part, il chercha par des relations et des explications directes, sans obtenir de résultats, il est vrai, à susciter en sa faveur une intervention des chefs d'Etat et des gouvernements amis auprès du grand empire limitrophe. Malgré cet échec, le prince continua ses efforts pour modifier les prétentions russes; il s'adressa même à l'empereur Alexandre et au grand-duc ses amis; mais le gouvernement russe persista dans ses exigences. „Il est bien inutile à la Roumanie de se plaindre, déclara le Chancelier prince Gortschakow; le retour à la Russie des trois districts de la Bessarabie est chose décidée par la volonté inébranlable de l'empereur, d'ailleurs disposé à offrir une compensation à la Roumanie en lui cédant la Dobrudscha. La Russie entrera directement en négociations avec la principauté à ce sujet, mais si elle refuse de céder, on lui enlèvera tout simplement le territoire en litige et elle devra se passer de compensation." Gortschakow alla même jusqu'à prétendre, dans une autre occasion, que si la Roumanie s'avisait de protester contre l'article en question du traité de San Stéfano ou de s'opposer à son exécution, les troupes russes occuperaient le pays et désarmeraient l'armée roumaine.

Quand on apprit au prince les propos tenus par le Chancelier russe, il fit immédiatement télégraphier au général Ghika, représentant de la Roumanie à St. Péters-bourg, de présenter au prince Gortschakow la déclaration suivante: „Le Prince de Roumanie ne peut admettre que de pareilles menaces proviennent de Sa Majesté l'Empereur; une armée qui a combattu comme la sienne devant Plewna sous les yeux du Tsar Alexandre II peut se faire anéantir; on ne la désarme pas."

Cette mâle réponse, bientôt répandue, augmenta encore les sympathies dont la principauté roumaine était l'objet de toutes parts, et la conduite énergique du prince reçut l'approbation générale. En raison de la situation critique, et comme les troupes russes séjournant encore en Roumanie avaient été renforcées, le prince décida que l'armée roumaine occuperait des positions défensives sur la ligne Slatina-Piteschti-Tirgovetsche.

Il écrivit à son père: „Nous vivons dans des transes et des soucis capables de briser le plus vaillant; je suis littéralement accablé d'affaires et ai presque moins souffert des fatigues et des privations de cette terrible campagne que de celles de maintenant. La question de la Bessarabie a causé ici une agitation énorme; mais, tout en protestant, nous devons éviter soigneusement ce qui pourrait offenser la Russie. Toutefois, je ne me gênerai pas pour dire en mon nom personnel à Ignatiew que l'intention de la Russie d'enlever à son allié d'hier un morceau de son territoire paraît étrange, et que sa fameuse compensation ne m'en impose nullement. Nous avons acheté notre indépendance au prix de notre sang et nous ne la devons qu'à nous seuls!"

Au Congrès réuni à Berlin à la fin du mois de juin, les propositions russes furent acceptées, malgré l'intervention des deux Ministres de Roumanie présents, MM. Bratianu et Cogalniceanu, chaleureux défenseurs des droits de leur pays. Des dépêches de Berlin annoncèrent bientôt les conditions auxquelles le Congrès consentait à reconnaître l'indépendance de la Roumanie: L'émancipation des juifs et la cession de la Bessarabie à l'empire russe; la Roumanie recevait en échange les bouches du Danube avec l'île des Serpents, et la Dobrudscha jusqu'à la ligne Silistria-Mangalia.

En apprenant ces nouvelles, le prince Charles, alors en villégiature à Sinaia avec la princesse, revint à Bucharest pour délibérer sur la situation avec ses Ministres. Si profondément regrettable que fût la cession d'une portion du territoire, toute résistance pouvait devenir funeste à la Roumanie. Le prince supplia instamment ses conseillers de bien réfléchir, et peu à peu ils ne se montrèrent plus inaccessibles aux avantages pour la Roumanie de posséder une partie de la côte maritime et des territoires s'étendant jusqu'à la rive droite du Danube. Il y eut des discussions très orageuses aux Chambres, et, finalement on se soumit aux décisions du Congrès de Berlin.

Comme dans toutes les situations graves, le prince épancha son cœur oppressé dans sa correspondance avec son père, auquel il écrivait: „Les combats que la Roumanie a eu à soutenir pendant ces derniers mois, et doit soutenir encore, sont incomparablement plus sérieux que ceux de Plewna et de Widin, et leur issue victorieuse serait beaucoup plus honorable pour mon pays que les lauriers recueillis sur les champs de bataille de la Bulgarie! Il est triste de la part de l'Europe d'obliger un jeune Etat, plein d'avenir, ayant montré sa force et sa vigueur dans une guerre sanglante, à céder ainsi une province. Le Congrès de Berlin pouvait rendre à la Russie ce que lui a enlevé le traité de Paris; mais il est profondément blessant de faire dépendre de la cession de la Bessarabie cette indépendance, conquise par nous sur le champ de bataille. Que de patience et de modération ne faut-il pas pour accepter sans mot dire un pareil affront! Mais nous montrerons aux grandes puissances comment nous savons nous tirer avec honneur des plus mauvaises situations."

Dans un autre passage de la même lettre, le prince écrit encore: „Les pays au-delà du Danube ne sont pas à nos yeux une compensation de la perte de la Bessarabie; nous les acceptons à titre d'indemnité de guerre et parceque l'Europe nous les donne de son plein gré. Nous obtenons donc ainsi un grand avantage moral et matériel, et personne ne peut nous refuser son estime. Les districts que le Congrès nous a attribués ont un grand avenir; j'espère d'ici à quelques années les mettre dans un état florissant et prospère."

Le 20 octobre, eut lieu la rentrée triomphale de l'armée roumaine à Bucharest sous la conduite de prince Charles, au milieu des acclamations bruyantes, des ovations enthousiastes d'une population accourue de tous les points du pays. A l'entrée de la route par où devaient pénétrer les troupes, au second rond-point de la chaussée, on avait érigé un arc de triomphe magnifique, devant lequel le maire au nom de la ville, et le Ministre de l'Intérieur au nom de toutes les députations du pays, haranguèrent le prince, en saluant en lui le chef héroïque de la vaillante armée roumaine. Le prince répondit: „Les témoignages d'amour et d'allégresse par lesquels la capitale et les délégués de tout le pays accueillent aujourd'hui l'armée, sont la plus belle récompense pour toutes les fatigues endurées en Bulgarie. Au nom de Mes braves soldats, Je vous remercie du fond du coeur pour la brillante réception que vous nous avez préparée et pour les paroles brûlantes de patriotisme que nous venons d'entendre. Oui certes, le pays peut être justement fier de ses enfants; ils sont allés au combat avec assurance, et ils en reviennent entourés de l'auréole des héros. A partir de maintenant, notre chère patrie peut être tranquille: un peuple qui a versé son sang pour son indépendance luttera encore vaillamment pour accroître sa force et développer sa prospérité.“

L'enthousiasme excité par ces belles paroles se propagea rapidement parmi les milliers de spectateurs, tandis que le prince s'avançait à la tête de ses troupes en suivant la Chaussée et la rue principale, dont le nom fut transformé en celui de rue de la Victoire. Sur la place du théâtre, eut lieu le défilé, auquel parurent également les pièces conquises sur l'ennemi.

La majorité des Etats reconnut l'indépendance de la Roumanie; des légations roumaines furent créées auprès des puissances européennes, et les Ministres vint prier le prince Charles d'accepter le titre „d'Altesse royale“ comme répondant mieux à la nouvelle situation et à sa dignité. La prise de possession de la Dobrudscha eut lieu dans la seconde moitié de novembre, et le prince y fit allusion dans son discours d'ouverture des Chambres, le 27 novembre, en déclarant tout danger de guerre écarté et en prononçant l'admission définitive de la Roumanie dans la grande famille européenne. Le discours parlait en outre de la possibilité pour les Chambres de remplir l'attente de l'Europe, tout

Entrée triomphale de l'armée roumaine dans Bucharest (20 octobre 1878).

— 246 —

en se maintenant dans les limites constitutionnelles, en faisant disparaître du pays l'inégalité politique basée sur la différence de religion, comme indigne de notre siècle de lumière; en outre, différents projets allaient être soumis aux représentants de la nation, concernant une nouvelle répartition du sol et des terres aux paysans, et d'autres améliorations importantes dans la vie politique du pays, parmi lesquelles une réorganisation de l'armée.

Ainsi fut clôturée d'une façon satisfaisante pour la Roumanie, après de rudes combats extérieurs et intérieurs, cette année 1878, année féconde en événements, année glorieuse, triomphante, pour le pays et pour son souverain, en dépit d'amères déceptions. Le prince n'avait-il pas, en effet, montré dans ses actes et dans ses conseils les qualités d'un chef plein de sagesse et d'énergie, aux jours difficiles de luttes sanglantes, comme aux heures pénibles des sourdes discordes?

XVI.

Érection de la Roumanie en royaume.

———

Si grande qu'eût été l'importance des résultats obtenus au prix du sang sur les champs de bataille, il n'en restait pas moins à accomplir encore une œuvre pacifique considérable, pour achever l'intérieur de l'édifice déjà solide à l'extérieur, et le mettre à l'abri de tous les orages. Telle fut en effet la pensée exprimée le premier jour de l'année 1879 par le prince Charles dans sa réponse aux félicitations ministérielles. Le prince fit ressortir que, pendant l'année nouvelle, de nombreux obstacles étaient encore à surmonter. Mais, grâce à l'appui du Gouvernement, il espérait pouvoir assurer le développement pacifique de la Roumanie.

Les difficultés prévues ne tardèrent pas à se faire sentir. Ce furent tout d'abord des différends de toute nature avec la Russie, relativement à des questions de frontière entre la Bulgarie et la Dobrudscha et à cause des deux places importantes: Arab-Tabia et Silistria, que la Roumanie voulait conserver pour elle, mais qui lui étaient contestées par la Russie. Pendant les semaines et les mois qui suivirent, de vives discussions s'engagèrent entre les deux cabinets; la Roumanie, déjà préparée aux plus graves conflits, maintenait très énergiquement ses prétentions, mais dut à la fin céder devant les désirs des puissances européennes, dont les conseils prêchaient la modération. Silistria fut donc dévolue à la principauté nouvellement fondée de Bulgarie; toutefois, la Roumanie obtint de conserver Arab-Tabia, le fort de l'est près de Silistria, et peu à peu des relations plus amicales s'établirent avec le puissant empire voisin.

Mais la Roumanie avait encore à lutter contre la méfiance des autres puissances; on lui disputait sa liberté d'action et l'on s'accommodait difficilement de voir le jeune État en user, par suite de son indépendance si énergiquement acquise, pour accomplir sa tâche. Plusieurs décisions, importantes pour la principauté, devinrent l'objet d'amères critiques et de fausses interprétations; chaque nouveau progrès dans la voie nettement tracée par le souverain fut suivi avec une méfiance manifeste. Il fallut toute la perspicacité politique et la sage modération du prince Charles pour franchir ces dangereux écueils, capables de susciter de graves conflits.

Encore avant la fin de cette même année, un changement dans la Constitution régla la question des juifs, très débattue, et au commencement de 1880, le rachat des chemins de fer fut mené à bonne fin. Le mérite principal dans cette dernière affaire, sans parler de l'habile intervention du Ministre des Finances d'alors, le Dr. Sturdza, revint au négociateur roumain, le Dr. Jean Kalindéro, ci-devant conseiller à la Cour de Cassation de Bucharest, qui fit, à plusieurs reprises, le voyage de Berlin où il séjourna quelque temps. Le Dr. Jean Kalindéro ne cessa jamais de se montrer serviteur très fidèle du prince, et le réglement de cette question difficile, à l'avantage de la Roumanie, fut surtout son œuvre personnelle.

Les puissances ne firent plus alors aucune difficulté pour reconnaître la Roumanie. L'Allemagne, l'Angleterre et la France donnèrent l'exemple, bientôt suivi par les autres États n'ayant pas encore envoyé leur adhésion. Les conditions intérieures ainsi établies, le prince Charles put se consacrer avec un dévouement plus complet aux devoirs imposés par le développement incessant du pays. Il suivit d'un œil satisfait la fondation de plusieurs fabriques, indices d'une industrie roumaine naissante, puis l'établissement d'une banque d'épargne et de la Banque nationale, au capital de 30 millions de francs, dont les opérations prirent rapidement une importance croissante. Le budget de 1880-81 se monta à 117 millions de francs, sur lesquels 25 millions étaient prévus pour l'armée; celle-ci fut augmentée sans cesse et pourvue d'un nouvel armement moderne. Au milieu de toutes ces circonstances heureuses, on put célébrer, cette année, avec enthousiasme, la fête nationale du 22 mai, à laquelle prirent part des députations accourues de toutes les villes et de tous les districts, pour présenter au couple princier leurs hommages et leurs vœux. De même, toutes les fractions de l'armée avaient envoyé des délégations, réunies dans un grand banquet offert en l'honneur de l'armée par la capitale. Le prince, à qui l'empereur Guillaume Ier venait de conférer l'ordre de l'Aigle noir, y fut l'objet d'ovations enthousiastes, et porta en ces termes le premier toast à la Roumanie indépendante:

„Trois années sont écoulées depuis que la Roumanie, au milieu d'une crise difficile, a proclamé son indépendance; avec un courage héroïque, l'armée et le peuple ont vaincu tous les obstacles, et se sont fortifiés et trempés dans le combat; aujourd'hui, nous pouvons regarder l'avenir, pleins de confiance et d'orgueil. Vive notre chère patrie indépendante!"

Le prince et la princesse passèrent quelques mois d'été en Allemagne, leur première patrie. Le voyage s'accomplit par Vienne pour se rendre à Ischl, où l'empereur François-Joseph reçut le couple princier à la gare, en manifestant sa joie sincère de pouvoir faire au prince et à la princesse les honneurs de ses montagnes. Au cours de plusieurs conversations intimes, le monarque, après avoir nommé le jour même le prince Charles colonel-chef du régiment d'infanterie autrichien No. 6, lui exprima ses chaleureuses sympathies pour la Roumanie et pour sa jeune armée, dont il avait suivi les progrès, en y participant de tout cœur. Il espérait voir les relations les plus amicales s'établir entre ce nouveau royaume et l'Autriche-Hongrie. Le lendemain, le couple princier continua son voyage, traversant Munich pour arriver à Ulm, où le prince passa la nuit, tandis que la princesse se rendit seule à Neuwied. Le prince ne put trouver le sommeil, désireux qu'il était de revoir enfin ses chers parents. Le lendemain à midi, il arriva à Mengen. Il y fut reçu par sa tendre mère, accourue pour serrer dans ses bras son fils, que six longues années, remplies de graves événements, avaient séparé d'elle. On se rendit en voiture à Krauchenwies, où le prince Charles-Antoine, cloué à son fauteuil roulant, accueillit son fils avec la plus vive émotion. Quelques jours plus tard, eut lieu leur entrée solennelle à Sigmaringen, où on leur fit les ovations les plus enthousiastes. Le père accompagna en grande pompe son fils au château de famille, tout rempli de si précieux souvenirs.

A Sigmaringen, le prince Charles prit avec son père les arrangements relatifs à la succession au trône de Roumanie, déjà réglée d'ailleurs par la Constitution roumaine, et stipulant que si le prince Charles restait sans héritier direct, son frère aîné ou un des fils de celui-ci deviendrait son successeur au trône, arrangement qui jusque-là n'avait pas encore été officiellement reconnu par les membres de la famille princière de Hohenzollern, et devait être maintenant confirmé par l'empereur d'Allemagne en sa qualité de chef de la famille.

Une entrevue à ce sujet n'allait pas tarder à se produire,

le prince et la princesse devant passer quelques jours à Berlin au Château royal; ils reçurent l'accueil le plus cordial du couple impérial et de la princesse héritière. L'empereur ne se lassait pas de serrer son neveu sur son cœur, en lui exprimant sa joie profonde de le revoir après cette période d'événements si grands et si importants pour lui et pour la Roumanie. De son côté, le prince Charles se sentait vivement touché de ces démonstrations affectueuses et bienveillantes du vieil empereur, encore vigoureux et robuste malgré ses 83 ans. Le prince et la princesse passèrent le jour suivant à Babelsberg, et l'empereur insista à plusieurs reprises sur le plaisir qu'il ressentait de voir le nom de sa famille si glorieusement illustré par le prince Charles, qu'il nomma chef du 1er régiment de dragons hanovriens No. 9. Le monarque exprima l'espoir que l'armée roumaine saurait progresser dans la voie héroïquement ouverte et conserver une fidélité inviolable à son chef éprouvé.

Quelques jours après, le prince Charles fit une visite au Chancelier de l'empire, prince de Bismarck, dans ce même palais dont, quatorze ans auparavant, il franchissait le seuil, plein d'inquiétudes et de soucis. Combien tout avait changé depuis! Les espérances même les plus hardies avaient été dépassées par la grandeur des événements historiques où le prince s'était montré toujours à la hauteur de la situation! Le prince de Bismarck passa en revue tous ces souvenirs, appréciant à leur véritable valeur les difficultés vaincues par la sage politique du prince Charles, ajoutant combien il regrettait de voir la Roumanie frustrée des avantages qu'elle avait compté retirer de la guerre turco-russe; mais les intérêts de la paix européenne s'étaient opposés à la réalisation de tous les désirs du jeune Etat roumain.

Le couple princier revint en Roumanie vers le milieu d'octobre, et les démarches nécessaires furent entreprises sans retard pour le réglement de la succession au trône. Le Dr. Sturdza présenta au Sénat, le Ier décembre, un mémoire dans lequel il exposait le développement historique de la Roumanie, et insistait sur les motifs en faveur de la fondation d'une dynastie, dont il montra la haute importance politique, en traçant une émouvante peinture des bienfaits du prince Charles envers la Roumanie, et de son inoubliable dévoûement pour le pays:

„Quatorze années se sont maintenant écoulées depuis que Charles Ier est monté sur le trône de Roumanie, et pendant cette période, le pays a fait de rapides et importants progrès. De graves événements, d'une portée immense, se sont accomplis, et chacun de ces progrès, chacun de ces événements, a fourni la preuve que le choix de la nation, en 1866, ne pouvait être meilleur. Les Roumains le savent et s'en rendent exactement compte, le sentiment d'une profonde reconnaissance les anime envers leur souverain. Le respect de la loi est la base de l'existence et de l'avenir d'un peuple. Tous les citoyens intelligents et consciencieux, capables de s'élever au-dessus de l'agitation et des fluctuations des partis, constateront que la Constitution n'a pas trouvé de gardien plus énergique, de défenseur plus fervent que Charles Ier. Du haut du trône, son exemple a montré à chacun la voie à suivre. Tous ceux à qui il a été donné de participer aux travaux du souverain de la Roumanie, ou de pénétrer dans sa vie privée, savent que chacun des jours de sa vie est consacré au service de l'Etat. Il s'est efforcé sans cesse d'étudier les hommes et les choses, l'histoire, la politique générale comme la politique particulière des Etats, afin d'étendre sans relâche le domaine de ses connaissances d'homme politique. De continuelles et profondes études, des recherches sur tous les intérêts et les besoins du pays, remplissent les journées et constituent les plaisirs de Charles Ier, à qui l'on peut appliquer la devise de Frédéric II, son illustre ancêtre: être le premier serviteur de l'Etat. Aussi le monarque s'est-il acquis l'admiration et l'estime complète de tous, au dedans comme au dehors de la Roumanie. Si, pendant la dernière guerre, la Roumanie a vaincu les difficultés effroyables dont elle était entourée et assaillie, si elle a pu conserver son gouvernement national et ses libertés publiques, elle le doit à son souverain Charles Ier. C'est grâce à sa direction que les Roumains sont parvenus à obtenir ce qu'ils possèdent aujourd'hui: leur indépendance, l'estime et la confiance de l'Europe."

Sturdza fit encore un tableau de la vie privée du prince en la citant comme modèle:

„La pureté de ses mœurs, son esprit religieux, son activité, le sentiment de son devoir, tels sont les vertus qui dominent au Palais royal, et dont la salutaire influence se répand sur le peuple et sur le pays. C'est pourquoi la Roumanie ne pourra jamais assez témoigner sa reconnaissance à Charles Ier, son souverain. En effet, il a affermi un trône ébranlé par les régents roumains, il a sauvé le pays du tourbillon effroyable des continuels orages, du déchirement intérieur, du désordre, de la licence effrénée, il lui a assuré le trésor précieux d'une véritable indépendance. Désormais, les Roumains peuvent envisager l'avenir d'un cœur tranquille. Quelles que soient les tempêtes dont ils puissent être menacés, ils attacheront leurs regards résolus et confiants sur la bannière soutenue d'une main ferme par Charles Ier et sa dynastie, ils le suivront courageusement au cri de: Charles et Roumanie!"

Le même jour, Ier décembre, le Conseil des Ministres remit au couple princier une adresse contenant l'expression de sa plus sincère reconnaissance pour le règlement de la succession au trône, règlement conforme à tous les vœux de la nation. Dans sa réponse, le prince insista sur le bonheur que la princesse et lui-même éprouvaient d'avoir donné par là au pays une nouvelle preuve de leur amour. La famille princière des Hohenzollern, affirma-t-il ensuite, participe de tout son cœur au sort heureux et malheureux de la Roumanie, ainsi que ses décisions en témoignent. Quelques jours plus tard, le prince s'exprima dans les mêmes termes à propos de l'adresse remise par le Sénat, déclarant que tout ce que sa famille et lui faisaient pour la Roumanie, n'était ni un sacrifice ni une marque d'abnégation, mais l'accomplissement naturel d'un devoir envers le pays auquel il se sentait uni par des liens indissolubles, dont la destinée était devenue la sienne et auquel sa vie entière appartenait.

L'année 1880 se terminait ainsi dans des conditions heureuses; la suivante devait amener le couronnement glorieux de l'édifice élevé pierre par pierre, grâce à l'activité tenace, désintéressée, infatigable, du prince Charles, toujours conscient de son but et de son devoir. Depuis longtemps déjà, des vœux avaient été formulés dans le pays pour faire accepter au prince la couronne royale. Mais dans sa pensée, l'heure d'un avenir certain, assuré, ne semblait pas encore avoir sonné pour l'Etat roumain.

Toutefois, ce grand événement arriva plus vite qu'on ne le supposait. Il fut précipité par des discussions de partis, qui suscitèrent à la Chambre, le 25 mars 1881, de violents débats, au cours desquels le gouvernement libéral et ses partisans furent accusés de poursuivre encore un idéal républicain, et de ne pas mériter le titre de soutiens de la dynastie. A la suite de ces attaques, dès les premières heures de la matinée du lendemain, tous les Ministres se rendirent chez le prince, le suppliant, vu les graves accusations portées contre le gouvernement et ses partisans, de leur permettre de démontrer devant le pays la fausseté de ces injustes soupçons, en faisant proclamer ce jour même la royauté par la Chambre. Le prince hésitait encore, mais il céda enfin aux instances des Ministres et donna son consentement.

Immédiatement après l'ouverture des Chambres, le général Lecca prit la parole, en annonçant que les représentants du peuple entendaient proclamer aujourd'hui même la royauté, afin de mettre fin aux propos malveillants relatifs à la dynastie, et au milieu d'un enthousiasme indescriptible, la résolution suivante fut adoptée à l'unanimité:

„Pour répondre à un désir depuis longtemps formulé par la nation, pour raffermir dans le pays la stabilité de l'ordre, et donner une nouvelle preuve de l'existence de la monarchie en Roumanie, ainsi que cela a lieu dans les autres États de l'Europe, la Chambre des Députés, en vertu du droit de souveraineté de la nation, proclame Roi de Roumanie Son Altesse Royale le Prince Charles Ier.“

La loi ratifiant cette décision fut formulée en quelques instants, et le projet se réduisit à deux articles:

„A r t i c l e I. La Roumanie est érigée en royaume. Le Prince Charles Ier prend pour lui et ses héritiers le titre de Roi de Roumanie.

A r t i c l e II. L'héritier du trône prendra le titre de Prince royal de Roumanie.“

Rosetti, Président de la Chambre, puis Lahovari et Bratianu, s'exprimèrent successivement en termes chaleureux; leurs discours enflammés célébrèrent la réalisation définitive des vœux longtemps nourris intérieurement dans le cœur des patriotes, aspirant vers une Roumanie libre, grande, vaillante, impérissable et unie.

Le Sénat manifesta un enthousiasme non moins grand, et ses membres, réunis aux députés, se rendirent au palais, pour soumettre la loi à la signature du nouveau roi et lui présenter leurs hommages. La nouvelle de cet événement s'était déjà répandue dans la ville, les rues s'emplirent bientôt d'une foule compacte, désireuse de manifester sa joie, et les maisons se pavoisèrent en un tour de main. Partout sur son passage, le long cortège des députés et

Couronnement du Roi et de la Reine à Bucharest (22 mai 1882).

des sénateurs — qui dans leur empressement, n'avaient
pas pris le temps de revêtir leurs habits de cérémonie, et
en tête duquel marchaient les Métropolites et les Évêques
— était salué par des acclamations enthousiastes. A 6
heures du soir, le cortège arriva au palais, et se rangea dans
la salle du trône. L'enthousiasme redoubla à la vue du
couple princier, qui vint prendre place devant le trône.
Alors, D. Ghika, Président du Sénat, s'avança et prononça
d'une voix forte les paroles suivantes, en s'adressant au
prince:

„Je suis à la fois fier et heureux d'avoir été choisi
par le sort pour présenter à Votre Altesse Royale, au nom
du Sénat et de la Chambre, la loi votée aujourd'hui par les
deux assemblées législatives, par laquelle les vœux du pays
entier ont reçu leur sanction!"

Puis le Président donna lecture des deux courts
articles de la loi, et tous les assistants s'écrièrent dans un
transport de joie frénétique: „Vive le Roi! Vive la
Reine!"

Sous le coup de la plus profonde émotion, causée par
ce solennel événement historique, le roi répondit:

„C'est un moment grave et solennel que celui-ci, où
les représentants de la nation viennent Me soumettre la
décision prise à l'unanimité par les deux assemblées législatives. Une nouvelle page s'ouvre aujourd'hui avec elle
dans l'histoire du peuple roumain, car elle met fin à une
période de luttes et de difficultés, mais aussi d'efforts virils
et d'actes héroïques! Je répéterai ici ce que J'ai exprimé
déjà si souvent: Le vœu de la nation n'a jamais cessé de
régler et de diriger Ma conduite. Depuis quinze ans, Je suis
le prince de ce pays; depuis quinze ans, l'amour et la confiance du peuple M'entourent: cet amour, cette confiance
M'ont rendu plus doux encore Mes jours les plus heureux,
M'ont fortifié et soutenu dans les mauvais jours! Aussi
ai-je été fier de Ma dignité de prince, de ce nom entouré

déjà d'une auréole de gloire et de grandeur dans le passé. Mais le pays, dans la situation qu'il occupe actuellement, dans la conscience de sa force nationale, sanctionnée par des actes, trouve qu'il est préférable de s'ériger en royaume. J'accepte donc le titre de roi, non pour Moi, mais pour la Roumanie, persuadé que ne se relâcheront jamais les liens qui M'unissent si étroitement à Mon peuple, liens cimentés par nos luttes et par nos épreuves communes! Puisse le premier roi de Roumanie jouir du même amour, qui a fait triompher son dernier prince de tous les obstacles! Le dévouement de ce noble et vaillant peuple, à qui J'ai consacré tout Mon être, Me tient plus chèrement au cœur que toute la grandeur, tout l'éclat de la couronne!"

Le discours du roi avait été interrompu à plusieurs reprises par des acclamations enthousiastes, et beaucoup de députés n'avaient pu retenir leurs larmes. Des cris mille fois répétés de: „Vive le roi! Vive la reine!" ébranlaient les voûtes de la salle. Le couple royal reçut les félicitations de tous ceux qui l'entouraient, le sourire aux lèvres, le cœur plein de reconnaissance. Et comme dans la rue, où la foule se pressait en rangs serrés, l'enthousiasme et les cris de joie ne prenaient pas fin, le roi et la reine, accompagnés du Président du Sénat et du Président de la Chambre, apparurent sur le balcon, le visage empreint d'une joie émue, pour répondre aux hommages du peuple. Le soir de ce jour mémorable, Bucharest resplendissait sous les feux d'illuminations grandioses. Les rues ne désemplissaient pas de groupes animés et joyeux, se dirigeant sans cesse vers le palais pour y pousser des hourras frénétiques; les musiques entonnaient de tous côtés des airs nationaux.

La proclamation de la royauté trouva un écho enthousiaste dans tout le pays. De toutes les villes et de tous les points des villages les plus éloignés et les plus obscurs, arrivèrent des télégrammes de félicitations; de même, le lendemain, des délégations du peuple et de l'armée vinrent exprimer au couple royal leur satisfaction et leur bonheur. Les puissances étrangères n'hésitèrent pas à reconnaître le nouveau royaume; la France, l'Allemagne, la Russie, l'Autriche-Hongrie, la Grande-Bretagne, l'Italie et la Turquie firent tout d'abord exprimer leurs voeux par cleurs envoyés diplomatiques.

La cérémonie du couronnement même avait été fixée au 22 mai, jour de la fête nationale. Les membres du gouvernement avaient émis l'idée d'une riche couronne, mais le roi refusa, en objectant que des insignes d'un grand prix étaient contraires aux traditions du pays, et n'avaient leur raison d'être que là où des joyaux précieux constituent un héritage historique des siècles passés. Il manifesta le désir, accompli d'ailleurs, d'avoir une couronne en acier, taillée dans les canons conquis à Plewna, et pour la reine, une simple couronne d'or, travail d'un orfèvre de Bucharest. Le roi refusa modestement, comme le demanda le Prélat-métropolite, de se faire couronner et sacrer à la Métropolie; il aurait aussi voulu voir la cérémonie réduite à des proportions plus simples, mais il dut se soumettre néanmoins au désir unanime du peuple.

Le frère aîné du roi, le prince héritier Léopold de Hohenzollern, avec ses deux plus jeunes fils, Ferdinand et Charles, vinrent pour assister à la fête du couronnement, ainsi que des députations spéciales de différents gouvernements. Le prince Charles-Antoine, désolé de ne pouvoir participer à cette solennité imposante, écrivit à son fils: „Bonheur, salut et bénédiction pour l'heure la plus importante de ta vie si bien remplie! Je regrette doublement de ne pouvoir me joindre aux témoins de cet instant mémorable, qui va consacrer ta position en la rendant solide et durable. L'amour et la confiance, ce sont des bases sûres et solides pour un chef d'Etat, plus sacrées que

17*

toutes les lois écrites ! Je serai en pensée avec toi et Elisabeth dans ce grand jour ! Que le Danube t'apporte mes vœux les plus chaleureux !"

La voix retentissante du canon ouvrit cette mémorable journée du 22 mai. De très bonne heure, une foule compacte remplissait les rues que devait traverser le cortège; le roi, à cheval, marchait derrière les drapeaux de l'armée, précédés de la musique, tandis que la reine se trouvait dans une voiture de gala décorée de guirlandes de fleurs magnifiques.

A travers la haie formée par les troupes de la garnison, au milieu des acclamations et des transports enthousiastes de la population, qui couvrait de fleurs le roi et la reine à leur passage, le cortège se dirigea vers la colline de la Métropolie, où les membres du haut clergé national, les Ministres, les Présidents des Chambres, reçurent le couple royal. Accompagnés par les délégations des districts et des communes de tout le pays, au milieu du carillon des cloches et des accents mélodieux des choeurs, le roi et la reine montèrent le chemin conduisant à l'église, où avaient été déposées les couronnes. Après une prière, pleine de recueillement, le cortège reparut au dehors; le couple royal prit place sur une tribune richement décorée, devant laquelle l'office divin fut célébré à ciel ouvert. Des salves d'artillerie saluèrent la bénédiction solennelle des couronnes, portées par des généraux escortés de quatre drapeaux.

Le roi et la reine, le prince héritier Léopold, les Métropolites, les Présidents et les Ministres signèrent l'acte officiel de couronnement qui leur fut présenté par le Président du Conseil des Ministres. Puis le cortège — au milieu des démonstrations respectueuses de milliers d'assistants, accourus en foule — se dirigea vers le palais. Entouré de tous les dignitaires de l'Etat, des princes leurs parents et de leur suite, le roi et la reine prirent place sur

leurs sièges dans la salle du trône, où les couronnes étaient
déposées et autour duquel se trouvaient rangés les drapeaux
de l'armée.

Les Présidents du Sénat et de la Chambre, présentèrent
ensuite les couronnes au couple royal avec quelques paroles

Le Roi Charles Ier (1881).

de circonstance. Le roi, prenant la couronne, répondit d'une voix solennelle:

„La fête d'aujourdhui consacre une époque de quinze ans, pleine de luttes pénibles, d'actes mémorables. Sous l'égide puissante de la Constitution, la Roumanie a grandi, s'est développée, s'est fortifiée. La persévérance de la nation, la bravoure de l'armée et la confiance en la virilité du peuple ont réalisé nos vœux les plus ardents, par la proclamation de la royauté qui est la plus sûre garantie de l'avenir. J'accepte donc **avec** fierté, comme symbole de l'indépendance et de la force de la Roumanie, cette couronne, taillée dans un canon arrosé du sang de nos héros et consacrée par l'Eglise. Elle sera conservée comme un trésor précieux, rappelant les moments difficiles et les temps glorieux que nous avons passés ensemble; elle montrera aux générations futures la bravoure des Roumains de ces temps-ci et l'union qui a régné entre le pays et le prince. Cependant, pour la reine et pour Moi, la plus belle couronne ce sera toujours l'amour et la confiance du peuple, pour lequel nous n'avons qu'une seule pensée: sa grandeur et son bonheur. Unissons-nous donc devant ces drapeaux qui ont flotté sur le champ d'honneur, devant cette couronne emblème de la royauté, autour de laquelle la nation doit se serrer, comme les soldats autour du drapeau, devant cette manifestation grandiose, pour laquelle le pays entier est accouru dans la capitale, afin d'être témoin de cette heureuse journée; unissons-nous dans un cri, sorti de nos cœurs et qui trouvera un écho puissant dans ce lieu consacré par la proclamation des actes les plus importants: Vive notre chère Roumanie, couronnée aujourd'hui par ses vertus civiques et militaires!"

A ce discours du roi, dont chaque parole dénotait une profonde émotion, succéda d'abord un petit moment de religieux silence, puis l'enthousiasme éclata en joyeuses acclamations, redoublées, frénétiques, sans fin, auxquelles répondaient celles du peuple massé à l'extérieur.

De nombreuses députations du pays défilèrent devant le couple royal, pour déposer aux pieds du trône leurs hommages accompagnés de délicieuses couronnes de fleurs.

Le Roi Charles et la Reine Elisabeth (1881).

Les fêtes — d'un caractère essentiellement populaire, pendant lesquelles eurent lieu un magnifique cortège de toutes les industries nationales, ainsi qu'une brillante revue des troupes — se prolongèrent pendant trois jours, sans un seul incident fâcheux, dans une harmonie parfaite, témoignage de l'union étroite entre le peuple et son nouveau roi.

L'Etat roumain moderne se trouvait donc ainsi définitivement fondé et solidement établi, ainsi que l'a exprimé un des savants les plus éminents de la Roumanie dans un mémoire publié à l'occasion du couronnement:

,,La première grande époque du pays est marquée par la venue de Trajan et de ses légions dans le pays du Danube méridional; la seconde, celle de Radu-Negru et de Dragosch, vit naître les principautés de Moldavie et de Valachie, après les incursions dévastatrices des peuples barbares sur notre sol; la troisième est l'époque du grand et vaillant roi Charles Ier, fondateur de la Roumanie moderne.''

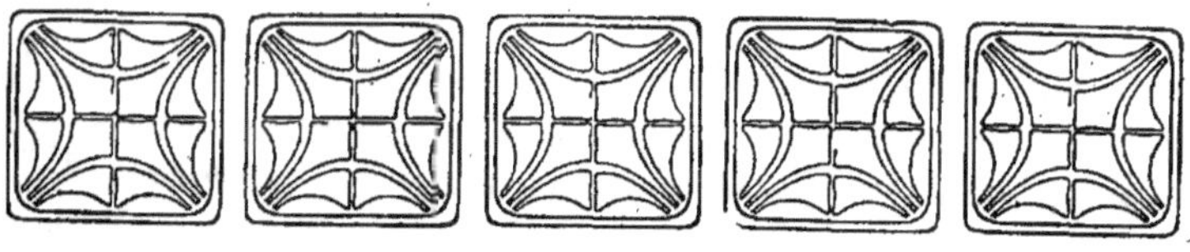

XVII.

L'achèvement de l'édifice.

———

L'œuvre si longue et si difficile du roi Charles venait de recevoir enfin son couronnement. Le prince, appelé à l'âge de 27 ans à présider aux destinées du peuple roumain, avait enfin réalisé son but. Certes, le succès avait récompensé le résultat, peut-être le plus digne d'efforts à ses yeux: délivrer le pays de toute vassalité, lui conquérir son indépendance sur les champs de bataille, assurer au jeune Etat une position et un prestige incontestés par la fondation d'un royaume! Mais le roi Charles portait plus loin encore ses vues; le travail imposé par le destin à son activité n'était encore accompli qu'à demi, il le savait mieux que personne. Un fondement solide avait été posé, un champ fertile s'ouvrait à l'action bienfaisante des générations présentes et futures; mais il restait au chef infatigable à tracer, à élargir les voies vers le bien général. Ces voies se trouvaient encore parsemées de pierres et d'obstacles se dressant en face du royal pionnier, tout pénétré du sentiment de son devoir, ignorant le découragement et la fatigue, toujours persévérant, toujours sûr de ses actes, le regard sans cesse fixé vers le but poursuivi avec une intelligente énergie: achever victorieusement l'œuvre de régénération commencée.

Jusque là, le développement intérieur du pays avait subi de nombreux arrêts; il allait maintenant suivre une marche rapide et triomphante. Les passions politiques, encore manifestées à l'occasion, n'éclataient plus avec le même déchaînement sans frein, et si l'opposition continuait à se montrer souvent vive et opiniâtre, ses attaques ne se dirigeaient plus contre la dynastie, mais seulement contre les divers représentants du gouvernement. L'amélioration sensible survenue dans toute la situation politique intérieure recevait une confirmation éclatante dans la longue durée du ministère Bratianu, au pouvoir depuis 1888, c'est-à-dire depuis 12 ans, phénomène unique dans les annales du pays et regardé par tous comme impossible. Les relations avec les puissances étrangères devinrent de plus en plus étroites et cordiales, et dans l'ordre économique, l'importation et l'exportation prirent un nouvel essor d'année en année.

Mais c'est à l'armée que le roi consacrait sa plus grande sollicitude, pour ne pas la laisser dormir sur ses lauriers arrosés d'un sang généreux. Une augmentation importante des effectifs eut lieu à des périodes déterminées et l'amélioration constante de l'armement devint l'objet de ses plus grands soins. Le roi assistait en personne à toutes les manœuvres, procédant à des inspections fréquentes jusque dans les garnisons les plus éloignées, animant par son exemple le corps des officiers d'un sentiment profond de leur haute mission. Ils devaient non-seulement être prêts à chaque instant à défendre le sol national, mais encore se consacrer à l'éducation des enfants du pays appelés sous les drapeaux. Afin de posséder, en cas de lutte décisive, un refuge puissant et sûr, Bucharest fut solidement protégé par une ceinture de forts à tourelles blindées, en même temps que, devant les lignes de Focschani—Namaloasa—Galatz, s'élevaient des ouvrages d'une sérieuse importance.

Le Roi Charles sur le champ de la Revue.

Le roi apporta également son attention constante à l'enseignement; son titre de Président d'honneur de l'Académie roumaine n'était pas à ses yeux une simple dignité vide de sens; il suivait avec un intérêt marqué les travaux de cette savante compagnie à laquelle il facilita, grâce à des subsides de sa cassette, la publication d'un dictionnaire roumain. Un grand changement fut encore

Le Château Royal à Bucharest.

effectué dans le domaine ecclésiastique par la proclamation de l'indépendance de l'Église Nationale, toujours un peu jusque là sous la juridiction apostolique du Patriarche de Constantinople. Le réseau des chemins de fer s'étendit de plus en plus; le roi vit se réaliser un de ses vœux les plus chers par l'établissement de voies ferrées allant de Bucharest dans toutes les directions, reliant ainsi la capitale avec les divers points du Danube, avec les régions frontières éloignées et avec tous les Etats voisins.

Après avoir établi de la sorte, par une rude labeur de dix-sept années, les fondements solides de l'Etat, et sans se relâcher de son infatigable activité en faveur du pays, Charles Ier put enfin songer à remplir un désir caressé depuis longtemps, celui d'achever et d'orner son propre foyer domestique. Frédéric le Grand écrivait un jour à d'Alembert: „J'aime à bâtir et à décorer, mais seulement sur mes économies et sans qu'il en coûte rien à l'Etat.“ Le roi Charles partageait cette manière de voir. Le monastère de Cotroceni avait été déjà précédemment restauré, pour servir de séjour de printemps et d'automne à la famille royale et s'était avec le temps entièrement transformé. De même, le palais de Bucharest, objet de changements importants, devint digne d'une demeure royale; les appartements et les diverses pièces furent transformées, notamment le cabinet de travail et la bibliothèque du roi, où se déploya le goût du monarque pour un style d'ensemble et de détails, réunissant à la fois le solide et l'antique, comme l'époque de la Renaissance allemande, et où il fut tenu compte aussi des préférences de la reine pour les couleurs riches, gaies et gracieuses.

Le roi et la reine surveillaient eux-mêmes les travaux d'un œil vigilant, intervenant partout où il était nécessaire, guidant de leurs conseils, appelant les meilleurs talents à la création d'une unité parfaite dans son ensemble.

L'achat de la galerie de tableaux du consul Bamberg, contenant un nombre important de toiles célèbres des grands maîtres des XVIème, XVIIème, et XVIIIème siècles, avait mis le roi en possession d'une admirable collection de chefs-d'œuvre; lui-même, ami passionné et intelligent des arts, s'efforçait de l'augmenter sans cesse, éprouvant une satisfaction intime et une vive jouissance dans la contemplation de toutes ces merveilles. Le sens profondément artistique du roi, sa conception judicieuse des ouvrages dus aux meilleurs pinceaux, son admiration pour la pureté de l'art noble et profond, se révélèrent dans l'arrangement systématique de cette magnifique collection. A côté de beaucoup d'autres œuvres importantes, celles de maîtres éminents tels que Raphaël, Botticelli, G. Vasari, Guido Reni, Carlo Dolci, Titian, Jacopo Palma, Salvator Rosa, Lucas Cranach, J. H. Tischbein, J. Breughel, David Teniers, van Dyck, Rembrandt, Ribera, Velasquez, Murillo, Lancret, Greuze, Reynolds sont représentés dans la galerie royale. Les tableaux, au lieu d'être réunis en une longue suite ininterrompue, sont répartis dans les différentes salles du palais de Bucharest et du château de Pelesch, qu'ils décorent en s'adaptant au reste de l'ameublement. Le couple royal éprouve, à les contempler un plaisir ineffable, que partagent les hôtes appelés à admirer ces splendeurs.

Mais ce qui causa au roi le plus grand bonheur, parce que cette construction toute entière fut son œuvre et sa création personnelles, ce fut celle du château de Pelesch au sommet du Sinaia. L'édifice fut solennellement inauguré le 7 octobre 1883, et ainsi se trouva réalisé le désir exprimé huit années auparavant par le roi dans une lettre à son père, „de faire du château de Pelesch une vraie résidence royale." Aussi, le jour de l'inauguration, pût-il prononcer ces mémorables paroles: „Nous avons bâti ce château comme un signe durable que la dynastie librement élue par la nation est profondément enracinée dans ce beau pays, et que nous récompensons l'amour de notre peuple par une confiance illimitée dans l'avenir de notre chère patrie. Je remplis donc un devoir sacré, un vœu ardent, en levant, dans cette maison à nous, avec du vin roumain, le premier verre en l'honneur et pour le bonheur de la Roumanie."

Le Château de Pelesch.

Au premier aspect, quand on arrive du monastère en suivant le chemin de la forêt, au bas duquel le Pelesch jaillit de sa source, le château surprend par sa silhouette à la fois gaie et imposante. De chaque côté, d'épais massifs de sapins et de hêtres bordent la route, puis soudain, à travers une clairière sise au-delà de la source, le château se dresse comme une apparition fantastique, avec ses tours et ses créneaux, ses pavillons et ses plates-formes, ses galeries et ses vérandas perdues sous le lierre et la vigne vierge, le tout noyé d'une épaisse verdure. Devant, des parterres de fleurs et des fontaines; dans le fond, à l'arrière-plan, des collines en pente douce, couvertes de sapins rouges compacts, spectacle à la fois grandiose et admirable. Ce tableau unique au monde a pour cadre les rochers à pic et les sommets du Buceci, où des couleurs féeriques viennent se jouer au coucher du soleil. Puis, au-dessus de cet imposant spectacle, un religieux silence interrompu seulement par le cri du coucou et l'appel des merles, par le mugissement des flots du Pelesch, et par le léger murmure des hautes cîmes des arbres; tout ceci est grandiose, imposant et pourtant empreint d'une douceur infinie.

Nulle part on ne rencontre de barrières; pas de défense interdisant le passage; on arrive au château librement, et l'on a toute facilité pour en admirer en détail les parties extérieures. Le style est celui de la Renaissance allemande du XVIème siècle, avec une grande richesse de décors. Le rez-de-chaussée et le premier étage sont en pierre, le second étage en briques, ce qui produit une grande variété de tons, auxquels vient s'ajouter encore la toiture aux mille contours, avec ses tourelles et ses combles, ses pavillons et ses flèches en fer doré, ses girouettes, le tout empreint de gaieté, de goût, sans pesanteur et sans pompe exagérée. La seule partie d'aspect imposant est la tour principale quadrangulaire, massive, au toit découvert, qui s'élève à l'extrémité ouest de la

façade antérieure. Au sommet, élancé, flotte joyeusement
le drapeau bleu, jaune et rouge; l'angle est se termine
par une petite tour au toit conique fortement en saillie.
Puis des niches, des balcons, des galeries, en partie re-
couverts de plantes grimpantes ou garnis de fleurs aux
parfums pénétrants, formant une alternance continuelle
de lignes et de profils, d'un abandon et d'une intimité
charmants.

Le couple royal surveillait tout avec un soin extrême.
Aussi l'intérieur du château — exactement comme celui
du palais de Bucharest — témoigne-t-il d'un sens délicat
du beau et d'un goût artistique élevé; ici également le
roi et son auguste épouse ont présidé eux-mêmes à chaque
particularité de l'installation, s'attachant aux plus légers
détails d'exécution de la partie décorative, agréable à
l'œil dans son ensemble de vieux style allemand, entendu
dans la meilleure acception de ce mot, dont on abuse si
souvent. Tout récemment, l'intérieur et en partie l'extérieur de ce splendide édifice ont été l'objet d'une transformation, entreprise avec l'approbation du roi d'après
les plans de son habile architecte Karl Liman. Les détails et l'ensemble en ont acquis un relief encore plus frappant de beauté. De magnifiques terrasses dans le style
de la Renaissance italienne ont été élevées latéralement
à droite et à gauche du château, et décorées de délicieuses sculptures.

L'année 1884 fut d'une grande importance pour le roi
et pour le pays, par suite de la proposition de J. Bratianu
de créer un domaine royal consistant en douze propriétés
foncières situées dans différentes provinces et comprenant
plus de 130 000 hectares. Cette possession devait fournir
à la couronne les moyens nécessaires pour une représentation digne de l'Etat et resserrer en même temps les liens
entre le roi et le pays, principalement avec la population
rurale. „Le roi doit être le premier possesseur du sol

roumain“ pensait Bratianu, avec le secret désir de voir ces biens de la couronne devenir des modèles d'organisation agricole pour tout le royaume et donner le branle à une imitation féconde. Cet espoir fut brillamment rempli dans le cours des années, grâce à la constante sollicitude du monarque, attentif non-seulement aux progrès de l'agriculture roumaine, mais encore à tous les genres d'exploitation en rapport plus ou moins directe avec elle. Il trouva d'ailleurs un auxiliaire zélé et un exécuteur intelligent de ses plans dans la personne de l'administrateur des domaines de la couronne — Mr. Jean Kalindéro, docteur en droit de la Faculté de Paris, membre de l'Académie roumaine. Celui-ci, avec un regard clairvoyant et une grande énergie, embrassa avec enthousiasme les idées d'un maître d'ailleurs plein de constants égards pour lui, et se consacra à sa tâche comme à la plus belle mission de sa vie. Ainsi furent créés des établissements modèles, principalement pour l'agriculture et l'industrie forestière, en vue d'exploiter le sol d'une façon aussi rationelle que possible: puis, au point de vue industriel, s'élevèrent des fabriques et d'autres entreprises analogues, destinées à utiliser en faveur de la population les produits spéciaux de certaines terres.

En outre, l'administration des domaines s'était imposé le devoir, considéré par elle comme son rôle le plus noble, d'encourager tous les progrès intellectuels et matériels de la population. Des efforts immenses furent faits dans ce but. On fonda des écoles particulières des domaines — au nombre de plus de 50 aujourd'hui — puis des bibliothèques, des musées, des sociétés chorales et des theâtres, où les enfants représentaient des pièces patriotiques. Des revues et des brochures contribuèrent à éclairer et à perfectionner l'âge mûr ou avancé, comme la jeunesse; des conférences à la portée de toutes les intelligences furent organisées pendant les mois d'hiver;

la conséquence en fut la fondation de caisses d'épargne, de secours et d'assistance agricoles. Dans les années de mauvaises récoltes, l'administration des domaines est toujours prête à venir en aide aux communes; elle distribue des semences, met gratuitement des prairies et des bois à la disposition du bétail, et fait combattre par ses fonctionnaires l'imprévoyance des paysans. Chaque été, des centaines d'ouvriers ruraux sont inscrits à une assurance contre les accidents, toujours fréquents à l'époque des moissons. Dans chaque commune, on trouve des hôpitaux, des pharmacies, des établissements de bains; des locaux spéciaux ont été construits pour les séances des conseils municipaux; tous les fonctionnaires des domaines jouissent de pensions et de secours à des conditions très avantageuses.

Si par l'édification du château de Pelesch, le roi Charles s'était créé un séjour intime de toute beauté, il n'en consacra pas moins sa sollicitude à une œuvre dont il fut l'instigateur et à laquelle il apporta un appui matériel important: la restauration de l'église à Curtea de Arges, considérée par les Roumains comme un sanctuaire national religieux. La consécration solennelle de cette église enrichit le pays d'un de ses monuments les plus beaux et les plus grandioses.

Les années suivantes procurèrent au couple royal des alternatives de peines et de joies. La mort du prince Charles-Antoine de Hohenzollern, décédé à Sigmaringen le 2 juin 1885, priva non-seulement le roi Charles d'un père aimé, mais aussi de son ami le plus fidèle et le plus sûr. Cette perte fut suivie au printemps de 1888 de celle de l'empereur Guillaume Ier, auquel son fils l'empereur Frédéric, ne survécut que quelques mois. Le roi Charles avait été uni à ce dernier par les liens d'une vieille et solide amitié.

Cette même année 1888 fut d'une influence capitale

sur la vie économique roumaine, car elle vit s'accomplir la réforme du taux des valeurs roumaines et l'adoption

Inauguration de l'Eglise à Curtea de Arges (12 Octobre 1886).

du change de l'or, la Banque nationale ayant reçu en or monnayé l'équivalent du papier en circulation, ce qui la mettait à l'abri de toute crise pour l'avenir.

Le printemps de 1889 fut rempli par des fêtes en l'honneur du prince Ferdinand, héritier présomptif de la couronne, qui foulait pour la première fois le sol roumain afin de se préparer dans sa nouvelle patrie à sa haute mission future, et pour se mettre de plus en plus, à côté de ses illustres parents, en relation avec le pays et la population sur lesquels il sera appelé à régner un jour. Le prince Ferdinand, né le 24 août 1867 à Sigmaringen, avait reçu comme ses frères une éducation des plus soignées. Après avoir eu un précepteur particulier pendant quelques années, il fréquenta le gymnase de Düsseldorf, où il passa avec succès son examen de baccalauréat en 1885. Plus tard, il séjourna à l'école de guerre de Cassel, subit l'examen d'officier à Berlin et fit, pendant quelque temps, le service de sous-lieutenant au Ier régiment de la garde à pied. Ensuite, pendant deux ans, il suivit différents cours aux Universités de Leipzig et de Tübingen, et s'y consacra surtout à l'étude de l'histoire, de la constitution et de la langue roumaines. Dès sa plus tendre jeunesse, ce prince avait toujours manifesté une prédilection spéciale pour la carrière militaire.

Le 22 mai 1891, le roi Charles put célébrer le 25ème anniversaire de son règne, au milieu du concours de son peuple transporté de joie, et des plus chaleureuses démonstrations de l'étranger. Dans sa réponse aux félicitations du Sénat, le roi exprima l'espoir que les résultats déjà obtenus seraient une garantie heureuse pour l'avenir de la Roumanie, puis revenant sur le quart de siècle écoulé, il continua:

„C'était pour Moi un devoir sacré de répondre à l'appel d'un peuple qui avait donné des preuves de son aptitude à vaincre les difficultés et à affronter tous les périls, pour conserver l'héritage de ses aïeux et conquérir son indépendance.

„Attiré, conquis par ses vertus viriles, J'ai quitté Ma famille, J'ai abandonné les liens de Mon passé et Je suis accouru au milieu de cette grande famille qui M'a reçu à bras ouverts, comme une garantie de son avenir. J'ai apporté à l'accomplissement de la tâche que J'ai assumée, un cœur ardent et une ferme volonté de consacrer toutes Mes forces au bonheur de la Roumanie, ayant une seule ambition, celle que Mon nom soit inscrit à côté de ceux des fils bien-aimés de la patrie. Jeune et sans expérience, Je Me suis mis à l'œuvre; J'ai embrassé avec ardeur les aspirations du pays; dans Mes fréquents voyages à travers tous les districts, J'ai étudié la vie et les mœurs du peuple, J'ai examiné ses besoins et ses vœux, pour pouvoir ainsi remplir avec conscience Mon devoir envers lui. Dès le commencement de Mon règne, J'ai poursuivi surtout, avec un soin ininterrompu, le développement de deux institutions que Je sentais devoir être les deux leviers les plus puissants de notre développement social : l'armée et les chemins de fer, — l'armée, véritable école nationale, et le plus sûr moyen de faire de ce pays un Etat indépendant; — les chemins de fer, l'instrument le plus propre à ouvrir les sources de nos richesses. Je peux constater aujourd'hui, avec une profonde satisfaction, que ces deux puissants éléments de force ont établi une base durable

La Princesse Marie.

de notre développement politique et économique. Lorsque nous envisageons les vingt-cinq années parcourues, nous pouvons être fiers des progrès et de l'essor inattendu de toutes les branches de l'activité publique, essor qui désormais ne saurait plus être arrêté. Mais je n'aurais pu rien accomplir sans la confiance de la nation, sans le concours des hommes éminents qui M'ont entouré avec fidélité et ont travaillé sans relâche à élever cette grande œuvre, qui a donné à la génération présente une patrie libre, aux générations futures, une riche dot qu'elles sauront, J'en suis sûr, conserver et augmenter. La Roumanie moderne est l'œuvre des Roumains. C'est pour Moi un bonheur et un orgueil de M'être trouvé à sa tête, précisément à l'heure de sa résurrection, lorsque les idées semées avec tant de zèle patriotique par nos aînés, donnaient des fruits. Nous fêtons donc

Le Prince Ferdinand.

aujourd'hui, non seulement le vingt-cinquième anniversaire d'un règne, mais encore la constitution en royaume durable d'un pays uni s'appuyant sur ses propres forces."

En souvenir de ce jubilé mémorable, pour encourager les hautes études et donner constamment aux courants intellectuels un aliment nouveau, fortifiant, le roi fonda une bibliothèque portant son nom, et dont il précisa le but dans une lettre adressée au Président du Conseil:

„Cette fondation doit être un lieu de réunion pour les étudiants, en même temps qu'une bibliothèque toujours ouverte, leur permettant de satisfaire leur besoin de savoir. Mais elle doit également être ouverte à ceux qui, sous la direction des professeurs, entreprennent des travaux spéciaux; elle subviendra en partie aux frais d'impression des dissertations, et servira à soutenir les étudiants travailleurs, obligés autrement, faute des ressources nécessaires, d'interrompre leurs études au détriment de la culture intellectuelle générale du pays."

Cette „Fundatiunea Universatara Carol I" fut établie dans un bâtiment magnifique vis-à-vis du palais royal de Bucharest, et au cours des années suivantes, elle fut considérablement agrandie, grâce aux larges donations du monarque.

De 1891 à 1894, la Roumanie conclut d'importants traités de commerce avec la plupart des grandes puissances européennes, et toutes les branches de la vie publique furent l'objet de nombreuses améliorations. Le 10 janvier 1893, eut lieu à Sigmaringen une joyeuse fête de famille pour le mariage du Prince Ferdinand avec la princesse Marie, radieuse de beauté et comblée des dons de l'esprit, fille du duc de Saxe-Coburg-Gotha et petite-fille de l'impératrice Victoria. A l'automne de cette même année, le 3 octobre, toute la Roumanie apprit avec des transports d'allégresse, la naissance d'un jeune fils issu de cette union, le prince Carol, né au château de Pelesch.

En novembre 1894, de grandes fêtes furent célébrées en l'honneur des noces d'argent du couple royal, qui reçut, à cette occasion, d'innombrables témoignages d'amour et de dévouement. En commémoration de cet évènement solennel, le roi fonda sous le titre de „Fondation de la Reine Elisabeth" un capital destiné à la création d'une

Inauguration du Pont du chemin de fer de Cernavoda (26 Septembre 1891).

banque de secours pour la population rurale. Cette banque devait faire des avances de fonds sans intérêt aux époques de crise agraire; le roi n'avait en effet rien tant à cœur que d'apporter au sort des paysans une amélioration urgente sous plus d'un rapport.

Au printemps de cette année-là, le monarque avait pu ouvrir à l'embouchure du Danube le canal de Sulina, source de bienfaits précieux pour la navigation; de même, pendant l'automne, le 26 septembre, en compagnie de la reine et de nombreux dignitaires, il assista à l'inauguration du magnifique pont de chemin de fer sur le Danube, près de Cernavoda. Ce pont, baptisé du nom du roi fut terminé en 5 ans. Il coûta la respectable somme de 34 millions de francs, établit une communication directe entre la Dobrudscha et Bucharest, et par là avec l'Europe Occidentale et Constanza, c'est-à-dire avec la mer Noire. Les abords marécageux du fleuve dont les débordements inondent fréquemment le pays, rendaient très difficile la construction du pont principal et de l'avant-pont, ainsi que celle des longs viaducs et des remblais en pierre s'étendant sur un parcours de 20 kilomètres. Tous ces obstacles furent surmontés victorieusement par une Compagnie française assistée d'ingénieurs roumains. Sur une longueur de 750 mètres, le pont en fer, — sur 5 assises imposantes en granit, sortant du fleuve très large en cet endroit, — s'élève à 100 pieds au-dessus de la surface des eaux du Danube. Le service des marchandises et des passagers, autrefois presque totalement interrompu pendant les rigueurs de l'hiver, est désormais possible en tout temps, sans parler de l'importance politique et militaire de ce pont.

Le roi salua avec une satisfaction marquée l'inauguration de cet ouvrage gigantesque, inspiré par lui dès les premiers jours de son règne et poursuivi avec une indomptable énergie. Le premier, il franchit le pont, ayant la reine à ses côtés, et arrivé au milieu, il y appliqua le dernier

Le Roi Charles fait défiler ses troupes devant l'Empereur François Joseph I. à Bucharest (29 Septembre 1896).

boulon, en argent, au moyen d'une machine à river hydrau-
lique; puis, afin d'en éprouver la solidité, seize locomotives
défilèrent en même temps sur le pont, au milieu des acclamations des populations accourues de toutes parts, des
accents entraînant de l'hymne national et du salut des
canons des navires de guerre ancrés dans le fleuve. Le roi
voyait, une fois encore, une de ses grandes tâches accomplie, et c'est avec une légitime satisfaction qu'il put dire
dans son discours: „Personne ne sera plus en état d'arrêter désormais l'essor de notre chère Roumanie dans la
voie de la grandeur et du progrès.“

L'année 1896 marqua encore l'avènement de meilleures relations entre la Roumanie et l'étranger par la création de nouvelles voies de communication; pendant l'automne en effet, fut solennellement posée la première pierre
du port de Constanza, destiné à faciliter aux plus grands
navires le chargement et le déchargement de leur car-
gaison. Par suite de la régularisation du Danube, pour
laquelle la Roumanie avait sacrifié des millions, la création
du nouveau port assurait une circulation beaucoup plus
considérable de la mer vers le Danube et inversement.
Quelques semaines auparavant, le 27 septembre, le roi avait
assisté à l'ouverture du canal du Danube, aux Portes
de Fer, en présence de l'empereur François-Joseph et du
roi Alexandre de Serbie. Après de longues années de
pénibles et coûteux travaux, auxquels avaient participé
les puissances représentées, les obstacles opposés en cet
endroit à la navigation régulière par les dangereux récifs,
avaient été enfin vaincus, grâce à la construction de digues
puissantes. Par l'emploi de la mine et par l'endiguement,
on était parvenu à établir un canal suffisamment large
et profond, permettant le passage aux grands bateaux,
même avec des eaux assez basses. De ces fêtes d'inauguration, l'empereur François-Joseph accompagna le roi
Charles à Bucharest, où il arriva dans l'après-midi du

La Famille Royale de Roumanie avec l'Empereur François Joseph dans une excursion de montagne près de Sinaia (30 Septembre 1896).

28 septembre, salué à la gare par la reine Elisabeth, par le prince héritier et par la princesse sa femme.

Le 29 septembre, sur le champ de manœuvres près de Cotroceni, eut lieu une brillante revue: vingt régiments avaient été rassemblés, et la vaste plaine était envahie par plusieurs centaines de milliers de spectateurs. Au dîner de gala qui suivit ces magnifiques spectacles militaires, le soir, au palais de Bucharest, le roi Charles porta en termes chaleureux la santé de l'empereur d'Autriche:

„Je M'estime heureux, dit-il, de pouvoir souhaiter la bienvenue à Votre Majesté dans la capitale de la Roumanie. La sagesse de Votre Majesté n'a jamais cessé d'être un exemple pour bien des monarques, mais surtout pour Moi et pour le jeune Etat roumain, qui se réjouit en ce jour de l'honneur insigne de pouvoir saluer Votre Majesté! Vive Sa Majesté l'Empereur François d'Autriche!"

L'empereur répondit en ces termes:

„En exprimant à Votre Majesté ma gratitude pour l'accueil vraiment touchant qui M'a été réservé dans cette capitale, je tiens à témoigner hautement Ma joie d'avoir foulé le sol de ce nouvel Etat. L'histoire offre peu d'exemples d'un royaume encore jeune, ayant fait en si peu de temps des progrès qui lui ont assuré une place d'honneur en Europe. Tout ceci est l'œuvre de Votre Majesté. En ma qualité de voisin pacifique et d'ami sincère de Votre Majesté, j'appelle de tous Mes vœux le développement et la prospérité de la Roumanie. Vive Sa Majesté le Roi Carol!"

A cette visite officielle de l'empereur à Bucharest, succéda une visite privée à Sinaia, où une réception empreinte de la même cordialité avait été préparée au monarque autrichien. Loin du cérémonial étroit de la Cour, l'empereur François-Joseph, dans ce merveilleux château de Pelesch, put se consacrer tout entier à ses aimables hôtes et jouir de cette magnifique nature qu'il aime si

Le Roi Charles et l'Empereur Nicolas II. de Russie assistant à la Revue de Krassnoje Sselo (18. Juillet 1898).

passionnément, sans craindre le trouble des réceptions ni des fêtes. Le caractère de familiarité intime de cette seconde partie de la visite impériale fut marqué par un déjeûner organisé dans la matinée du 30 septembre sur la „Poiana Reginei" (L'Alpe de la Reine), prairie alpestre dominant le château à une grande hauteur où la reine a installé une métairie. Elle aime à s'y arrêter au cours de ses lointaines pérégrinations dans les montagnes, car de cette petite place à la fois charmante et pratique, l'œil émerveillé jouit de la vue splendide des hautes cîmes montagneuses, et plonge dans les vallées couvertes de forêts.

Au mois de juillet 1898, le roi Charles accompagné du prince Ferdinand, se rendit en Russie, sur l'invitation du Tsar Nicolas II. A chaque arrêt du train, aux différentes stations, étaient accourus en foule, pour offrir au souverain le tribu de leurs respectueuses acclamations, les combattants ayant servi sous ses ordres devant Plewna. Des rencontres fécondes en vieux souvenirs eurent également lieu avec une grand nombre de hauts officiers russes, comme par exemple à Varsovie, avec le Gouverneur-Général, prince Imeritinsky, ancien chef d'état-major du roi à Plewna. Au dîner donné en l'honneur du souverain de la Roumanie, le prince porta en termes pleins de cordialité la santé du roi, le général en chef de l'armée russo-roumaine, „qui nous a conduit à la victoire".

Le roi Charles reçut du Tsar et de sa famille l'accueil le plus chaleureux à Peterhof; il eut la satisfaction toute particulière de se voir nommer par l'empereur de Russie, Chef du régiment russe de Wologda; ce régiment avait montré à plusieurs reprises devant Plewna une bravoure remarquable, côte à côte avec les Roumains. A la grande revue au camp de Krassnoje-Sselo, le Tsar Nicolas présenta au roi l'élite de ses troupes, la Garde Impériale et le Ier Corps d'armée, à l'effectif de 35 000 hommes. Outre

tous les grands-ducs présents à Saint-Pétersbourg, la
Tsarine, la reine de Grèce, et les grandes-duchesses, avaient
également assisté à cette revue. Un dîner fut organisé
sur le terrain même de la revue; au toast chaleureux porté
par l'empereur Nicolas au souverain de la Roumanie,
celui-ci répondit en exprimant la fierté qu'il avait toujours

Le Roi Charles et L'Empereur Nicolas II. de Russie à la Revue
de Krassnoje Sselo (18 Juillet 1898).

ressentie au souvenir de ce magnifique corps de Garde,
revue aujourd'hui. Il avait pu en apprécier les admirables
qualités guerrières pendant ces rudes journées devant
l'ennemi, où il avait eu ce corps sous ses ordres, sur un sol
arrosé de son sang.

La brillante cérémonie militaire fut suivie d'une fête
splendide aux îles du parc de Pétersbourg; des surprises
merveilleuses s'y succédèrent comme dans un conte des
Mille et une Nuits. Les habitants de la capitale russe

avaient préparé au roi une réception enthousiaste, lors de sa visite en bateau sur la Néva pour se rendre à la forteresse Pierre et Paul, où il déposa des couronnes de fleurs sur les modestes sarcophages des empereurs Alexandre II et III et du grand-duc Nicolas, avec qui il avait passé de si rudes journées. Un souvenir fidèle et une muette prière accompagnèrent cette pieuse démonstration. De là, on se rendit au monument commémoratif érigé en souvenir de la guerre turco-russe; des vétérans en grand nombre s'y trouvaient réunis, portant sur leur poitrine la médaille du Danube reçue du roi; tous s'étaient empressés d'apporter leurs hommages au prince qui, onze années auparavant, les avait conduits glorieusement à la victoire. A cette occasion, comme aussi plus tard sur le sol russe, à Moscou, par exemple, où le roi habitait au Kremlin, à Kiew, etc., le monarque éprouva une joie ineffable à se retrouver au milieu de ses vieux compagnons d'armes, à revivre avec eux l'époque mémorable où Russes et Roumains avaient combattu côte à côte, à échanger avec eux des souvenirs.

Les progrès accomplis par la Roumanie dans les branches les plus diverses de la vie publique pendant les vingt dernières années eurent un écho éclatant à l'Exposition universelle de Paris de 1900. La section y occupait un palais d'aspect grandiose, dans le style mélangé des églises roumaines des XVIème et XVIIème siècles, avec son dôme principal et ses deux clochers latéraux, sa décoration extérieure aux couleurs variées et délicates, mais pourtant en parfaite harmonie avec tout l'ensemble de l'édifice. Les visiteurs étrangers purent admirer là dans tous ses résultats la belle production de la jeune industrie roumaine: à côté des importants produits de l'agriculture et des domaines de la couronne, on pouvait se faire également une idée exacte de la vie et de la culture intellectuelles de la nation, de la prospérité de ses arts industriels, du travail domestique féminin ; puis venaient l'organisation scolaire, la librairie, les institutions scientifiques et celles de bienfaisance, enfin les chemins de fer, les routes et les ports. Une particularité spécialement intéressante de cette exposition était la représentation de l'armée nationale, et le tableau des richesses du sol roumain. Une reproduction d'une exactitude parfaite montrait l'extraction et l'exploitation des métaux, du sel, du charbon, du pétrole, etc.

L'année 1900, funeste à la Roumanie par suite d'une sécheresse persistante de six mois, cause d'une crise économique sérieuse, fut aussi une année de cruelle épreuve pour le roi Charles. Le 19 juin, mourut sa mère bien aimée, la princesse José-

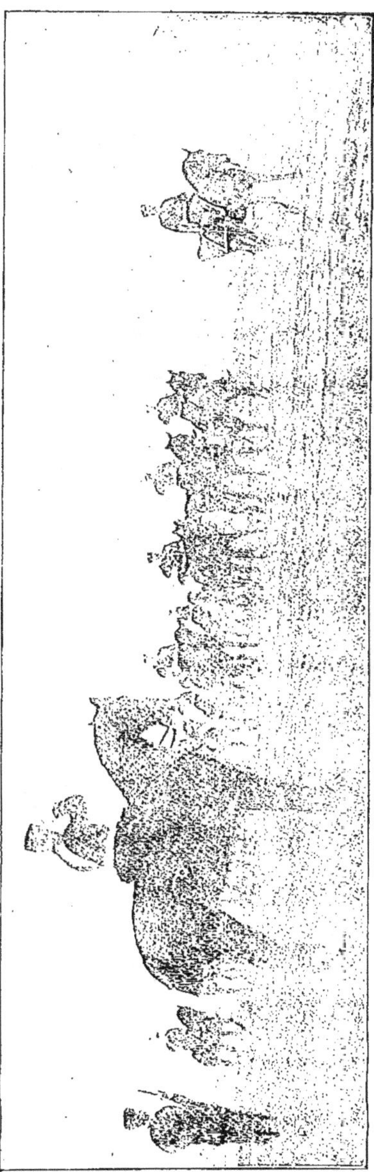

L'Empereur Nicolas II. de Russie et les Grands-Ducs défilent devant le Roi Charles à Krassnoje-Sselo (18 Juillet 1898).

phine, dont l'amour fidèle et la sollicitude touchante n'avaient jamais cessé d'entourer le monarque. Celui-ci

La Princesse Joséphine de Hohenzollern, mère du Roi, avec les enfants du Prince Ferdinand de Roumanie.

avait eu à deux reprises la joie ineffable de pouvoir saluer sa mère sur le sol roumain, en 1881 et en 1887; il s'était efforcé de rendre à la noble femme le séjour

aussi agréable que possible, lui montrant avec un légitime
orgueil le résultat de ses travaux pour le pays et les immenses progrès réalisés sous son règne. La princesse avait
témoigné une admiration profonde et toujours croissante
pour l'œuvre accomplie par son cher enfant. Lors de son
séjour à Sinaia, à Cotroceni et à Bucharest, elle avait
montré une tendresse et une affection maternelles aux
trois enfants du prince héritier, Carol, Elisabeth et Marie;
ceux-ci rendaient gentiment amour pour amour à la princesse, dont l'âge n'avait altéré ni la beauté ni la fraîcheur.

L'année 1902 marquait le vingt-cinquième anniversaire des grands évènements militaires auxquels l'armée
roumaine avait pris une part si glorieuse sous la conduite
de son souverain. Le roi Charles profita de ce jubilé pour
visiter au mois de novembre le terrain ayant servi de
théâtre aux exploits des troupes roumaines et russes.
Accompagné du prince Ferdinand de Bulgarie, venu à
Roustchouk pour saluer chaleureusement son hôte, le roi
Charles revit avec une émotion profonde les lieux où il
avait séjourné un quart de siècle auparavant, ayant un
commandement gros de responsabilités, et dont les noms
remplissaient une page ineffaçable et glorieuse du livre de
sa vie. A Poradim, le roi visita la petite maisonnette qui
l'avait abrité pendant de longues semaines, et sur le champ
de bataille de Plewna, il assista à un service religieux dans
la chapelle érigée à cette place, au milieu d'une foule immense de peuple et d'anciens témoins de ce drame sanglant. Le roi adressa de Plewna au Tsar Nicolas de Russie
un télégramme où il se rappelait en termes émus le temps
inoubliable pendant lequel il s'était trouvé aux côtés de
l'empereur Alexandre, partageant avec lui les vicissitudes
et les péripéties de ces luttes mémorables, couronnées
enfin par la victoire éclatante du 28 novembre. Le
monarque ajoutait qu'en souvenir des vaillants soldats
russes placés alors sous ses ordres, il avait déposé une

couronne sur leur tombe. L'empereur Nicolas répondit
en termes empreints de cordialité, assurant qu'il savait
apprécier du plus profond de son cœur l'hommage apporté
par le roi Charles aux victimes de ces combats héroïques,

Le Prince Léopold de Hohenzollern.

à une époque où la confraternité d'armes des troupes
russes et roumaines avait reçu une palme de gloire immor-
telle. Le Tsar terminait en renouvelant au roi l'assurance
de son amitié la plus sincère et la plus inaltérable.

La Comtesse Marie de Flandre.

Le roi, presque toujours accompagné de la reine, entreprit alors de fréquents voyages dans le pays, et put se convaincre personnellement de l'essor général de la Roumanie. D'autres voyages furent également accomplis sur le Danube. Au printemps de 1904, le couple royal accompagné du prince Ferdinand et de son fils, ainsi que du prince héritier de Hohenzollern, séjourna à Iassy, l'ancienne capitale de la Moldavie. Les illustres personnages assistèrent à la consécration solennelle de l'Eglise Trei Ierarchi (Les trois saints) restaurée aux frais du roi. Au mois de mai de l'année suivante, la famille royale se rendit à Constanza, pour le baptême du grand vapeur „Romania", nouvellement construit par le service de la Navigation maritime roumaine, et pour la pose du câble sous-marin de Constanza à Constantinople. Cette dernière ligne télégraphique est non-seulement d'une importance capitale pour les relations internationales, mais encore pour la prospérité de Constanza et pour le développement économique de la Roumanie vers l'Est.

La Roumanie devenait ainsi un pays de transit, avec la route la plus courte et la plus directe conduisant de l'Europe centrale vers l'Asie-Mineure; elle revêtait de plus en plus le rôle important de trait d'union entre l'Orient et l'Occident. Le roi Charles insista sur ce point dans son discours à bord de la „Romania":

„Nous avons la joie, dit-il, de baptiser un nouveau et fier navire. Nous lui avons donné le nom de „Romania" parce que nous désirions voir ce nom si cher à notre cœur retentir sans cesse dans tout l'Orient, pour y rappeler que le royaume de Roumanie est aujourd'hui une puissance dont la grandeur ne peut plus être contestée. Notre persévérance, le succès de l'armée, et les sacrifices que le pays s'est imposés, nous ont enfin ouvert les voies sans limites de la mer. Dans une période de temps très courte, nous avons fondé notre service de Navigation maritime; nos navires ont l'honneur de porter au loin notre pavillon national à travers les flots tumultueux de l'océan. Les chemins de fer, le pont du Danube et le port de Constanza ont donné l'essor au commerce national, et un grand nombre d'Etats ont conclu avec nous des traités spéciaux afin de faciliter leur transit".

Si l'année 1905 marqua pour la consolidation intérieure de la Roumanie une date particulièrement glorieuse, elle infligea au roi la plus douloureuse épreuve; après qu'il eût en effet perdu au mois de décembre de l'année précédente son frère le prince Frédéric, la mort lui enleva le 8 juin 1905 le dernier de ses frères le prince Léopold de Hohenzollern, uni au roi par les liens de fraternité les plus étroits et par l'amitié la plus sincère. Le prince Léopold, de son côté, avait toujours marqué à son frère Charles une confiance sans bornes, prenant une part intime au sort de celui-ci, aux destinées de sa famille et de son pays; successeur de son père, il en avait conservé jusqu'au dernier moment le précieux héritage.

Le roi Charles n'a plus conservé qu'une sœur, la Comtesse Marie de Flandre, dont le fils porte actuellement la couronne de Belgique. La vie du souverain, seul désormais, s'écoule aux côtés de sa chère épouse, et tous deux voient avec joie grandir sous leurs yeux les jeunes rejetons de la dynastie, les deux fils et les trois filles du prince héritier et de la princesse: les princes Carol et Nicolas, ce dernier naquit le 5 janvier 1903; les princesses Elisabeth, Marie et Eleana, trio charmant auquel un avenir heureux semble destiné.

XVIII.

Fêtes et anniversaires.

Le printemps de 1906 trouva la Roumanie toute entière enivrée d'une joie manifeste. Il s'agissait en effet de célébrer dignement la quarantième année du règne du roi, rétabli d'une grave indisposition et de retour à Bucharest avec la reine. Des rapides du Danube de la Porte de Fer aux rives du Pruth, aux confins de la Russie, des hautes cîmes rocheuses et désolées des Carpathes aux rivages noyés par les flots écumants de la mer Noire, un transport général d'allégresse, un hymne aux joyeux accents retentirent d'un bout à l'autre du pays roumain. Dans les grandes villes, comme dans les villages les plus reculés, le gai carillon des cloches déchirait l'air, et l'écho s'en répercutait dans le cœur des habitants de la Roumanie, dont les regards se portaient avec orgueil vers le passé, fiers de leur guide fidèle dans la paix et dans la guerre, de leur roi Charles Ier.

Les rayons dorés d'un magnifique soleil de printemps inondaient de mille feux la capitale du pays, et se réflétaient en flammes éclatantes sur les dômes dorés des nombreuses églises et chapelles; des rues et des jardins, inondés d'une blanche floraison, montait le doux parfum des innombrables acacias; partout flottaient les drapeaux et les bannières aux trois couleurs bleue, jaune et rouge;

partout des guirlandes de verdure, de fleurs et de pins, partout des portraits et des bustes du couple royal, des écussons, des monogrammes, des fleurs décoratives, des tapis. La ville, déjà si riante par elle-même, semblait comme agitée d'un tressaillement harmonieux de joie et de gaieté. Et certes, c'était justice, car cette fête représentait la plus haute manifestation en faveur du couple royal et de l'Etat; elle montrait le chemin parcouru par l'ancien état vassal et quel éclat s'attachait maintenant au nom de Roumanie! Sur l'invitation du gouvernement, près de 3000 maires de village et bourgmestres étaient accourus de toutes les parties du pays, beaucoup accompagnés de leur famille, et remplissaient de leurs gais costumes les rues et les places, inondées d'une masse compacte de spectateurs.

La fête principale eut lieu le 23 mai. Dans la matinée, au milieu des transports redoublés, des cris d'allégresse et de la voie tonnante du canon, le couple royal s'était rendu à la Métropolie, magnifique temple divin qui s'élève sur une hauteur dominant la ville, et où se trouvaient déjà réunis tous les dignitaires de l'Etat et les représentants des puissances étrangères. Quelles pensées, quels souvenirs durent agiter le roi! C'est là que quarante années auparavant, il avait porté ses premiers pas; c'est là que le jour de l'entrée solennelle, il avait emmené des rives du Rhin sa jeune et gracieuse épouse, c'est là qu'il s'était rendu, à son retour des champs de bataille sanglants de la Bulgarie, où ses vaillantes troupes s'étaient couvertes de gloire et de succès; c'est là enfin que, 25 ans plus tôt, avaient été bénies les couronnes offertés à la reine et à lui par le peuple, en reconnaissance de leur fidélité et de leur dévouement, à tous deux, envers le bien et la prospérité du pays!

Cette reconnaissance éclata en manifestations touchantes dans le courant de ce jour solennel. La revue

annuelle des troupes eut lieu, cette fois, avec un éclat tout
particulier sur le vaste boulevard Academiei; devant
l'Université et aux abords, des tribunes avaient été élevées,

Le Roi Charles et la Reine Élisabeth avec les Princes Carol
et Nicolas à la Revue du Jubilé (23 Mai 1906).

ainsi qu'un délicieux pavillon réservé à la famille royale.
A midi, un long murmure de joie se transmet et se rapproche de plus en plus. Un peloton de gendarmes aux
uniformes sombres, aux panaches retombant sur leurs
casques d'acier étincelants, ouvre la marche. Il est suivi d'un

piqueur de la cour, précédant le carrosse de gala découvert, attelé de quatre chevaux caparaçonnés d'argent et ornés de panaches de plumes d'autruche bleus, jaunes et rouges, et montés par des postillons à la livrée bordée d'argent. Au fond du carrosse, la reine tout en blanc, le visage illuminé de joie, ses grands yeux bleus rayonnants, salue de tous côtés avec un aimable et gai sourire, le cœur rempli d'une émotion profonde. A gauche de la souveraine, se dresse le buste élancé de la princesse Marie, femme du prince héritier, accompagné de ses enfants, les princes Carol et Nicolas, les princesses Elisabeth et Marie.

Nouveaux transports d'allégresse débordante, dont le bruit monte et grandit comme celui du tonnerre, dominé par les accords retentissants de l'hymne national. Le roi paraît, montant un magnifique cheval bai et suivi d'une brillante escorte. Tout le public des tribunes se lève comme un seul homme, les mouchoirs et les drapeaux s'agitent joyeusement dans l'air, des hourras sans fin retentissent. Le roi, en uniforme de général, respire la fraîcheur et la santé. Il plonge avec bonheur ses regards dans la foule, les traits de son visage, généralement grave et sérieux, se sont éclairés, il salue à droite et à gauche de l'épée; arrivé près du pavillon royal, le roi descend de cheval et salue les Ministres qui l'attendent, puis se rend dans le pavillon où il s'entretient avec les personnes présentes. A cheval près du pavillon, se tient le prince Wilhelm de Hohenzollern, neveu du roi, et le prince Guillaume de Wied, neveu de la reine. Puis, en demi-cercle, formant un groupe d'une pittoresque variété, les aides-de-camp et les attachés militaires étrangers, officiers russes, français, allemands, anglais, italiens et turcs, confondus ensemble.

Les troupes présentent les armes aux sons d'une marche éclatante, le prince Ferdinand s'avance et fait au roi son oncle, appuyé à la balustrade, le rapport par lequel s'ouvre la cérémonie militaire. Un moment de profonde émotion pénètre tous les cœurs, lorsqu'au milieu de ce brillant déploiement des forces de la Roumanie moderne, on voit apparaître une troupe de vétérans dans

Les vétérans avec drapeaux en tête défilant devant le Roi Charles (23 Mai 1906).

leurs capotes militaires de couleur sombre, usées, sur lesquelles tinte un cliquetis de médailles commémoratives,
précédés des drapeaux en lambeaux, surmontés de l'aigle
doré des légions romaines, qui ont autrefois conduit à la

Défilé des troupes devant le Roi Charles à l'occasion du Jubilé à Bucharest (23 Mai 1906).

victoire les héros de Plewna et de Rahowa. Derrière ces glorieux étendards, marchent 3000 vieux soldats, venus à Bucharest de tous les coins du pays pour représenter leurs camarades et apporter le tribut de leur vénération à leur roi, au chef qui a fidèlement partagé avec eux les terribles fatigues et les privations sans nombre de la campagne d'hiver dans les Balkans en 1877/78. Le roi, remonté à cheval pendant ce temps, salue ces braves, adressant à beaucoup d'entre eux un signe amical de la main; pendant le défilé des vétérans, un grand nombre portent sur leur visage l'empreinte d'une profonde émotion. Quelle joie pour eux, en effet, de revoir encore une fois leur roi, ce héros dont ils ont éprouvé l'intrépidité, lorsque les obus turcs décimaient leurs rangs dans la lutte opiniâtre entre le croissant et la croix!

La journée du lendemain fut remplie par des fêtes populaires et par de nombreuses réceptions au palais royal. Des députations, par centaines, vinrent présenter leurs hommages au roi et à la reine. Le monarque prononça, devant les Présidents des Chambres législatives un discours très remarquable, dans lequel, réunissant le présent et l'avenir, il exprima sa profonde reconnaissance à ceux qui l'avaient si noblement secondé dans sa tâche difficile:

„Certes, ce fut une période à la fois bénie et féconde, cette période de résurrection de la Roumanie, dans laquelle nous avons inscrit dans l'histoire des pages glorieuses pour le peuple roumain, grâce à l'élan patriotique de tous les cœurs, et à la sagesse, à la réflexion de nos grands hommes d'Etat. C'est un devoir sacré pour Moi de payer aujourd'hui au souvenir impérissable de ces hommes le tribut de reconnaissance sans bornes qu'ils méritent. Beaucoup d'entre eux ont déjà trouvé leur récompense dans un monde meilleur; mais leur mémoire ne s'effacera jamais de nos cœurs, car c'est à eux et à notre vaillante armée que nous devons la fondation, aux bouches du Danube d'un royaume de Roumanie indépendant, établi sur des fondements inébranlables, et dont nous célébrons, en ce jour, le 25ème anniversaire en même temps que la 40ème année de Mon règne. — Ces brillants résultats sont la plus belle récompense du travail infatigable d'une génération entière, qui à travers de durs combats et par de pénibles épreuves, a sauvé le pays de dangers menaçants pour son existence . . . Je remercie plus particulièrement les hommes encore vivants dont le dévouement M'a soutenu dans l'accomplissement de Ma tâche et qui ont pris une part si importante aux œuvres accomplies. . . . Je prie Dieu de nous accorder encore, à eux et à Moi, de longues années de santé, afin que nous puissions nous consacrer à l'achèvement de l'ouvrage si glorieusement commencé, et à la consolidation encore récente de notre chère Roumanie. Quelle que puisse être la volonté de Dieu, à laquelle nous nous soumettons humblement, nous sommes néanmoins autorisés à envisager en toute confiance l'avenir du pays, car cet avenir repose sur la vertu du peuple roumain, persévérant dans sa résistance à 18 siècles de souffrances amères, sur une race de paysans aussi vaillants à la guerre que travailleurs pendant la paix, qui s'appuient sur la fidélité constante, inébranlable, entre la nation et la dynastie, et dont les jeunes rejetons, nés sur le sol roumain, élevés dans la religion des ancêtres, sauront avec l'aide de Dieu resserrer encore plus étroitement ces liens intimes. Unissons donc nos cœurs dans un même désir, le plus cher et le plus sacré de tous: Vive la Roumanie, toujours plus grande, toujours plus heureuse, toujours plus prospère!"

A l'occasion du jubilé, le roi accorda une amnistie et n'oublia pas non plus, en cette circonstance, les opprimés ni les affligés, auxquels il avait d'ailleurs montré de tout temps de l'intérêt, et prodigué des secours. La Chambre, à l'instigation de plusieurs de ses membres, vota un projet

de loi pour ajouter aux 500 000 francs déjà accordés une
somme égale en vue de l'érection d'un monument commémoratif du roi et de la guerre de l'indépendance. Mais
le monarque reçut encore des témoignages particuliers de
vénération et de reconnaissance; ainsi, à l'occasion de ces
fêtes mémorables, l'administrateur des domaines de la
couronne, le Dr. Jean Kalindéro, annonça qu'il fondait
de ses propres deniers à Bucharest un musée des Beaux-
Arts, ajoutant par là une gloire nouvelle à ses mérites
déjà si grands envers le pays.

Le jubilé fut en outre à Bucharest l'occasion d'une
grande Exposition Universelle, organisée pour offrir, dans
un cadre pittoresque, un tableau caractéristique du
développement historique et économique du pays depuis
ses origines jusqu'à nos jours. La Roumanie se hasardant
pour la première fois, dans une entreprise de ce genre,
toutes les forces furent consacrées à la création d'une
œuvre couronnée de succès. Toutes les grandes administrations et les établissements de l'Etat, le gouvernement
et les particuliers, les grands propriétaires, les industriels,
les commerçants, les savants, les hommes de lettres et les
artistes, rivalisèrent de zèle et d'activité. L'Exposition
embrassait un terrain de 40 hectares à proximité immédiate
de la ville, sur le champ de Filaret. Les efforts, pour donner
à cette exposition un caractère absolument national et
original à la fois, réussirent à tous égards; la forme artistique et le parfait agencement de toute l'organisation
obtinrent un éclatant succès.

Le but était d'ailleurs pleinement atteint: montrer
les progrès de la Roumanie, ce dont elle avait été capable
pendant les dernières quarante années. Si le résultat
économique était considérable, les résultats politiques et
moraux ne l'étaient pas moins; de tous les points du pays,
de toutes les parties du monde, les Roumains étaient
accourus vers la capitale; avec une légitime fierté, ils

admiraient les changements opérés en quelques dizaines
d'années dans le pays et dans la résidence. Quel éclat
retentissant avait maintenant ce nom de „Roumanie" si
méprisé autrefois! L'étranger aussi avait fourni d'innombrables visiteurs, émerveillés de l'immense travail de civilisation accompli dans ce royaume des bords du Danube.

Le printemps de l'année 1907 fut une période grosse
d'orages pour la Roumanie. Au milieu du mois de mars,
un mouvement venu des paysans de la Haute Moldavie,
d'abord dirigé contre les juifs des villes, dégénéra bientôt
en une révolte purement rurale. Les maisons et les dépôts
de grains des propriétaires de biens et des fermiers furent
livrés au pillage, et les troupes durent intervenir pour
rétablir l'ordre, sans éprouver trop de pertes. Mais bientôt
l'insurrection gagna la Valachie et prit à certains endroits
un caractère révolutionnaire. Les paysans, renforcés et
excités par les mécontents toujours à l'affût d'agitation
et d'effervescence, se rassemblèrent en troupes compactes;
un grand nombre de propriétés et de greniers d'approvisionnement devinrent la proie des flammes, beaucoup
de propriétaires et de fermiers furent massacrés; quelques
districts de villages et des petites villes offrirent le spectacle de la plus complète anarchie. La troupe, envoyée
immédiatement sur les lieux, procéda avec une vigoureuse
énergie; à la fin de mars, on était maître de cette insurrection, méditée et préparée de longue main par des agita-
teurs révolutionnaires, ainsi que l'enquête le démontra
plus tard. Elle avait coûté beaucoup de sang et d'argent.

Les causes originelles du mouvement résidaient dans
la situation défavorable des paysans roumains. Certes,
la prospérité nationale de la Roumanie avait fait des
progrès extraordinaires pendant les dernières dizaines
d'années, et l'agriculture avait pris un essor inespéré;
mais ces heureux symptômes n'avaient profité qu'à un
petit nombre de paysans. Ces derniers avaient à souffrir

des conditions désavantageuses du fermage et des exigences draconniennes des grands propriétaires, dont le rôle est ici prépondérant. Le sol exploité par les paysans n'a qu'une faible étendue en comparaison des grands domaines agraires; il n'existe pour ainsi dire pas de propriété moyenne, et dans la plupart des cas, la terre ne suffit pas à l'entretien des petits cultivateurs, d'autant plus qu'il n'existe pas d'exemples et de stimulants pour l'exploitation rationnelle. Dans les endroits où ce stimulant existait et où l'on s'était occupé de l'éducation morale et sociale de la population des campagnes, le mouvement révolutionnaire ne trouva pas d'aliment, notamment sur les domaines de la couronne.

Dans ce grave danger, le roi Charles ne se révéla pas seulement comme le gardien vigilant de l'ordre et du repos; lui, habituellement si respectueux de la forme parlementaire du gouvernement, intervint directement par un manifeste adressé à son peuple. Il y développait le projet d'une grande réforme agraire et ne recula pas devant des changements radicaux des conditions légales existantes. Le monarque se montra une fois de plus en cette circonstance à la hauteur de la situation „en veillant avec un égal souci à la défense des pauvres et à la sûreté des riches", selon ses propres expressions à un de ses confidents intimes. On apprit de la bouche de ce fidèle collaborateur du roi, comment celui-ci comprenait les rapports entre les citoyens de l'Etat: „Il est de toute justice que l'Etat intervienne dans les transactions entre les citoyens, quand ces arrangements menaçent d'opprimer les faibles. La liberté des transactions ne saurait étouffer le droit sacré d'égalité et d'existence de chaque individu, car, sans ce droit, on ne peut rien rêver de durable." Le roi adressa ses remerciements à l'armée dans un ordre du jour rappelant les circonstances pénibles au milieu desquelles elle avait su rétablir l'ordre et remplir son devoir sans hésitation.

Toutefois, le souverain écouta le penchant naturel de son cœur, en publiant quelques mois plus tard une amnistie pour rendre la liberté à tous ceux qui se trouvaient en prévention comme instigateurs et meneurs de la révolte, ainsi qu'à tous les accusés politiques en général. Les individus déjà condamnés pour les mêmes raisons furent graciés. Il ne fut fait exception que pour les personnes accusées d'assassinat, soit 180 en tout sur 8000 arrestations opérées.

Pendant l'automne, le roi assista aux grandes manœuvres, exécutées pour la première fois, cette année-là, dans la Dobrudscha. Si l'armée de terre s'y montra parfaitement à la hauteur des tâches les plus difficiles, les efforts du monarque pour renforcer également la marine reçurent en même temps une réalisation importante. En sa présence, à Galatz, furent lancés douze nouveaux navires de guerre d'un type parfait et d'une grande vitesse. Au discours du Ministre de la Guerre, le roi répondit que la marine roumaine, très faible à ses débuts, s'était élevée peu à peu au rang qu'elle occupe aujourd'hui; peu à peu elle parviendra à la hauteur nécessaire pour le bien du pays. Le roi exprima sa satisfaction au sujet du développement et des progrès constants du royaume. „En confiant ces navires aux matelots roumains, ajouta-t-il, j'ai la certitude qu'en cas de nécessité, ils sauront remplir avec honneur ce qu'on attend de leur vaillance.‟

L'année 1909 fut d'une grande importance historique à un triple point de vue. Le mois de février amena le 50ème anniversaire de la réunion des deux principautés de Moldavie et de Valachie, germe de la fondation de l'Etat roumain moderne, que le prince Charles devait conduire à son développement complet. Le roi réunit à cette occasion autour de lui, au palais de Bucharest, avec les membres de la famille royale et les grands-dignitaires, tous les Ministres en fonctions et tous les anciens

Ministres; dans un discours empreint de la plus parfaite reconnaissance, au dîner de gala, il exprima les sentiments de son cœur à „cette brillante pléiade de patriotes envoyés par la divine Providence au pays roumain vers le milieu du siècle dernier, tous animés d'un désir ardent, tous pénétrés d'une conviction profonde: c'est que la réunion des principautés assurerait l'avenir de la Roumanie. Ils n'ont reculé devant aucun sacrifice pour atteindre le noble but qu'ils s'étaient proposé; ils l'ont réalisé au milieu de difficultés et de dangers sans nombre; ils ont donné une forme solide au sentiment d'unité sommeillant depuis des siècles dans l'âme du peuple roumain; ils ont livré le dernier combat couronné par la plus éclatante victoire".

Le roi consacra ensuite des paroles pleines d'un douloureux regret aux souvenirs de ceux de ces héroïques champions déjà enlevés par la mort, et termina en levant son verre en l'honneur de la Roumanie „unie et forte jusqu'à la fin des siècles, grâce au patriotisme de ses enfants, toujours solidaires dès qu'il s'agit des intérêts de la patrie. Dieu veuille que nos cœurs, animés du désir ardent de cette union dont le peuple roumain tout entier célèbre en ce jour l'anniversaire, s'élèvent sans cesse vers de plus hautes aspirations, et que dans notre commune conviction sur la force de l'Etat, dont la base repose sur le bien-être de toutes les classes de la population, nous unissions nos efforts pour réaliser les hautes destinées de notre peuple bien-aimé!"

Mais une date qui éclaire d'un jour brillant les actions accomplies par le roi Charles au cours d'une longue vie, toute pleine de bienfaits en faveur de la Roumanie, fut celle du 22 avril, 70ème anniversaire de sa naissance. A cette occasion, comme à celle du jubilé du règne célébré quelques années auparavant, les sentiments d'amour, de fidélité, de reconnaissance, éclatèrent dans tout le royaume, et donnèrent lieu à de touchantes démonstrations. Ces témoignages en faveur des mérites du roi Charles envers son peuple et l'Etat ne restèrent pas d'ailleurs limités aux frontières intérieures de la Roumanie; l'étranger prit également part à cette fête solenelle. Les échos de la presse de tous les pays, parvenus jusqu'aux rives du Danube, apportaient le tribut des plus chaudes sympathies pour le fondateur de la Roumanie moderne.*)

L'éclat de la fête fut encore rehaussé, outre la présence du neveu du roi, le prince Charles de Hohenzollern, par celle du Kronprinz allemand, envoyé par l'empereur, son pére, pour annoncer au roi sa nomination au grade de Général Feld-Maréchal de l'armée prussienne, et lui remettre le bâton de maréchal, signe extérieur de cette dignité exceptionelle. La lettre autographe de l'empereur Guillaume II. accompagnant cette nomination, contenait le passage suivant: „Que Votre Majesté veuille être persuadée que Je prends la part la plus vive et la plus cordiale aux évènements également heureux pour Elle et pour Ses fidèles sujets, et que c'est toujours un plaisir particulier pour Moi de cultiver des relations de franche amitié avec Votre Majesté."

Le service religieux célébré solennellement à la Métropolie, et la revue passée ensuite, furent suivis d'un dîner de gala au palais royal. Le Kronprinz allemand y porta un toast chaleureux au roi en ces termes: „Il a été donné à Votre Majesté, à la tête de Sa vaillante armée, de ceindre Son front des lauriers de la victoire et d'amener à un degré de prospérité et de bien-être croissants, pendant un règne de plus de 40 années, le pays devenu pour Votre Majesté une seconde patrie chèrement

---

*) Anniversarea de 70 ani a S. M. Regelui Carol I al României. Bucuresti. Imprimeria Statului. 1910.

aimée. Loin de Son pays natal, Votre Majesté a ajouté un nouvel éclat, une gloire nouvelle, au nom de Hohenzollern. Que Dieu accorde pendant de longues années encore ses bénédictions à Votre Majesté, et prenne sous sa toute-puissante et constante protection Votre brave armée et le beau pays dont la destinée repose entre les mains de Votre Majesté".

XIX.
Les progrès des dernières années.

A u mois d'octobre 1909 eut lieu l'inauguration solennelle du port de Constanza, devenu un des meilleurs ports de mer de l'Europe, grâce à de gigantesques travaux et à une installation grandiose. C'é fut là un nouveau fleuron à la couronne de prospérité et de progrès du commerce roumain. 100 millions de francs furent dépensés pour la construction du port; des môles imposants, d'une longueur de plus de 1000 mètres et dominés par des phares élevés, s'étendent au loin dans la mer; les réservoirs à pétrole, tout en fer, peuvent passer pour des modèles en ce genre, et les „silos" en pierre, destinés à l'emmagasinage des blés, dressent leur haute silhouette à proximité immédiate du port. La superficie totale de ce dernier embrasse 157 hectares, dont 60 incombent aux différents bassins, 67 aux plates-formes, et 30 aux entrepôts et aux magasins privés. Une sage prévoyance a déjà prévu ici l'avenir, car le sol fertile de la Roumanie est encore loin d'avoir atteint le point culminant de sa productivité. Il en est de même pour l'industrie roumaine du pétrole, encore dans l'enfance d'une exploitation rationnelle. Le roi Charles n'a pas manqué d'attirer l'attention sur cet avenir dans son discours prononcé à la fête officielle d'inauguration au palais de la résidence royale, à Constanza: „Nous pouvons à juste titre considérer ce port comme un monument de notre progrès économique et un triomphe de l'orgueil national. Grâce au concours de notre service de Navigation maritime, le port de Constanza nous met en relations constantes et directes avec les marchés étrangers, surtout avec l'Europe occidentale, qui est l'acheteur principal de nos produits nationaux. L'activité de ce centre commercial constitue un véritable baromètre de notre développement économique. C'est pourquoi J'ai la ferme confiance que les immenses travaux exécutés jusqu'à présent marquent simplement le début d'un avenir encore plus prospère; dans un temps peu éloigné, Constanza deviendra un des ports les plus importants de la Mer Noire."

Ce baromètre du développement économique de la Roumanie, mentionné par le roi Charles, marqua en 1910 et en 1911 une hausse sensible. Grâce aux abondantes récoltes et à l'amélioration continuelle de la situation intérieure du pays, non compromise par la révolte des paysans dont il a été fait mention aux pages précédentes. Ces heureux résultats se manifestèrent dans toutes les branches de l'activité sociale; la grande et la nouvelle industrie prirent un nouvel essor, le commerce put se libérer d'engagements qui pesaient lourdement sur lui. Le Trésor public réalisa des recettes importantes, et pour la première fois depuis 1889, un appel put être adressé au marché d'argent national pour une émission de rente, qui fut couronnée d'un grand succès. En même temps, les valeurs et les actions de différentes sociétés profitaient d'une hausse constante, augmentant ainsi la fortune de leurs possesseurs. Pour un capital de 1 352 384 400 francs, en circulation au 31 décembre 1910, les capitalistes roumains et étrangers avaient vu en un an leur fortune mobilière augmenter de 5 722 249 francs, ce qui représente une augmentation de 0,42 pour cent; le capital des 131 425 possesseurs des actions des cinq grands établissements de crédit de la capitale avait éprouvé une augmentation de 23 730 200 francs, soit une augmentation de plus de 0,47 pour cent par rapport à la valeur nominative des actions, qui était de: 49 938 125 francs.

D'après une statistique du Musée commercial autrichien, le commerce de la Roumanie se chiffrait en 1910 368 300 099 francs pour l'importation, et 465 056 619 francs pour l'exportation. Le budget pour 1911-1912, déposé en avril 1911 à la Chambre des Députés, monte pour les recettes et les dépenses à 478 395 230 francs, soit 17 315 288 francs de plus que le projet financier proposé l'année précédente. Quelle somme énorme, quand on songe aux 56 381 615 francs du budget de 1866/67, première année de règne du roi Charles.

Au commencement de l'année 1911, eut lieu un changement de Ministère; le Ministère libéral dirigé par Bratianu fut remplacé par un Ministère conservateur sous la présidence de P. Carp, homme politique expérimenté, chez qui l'âge déjà avancé n'avait point entamé encore la fraîche vigueur de la jeunesse. Le nouveau Président du Conseil sut réunir autour de lui des collaborateurs ayant donné déjà des preuves éclatantes de leur talent politique. Titus Maïorescu, connu bien au-delà des frontières de la Roumanie comme savant et réorganisateur de l'Instruction publique, aux Affaires Etrangères; Alexandre Marghiloman, au Ministère de l'Intérieur; Jean Lahovary, aux Domaines; C. C. Arion, depuis longtemps renommé pour son vif intérêt en faveur des arts et des sciences, au Ministère de l'Instruction Publique; Nicolas Filipescu, à la Guerre.

Ce changement de Cabinet donna une nouvelle preuve éclatante de la stabilité de la politique roumaine dans les questions extérieures et intérieures les plus importantes. Auparavant, un changement de Ministère déterminait toujours un revirement marqué dans la direction des affaires politiques au-dedans et au-dehors, suscitait de graves obstacles aux progrès du pays, le nouveau parti au pouvoir prenant le contre-pied des actes de son prédécesseur. Le Ministère récemment constitué prouva que cette manière de faire appartenait désormais au passé. Non-seulement le changement s'opéra avec un calme parfait, mais le nouveau Ministère accepta les engagements pris par le Ministère précédent dans les questions importantes de la politique extérieure et intérieure. A l'extérieur: maintien du statu quo dans les Balkans en ce qui concerne la Roumanie; à l'intérieur: consolidation des finances, progrès matériel de la population des campagnes, encouragement du commerce et de l'industrie, amélioration de l'enseignement.

Le nouveau Cabinet veut en outre délivrer la petite propriété foncière des impôts fonciers de l'Etat, faciliter par diverses mesures l'existence de la grande masse de la population en rendant la vie moins chère, et améliorer les appointements des petits fonctionnaires de l'Etat.

Les réformes dans la situation de la Roumanie vis-à-vis de l'étranger ont été exposées par le roi dans son discours du trône, prononcé lors de l'ouverture solennelle du Parlement le 20 mai 1911:

„La politique ferme, réfléchie, poursuivie sans hésitation par la Roumanie depuis un quart de siècle aujourd'hui, nous a assuré les meilleures relations avec toutes les puissances. Leur but commun, le maintien de la paix, est aussi notre désir le plus cher. En acceptant, les lois en concordance avec le budget, vous accomplirez le premier pas décisif dans la voie des réformes nécessaires, dans l'intérêt de la situation intérieure, surtout pour l'amélioration d'une grande partie de la population des villes, atteinte par le renchérissement. Avant de pouvoir discuter les lois sur les ventes de terres aux agriculteurs, sur les

assurances ouvrières, sur l'administration, vous aurez
à voter une loi sur l'exemption d'impôts pour la propriété

Le Roi Charles aux manœuvres (1910).

foncière en dessous de six hectares, et des lois sur l'amélioration de la situation des employés subalternes des chemins

de fer, et des instituteurs. L'état de nos finances nous permet encore de consacrer huit millions de plus à notre armée sans compromettre l'équilibre budgétaire".

Au mois d'octobre 1911, le roi assista avec la reine et les membres de la famille royale aux fêtes organisées à Iassy à l'occasion du 50ème jubilé de l'Université. Avant il s'était rendu en compagnie du prince Ferdinand, inspecteur général de l'armée, aux grandes manœuvres près de Miicesti. Le souverain put se convaincre, non sans une profonde satisfaction, de l'état parfait de préparation de l'armée, qui compte en temps de paix un effectif de 96 000 hommes, s'élevant en cas de mobilisation à 320 000 hommes, dont 150 000 de troupes de première ligne. L'équipement et l'uniforme ont été tout dernièrement encore l'objet de modifications importantes.

C'est ainsi qu'à la fin de l'année, le roi a pu, lors de son voyage à travers le royaume, se convaincre de ses propres yeux des progrès accomplis dans le pays sous son règne. Sans doute sa pensée se reporte-t-elle souvent vers l'époque lointaine où son pied foula pour la première fois le sol roumain. L'orgueil justifié qu'il en éprouve est certainement partagé par un sentiment de profonde reconnaissance pour la destinée providentielle qui l'a conduit par des voies si grandes et si merveilleuses.

XX.

Le Roi.

———

1866—1911. Quels souvenirs n'évoquent pas ces deux dates, représentant le passé et le présent, séparés par un long intervalle de 45 années fertiles en graves évènements!

Depuis la journée mémorable du 22 mai 1866, que de changements accomplis dans toutes les conditions du pays!

Seul un homme n'a jamais varié dans son caractère ni dans sa conduite, constamment fidèle à ses nobles et chevaleresques sentiments, s'imposant les plus pénibles efforts, magnanime dans ses moindres actions, aimable et bienveillant dans ses manières, animé d'un vif intérêt pour les progrès des arts et des sciences, honorant le génie partout où il le rencontre, dédaigneux des petitesses, le cœur débordant de reconnaissance et de compassion, généreux envers ses ennemis, sachant estimer ses amis, bref, une nature ferme, droite, n'ayant qu'un but: le bien de la patrie. Cet homme, c'est le roi Charles Ier de Roumanie.

Depuis le moment ou le jeune prince d'alors avait accepté la couronne qui lui était spontanément offerte, sa vie entière et ses efforts quotidiens furent uniquement consacrés au peuple roumain. Malgré les obstacles et les

Le Roi Charles Ier.

difficultés semés sur la route tracée et suivie par lui avec une indomptable énergie, le roi Charles n'a jamais douté de son peuple. Aussi, dans le discours du trône à l'occasion de son jubilé, put-il prononcer ces paroles, écho fidèle et retentissant de sa pensée: ,,En jetant un regard en arrière sur le chemin parcouru, j'éprouve le

Le Roi Charles et la Reine Elisabeth (1909).

besoin impérieux de constater la fidélité inébranlable,
l'amour ardent, avec lesquels le peuple roumain a secondé,
dans les bons comme dans les mauvais jours, la tâche
que J'avais entreprise en sa faveur. Pendant ces qua-

Le Roi Charles avec L'Archi-duc Ferdinand d'Autriche
au Parc de Sinaia (Juillet 1909).

rante années, heure pour heure aujourd'hui, les liens entre
Ma dynastie et la nation roumaine sont devenus indissolubles jusqu'à la fin des temps".

La vie du roi Charles se déroule devant nos yeux
comme dans un livre ouvert. On y rencontre des pages
sombres, des heures d'amertume et de tristesse, mais le

roi ne s'y arrête pas, et en feuilletant plus loin, il peut dire: „Certes notre existence a été très féconde et très belle". Il s'exprimait ainsi en s'adressant à la reine, à la

Le Roi Charles avec les Princes Carol et Nicolas (1911).

fin de leur voyage commun sur le Danube, il y a quelques années. La reconnaissance et le dévouement, l'estime et la fidélité, forment la base fondamentale de sa nature. „La fidélité est la plus belle vertu que Dieu ait inspiré aux hommes", écrivait-il dans sa jeunesse au Kronprinz allemand, donnant ainsi libre essor aux sentiments les plus intimes de son cœur.

Cette fidélité, cette reconnaissance, il n'a jamais cessé de les témoigner pendant toute sa vie, si noblement remplie, à ceux qui furent ses collaborateurs dans la poursuite de son but patriotique. En quels termes chaleureux ne s'exprime-t-il pas dans sa lettre du 26 décembre 1908 à l'ancien Président du Conseil des Ministres, Demeter Sturdza, obligé par une grave maladie de renoncer à mettre ses talents au service de l'Etat:

„Mon cher Sturdza,

„Les paroles ne sauraient exprimer la profonde tristesse dont Mon cœur est rempli en ce douloureux moment, où j'apprends que votre santé ébranlée vous oblige à chercher le repos et la tranquillité, après plus d'un demi-siècle de labeur infatigable. Vos inappréciables services envers le pays et la couronne, comme homme d'Etat, et comme savant, resteront éternellement gravés dans la mémoire de tous, en vous assurant leur inaltérable reconnaissance.

„C'est du plus profond de Mon cœur que Je vous remercie pour votre fidélité inébranlable et pour votre appui constant en vue de Me faciliter l'accomplissement de Ma tâche difficile dans une foule de circonstances, quand les grands intérêts du pays se trouvaient en jeu. Aussi conserverai-Je toujours le souvenir de ces longues années, durant lesquelles vous n'avez cessé d'être pour Moi un conseiller éprouvé, rempli du sentiment de son devoir et de zèle pour la prospérité de notre chère Roumanie. Dieu veuille que le repos rétablisse votre santé, afin de nous faire profiter longtemps encore de cette riche expérience et surtout de cette confiance inébranlable qui fut le guide le plus sûr de toute votre vie.

„Recevez, Mon cher Sturdza, ces vœux ardents,

Lorsqu'on a tout donné — —
c'est encore si peu de chose!

Sinaia
Juill. 1911

Elisabeth

comme la plus sincère assurance de Mes regrets, et comme l'expression de la vive affection, de la reconnaissance profonde que Je ne cesserai jamais de vous garder".

La fidélité du roi envers les autres n'a d'égale que sa fidélité envers lui-même, son sentiment absolu du devoir, son respect inviolable pour le droit et pour les lois. Mais loin de se contenter de cette rigoureuse observance pour sa propre personne, il l'exige également de tous les membres de sa famille. „Sois toujours le premier à donner l'exemple du travail, du devoir et de l'amour de la patrie"; disait-il le 16 octobre 1906 au prince Carol, fils aîné de l'héritier du trône, en plaçant le jeune homme comme sous-lieutenant au Ire bataillon de chasseurs. Puis s'adressant aux officiers, il leur parla en ces termes:

„Placé par la naissance dans une position privilégiée, Mon cher neveu doit savoir qu'il ne peut y avoir aucun droit sans devoir; ce principe lui servira toujours de guide, Je l'espère. Si un jour les impénétrables desseins de la Providence divine l'apellent à continuer Mon œuvre, je souhaite qu'il s'inspire toujours de la magnifique maxime de Frédéric le Grand: „Je suis le premier serviteur de mon Etat." Puisse le jeune prince qui fait aujourd'hui son entrée dans l'armée et y poursuit ses études, remplir toutes les espérances fondées sur lui. C'est le vœu le plus cher et le plus profond de Mon cœur."

Les sentiments d'équité du roi se manifestent par les 20 000 francs souscrits pour l'érection d'un monument à la mémoire du prince Kusa à Iassy. On sait qu'au mois de février 1866, ce prince avait été déposé, et que le prince Charles acceptait quelques semaines plus tard le trône devenu vacant. La somme en question manquait encore pour la réalisation du projet de ce monument, et en apprenant cela, le roi la donna avec empressement. Dans une conversation avec M. Xénopol, professeur à l'Univer-

sité de Iassy, le monarque sut apprécier comme il suit
les mérites du prince Kusa:

„Je rends à César ce qui appartient à César. Kusa
a le grand mérite d'avoir accompli la réunion des princi-

Le Roi Charles au Château Pelesch (1911).

pautés, d'avoir sécularisé les biens des couvents pour en
faire profiter les paysans. Ces actes ont formé la base de
la Roumanie moderne, base sur laquelle a été fondée la
prospérité brillante du pays, développé plus tard sous
Mon règne. Je n'ai point besoin d'amoindrir le passé pour

Me rendre plus glorieux; J'ai assez de la conscience d'avoir travaillé de toutes les forces de Mon âme à la grandeur de Ma patrie d'adoption."

La nature intime du roi, grave, consciencieuse, ardente au travail, se reflète dans sa manière d'être, toute empreinte d'une virilité calme, éclairée, industrieuse. Tout ce qui est pure apparence lui est profondément antipathique; toute sa personne respire une dignité tranquille et une amabilité séduisante. Plein d'intérêt pour toute chose importante, quel que soit l'objet auquel elle se rapporte, son jugement est toujours bienveillant, et il aime à distribuer des louanges, d'ailleurs impartiales et justement décernées.

Dans sa conversation, le roi touche ou approfondit les questions importantes de la vie moderne, très moderne et très pénétré lui-même, rappelant à l'occasion les grands évènements auxquels il a assisté et les hommes importants qu'il a connus, ne cessant de susciter avec affabilité et bienveillance un échange d'idées exemptes de toute contrainte. L'impression produite par sa personnalité profondément énergique, calme et réfléchie, est très puissante. Si l'on se représente ce que ce prince a fait, nonseulement pour son pays, mais encore pour le développement historique de l'Europe centrale, quel fructueux travail de pionnier il a accompli sur les rives du Danube, quel royaume prospère et fort il a créé, comment depuis 45 ans il s'est exclusivement voué à son rôle princier et au bonheur de la Roumanie, prévoyant l'avenir de l'Etat avec une sollicitude et une activité infatigables, on éprouve un sentiment de vénération profonde pour l'homme de valeur conscient de sa dignité, et une admiration sans bornes pour le roi dont le nom figurera un jour parmi les plus grands.

La droiture et la clairvoyance dont le monarque fait preuve dans toute sa personnalité extérieure,

il les a toujours montrées dans sa conduite politique.
Là en effet, apparaît en pleine lumière l'harmonieux
équilibre de sa nature: rien n'est fait à la hâte, tout est
mûrement réfléchi, après quoi l'action succède. Le but
qu'il s'est proposé et qu'il a reconnu juste, il le poursuit
sans trêve, sans repos, sans se laisser dominer par des
influences étrangères, sans jamais faire une seule concession à sa conviction une fois établie. Toujours prudent
et modéré dans les choses politiques, il intervient juste
au moment favorable, infatigable au travail pendant la
paix, le premier au feu en temps de guerre. Il laisse
à ses conseillers la plus entière latitude dans toutes les
questions relatives au pays, gardien vigilant et observateur
scrupuleux de la Constitution, à moins que des évènements
exceptionnels ne nécessitent une intervention énergique;
jamais indifférent aux choses journalières, il se montre dépourvu de tout préjugé, insouciant de ses intérêts personnels, n'ayant en vue et ne poursuivant
de tous ses efforts, sans hésitation, ni timidité, que
le bien général de l'Etat, dont il s'est fait le premier
serviteur.

Mais s'il est le premier serviteur de l'Etat, il en est
également le premier citoyen: fidèle à l'accomplissement
de son devoir, ardent au travail, ennemi de toute arro-
gance et de tout éclat emprunté, plein d'estime pour
l'activité des autres, envisageant la vie comme un vaste
champ d'actions bienfaisantes pour ses contemporains
et pour les générations futures, ne perdant jamais son idéal
en dépit de toutes les amertumes, de tous les déboires,
dont personne n'est exempt ici-bas, plein de foi dans ce
qui est beau et élevé. Profondément religieux, de mœurs
irréprochables, il est pour sa noble compagne l'époux le
plus accompli en même temps que l'ami le plus fidèle.
Son cœur bon et aimant lui fait souvent ressentir
avec une émotion profonde les maux et les malheurs

inévitables sous le soleil, si dorés ou si pénétrants que puissent en paraître les rayons.

Aussi l'image du roi Charles Ier subsistera-t-elle éternellement dans l'histoire du peuple roumain et dans les fastes de l'histoire universelle, comme un exemple toujours vivant aux yeux des générations présentes et futures. Que les bénédictions et la prospérité répandues par le souverain à qui Dieu veuille réserver de longs jours encore, demeurent dans tous les temps le gage de la grandeur et du bonheur futurs de son peuple!

Table des Matières